Stefan Stammer

Das Pferd in positiver Spannung

Biomechanik und Reitlehre in Bewegung

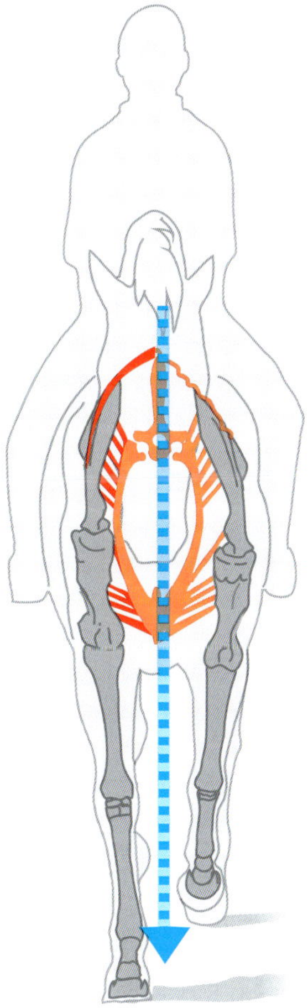

FNverlag
der Deutschen
Reiterlichen Vereinigung GmbH
Warendorf

Bibliografische Information der Deutschen Nationalbibliothek
Die Deutsche Nationalbibliothek verzeichnet diese Publikation in der Deutschen Nationalbibliografie; detaillierte bibliografische Daten sind im Internet über http://dnb.dnb.de abrufbar.

4. Auflage 2024

Lektorat
Isabelle von Neumann-Cosel, Mannheim

Korrektorat
Korrekturbüro G. und W. Kirchhoff, Büren-Brenken

Illustrationen
Jeanne Kloepfer, Lindenfels

Foto- und Abbildungsnachweis
Seite 192

Gesamtgestaltung
mf-graphics, Marianne Fietzeck, Gütersloh

Lithografie
Köster+Gloger, Osnabrück

Druck und Verarbeitung
Westermann Druck Zwickau GmbH

FSC www.fsc.org MIX Papier aus verantwortungsvollen Quellen FSC® C110508

ISBN 978-3-88542-787-2

Vorwort

Man könnte sich fragen, warum ich mich als Nicht-Reitlehrer zu diesem Buch melde, denn hier geht es um fundamentale Zusammenhänge innerhalb des Pferdes, um die Konsequenzen für die Ausbildung und den engen Kontext zu den Richtlinien für Reiten und Fahren. Trotzdem wage ich mich an die Einschätzung des Buches aus meiner Sicht, nämlich von bewegungswissenschaftlichen Perspektiven genereller Art.

Der Begriff „Spannung" hat sicherlich viele Fachleute der Reiterei zum Stutzen gebracht, weil dieser Fachbegriff immer mit etwas Negativem verbunden wird. Dabei muss man aber hier vor allem den Aspekt der „positiven Spannung" ins Auge fassen. Das Pferd erzeugt mit seinem Motor, der Hinterhand, Kinetion, die durch den Körper des Pferdes fließen muss, „im Maul" ankommen soll und mit Zügelhilfen fein abzustimmen ist (Modulation). Nur so kann sie wieder positiv auf die Hinterhand zurückwirken. Auf dem Weg „durch das Pferd" kann der Bewegungsfluss jedoch vielfach gestört werden, weil der Reiter diese stattfindenden Bewegungsübertragungen meistens unbewusst negativ beeinflusst und Spannungen erzeugt, die er eigentlich nicht erzeugen möchte.

Unbewusst deshalb, weil in der Vermittlung des Reitens meistens Formen von Pferd und Reiter angestrebt werden, die funktional nicht zum biomechanischen System des Pferdes (und Reiters) passen. Wenn die natürlichen Funktionen innerhalb des Pferdes durch die korrekte Anwendung der Biomechanik angeregt werden, sind auch die äußeren Formen von Pferd (und Reiter) fließend und ohne Störungen, also in „positiver Spannung".

„Positive Spannung" meint das „rhythmische" Anregen aller neuromuskulären Funktionen des Pferdes gemäß seinem System. Unter Rhythmus im Sinne „positiver Spannung" ist die zeitliche, räumliche und dynamische Ordnung einer Bewegung zu verstehen. Es geht um das Wiederkehren von An- bzw. Abspannbewegungen des Reiters insgesamt oder von Teilbewegungen.

Rhythmus ist weiter bestimmbar in Objekt-Rhythmus und Subjekt-Rhythmus. Das Pferd gibt dem Reiter einen Objektrhythmus vor. Es kann sich aufgrund seiner Bedingungen (Größe, Muskulatur, Hebelverhältnisse, Temperament) im Augenblick nur so bewegen und nicht (noch nicht) anders. Diesem Objektrhythmus muss sich der Reiter zunächst anpassen, damit ein harmonisches Zusammenspiel aller Teilbereiche des Systems Pferd (ohne Verspannungen) gelingt. Nur wenn der Reiter zu

Beginn im identischen Rhythmus mit dem Pferd sitzt, kann er auch den Rhythmus des Pferdes (Objektrhythmus) durch seinen Körper (subjektiv) verändern, damit sich das Pferd gemäß der Reitlehre immer in „positiver Spannung" bewegen kann. Das äußere Kennzeichen eines optimalen Rhythmus ist der stete, weiche und harmonische Bewegungsfluss in den jeweiligen Übergängen und Wiederholungen.

Und genau das ist die Zielrichtung von Stefan Stammer. Er möchte transparent machen, wie die natürlichen Bewegungsabläufe des Pferdes aussehen und welche Bezüge zu der Reitlehre herzustellen sind. Diese wird in keiner Weise in Frage gestellt, sondern soll durch biomechanische Funktionen gestützt und transparent gemacht werden. Ausbilder und Reiter erhalten Hintergründe für die natürliche Bewegungsentwicklung des Pferdes, damit es bis ins Alter gesund und leistungsfähig bleiben soll.
Dabei bezieht sich der Autor nicht nur auf das Pferd, sondern integriert ebenfalls wichtige Determinanten wie den soeben gekennzeichneten funktional korrekten Reiter und vor allem die pferdegerechte Aufzucht, Haltung und entwicklungsunterstützende Bewegung im freien Bewegungsleben des Pferdes.
Ich habe als Nicht-Pferdefachmann, aber Bewegungswissenschaftler für Reiter, einen vertiefenden Einblick in die Bewegungszusammenhänge des Pferdes erhalten, die ich mit den Bewegungshintergründen des Reiters sinnvoll verknüpfen kann. Somit kann die Harmonie zwischen Pferd und Reiter, das Verschmelzen beider, noch funktionsgerechter angestrebt werden.

Eckart Meyners

Eckart Meyners

Ehemaliger Dozent für Sportpädagogik
Leuphana Universität Lüneburg

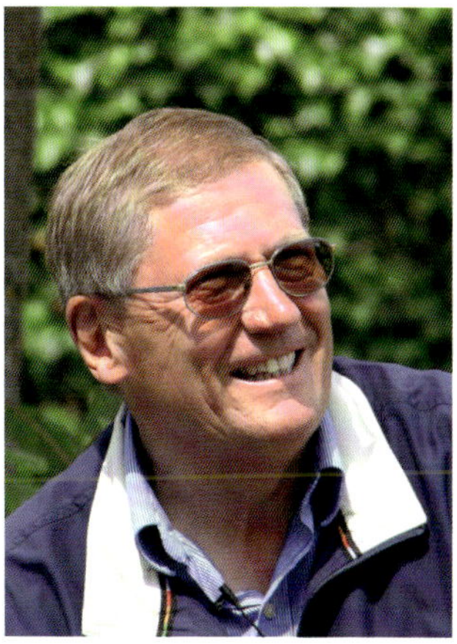

Widmung

Für H.U. Nepper, weil er mich gelehrt hat, Dinge zu hinterfragen, auch wenn sie auf den ersten Blick plausibel erscheinen.

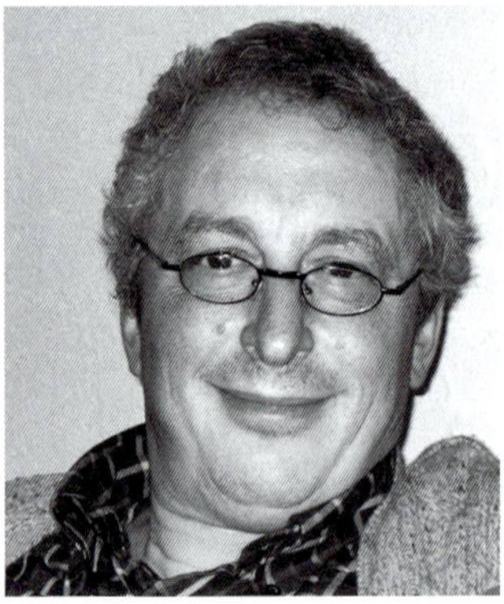

H.U.Nepper

Der wichtigste Impulsgeber meiner beruflichen Laufbahn war **H.U. Nepper**, der 2008 leider viel zu früh verstorben ist. Er war mein Dozent und Mentor an der Sport-, Gymnastik- und Krankengymnastikschule in Waldenburg und einer der frühen Entwickler und Begleiter der medizinischen Trainingstherapie in Deutschland. Funktion und Therapie waren für ihn immer direkt miteinander verbunden. Wenn wieder eine neue „Therapieform" oder ein neues Wundergerät in den Markt gepresst wurde, so hat er einfach nur kritisch analysiert, was davon einen wirklichen Nutzen hat. Er war dabei immer innovativ, hat nie am Alten festgehalten, sondern die medizinische Trainingstherapie in Deutschland aktiv mitgestaltet. Das größte Hindernis im Prozess dieser Gestaltung war dabei für ihn das Abrufen von therapeutischen Reflexen, wenn innerhalb eines geschlossenen Systems plötzlich Fragen auftauchen. Die Lösung lag aus seiner Sicht genau in der Überwindung dieser Reflexe durch sachliche Analyse. Dieser Weg war, wie in anderen Lebensbereichen auch, schon immer mühsam und zuweilen steinig, aber wenn man ihn einmal eingeschlagen hat, gibt es kein Zurück. Er hat mir vom ersten Tag an, als ich ihm von meinem Weg in die Pferde – Physiotherapie erzählte, alle Unterstützung gegeben, die ich mir nur wünschen konnte. Ezra Pound, amerikanischer Dichter, schrieb: „Man fängt Feuer oder man fängt kein Feuer." H.U. Nepper hat in mir beruflich dieses Feuer entfacht und mein größter Wunsch wäre es gewesen, er hätte dieses Buch gelesen und es hätte ihm ein wohlwollendes Lächeln entlockt.

Einleitung

Als ich vor über fünf Jahren plante, ein Buch über die funktionalen Hintergründe meiner Arbeit und damit auch der Reitlehre zu schreiben, war mir zum Glück wohl nicht ganz klar, auf was ich mich da einlasse. Der Anspruch war, eine Struktur zu finden, die sowohl den einzelnen Reiter als auch Fachleute und Profis anspricht. Die Hürden waren letztendlich Bilder und Begriffe, die sich in den Köpfen dieser Zielgruppen verfestigt haben und den tatsächlichen funktionalen Gegebenheiten nicht immer entsprechen. Dabei sind die einzelnen Bilder und Begriffe nicht immer grundsätzlich falsch. Sie entsprechen aber teilweise mehr dem Reitgefühl als den biomechanischen und physikalischen Tatsachen.

Der Kampf der Vernunft besteht darin, dasjenige, was der Verstand fixiert hat, zu überwinden. G.F.W. HEGEL

Ein Reiter fühlt zum ersten Mal den Zustand der optimalen Bewegung seines Pferdes, bei der er mit dem Pferd zusammen zu schweben scheint. Die Schwerkraft scheint außer Kraft gesetzt und alles fühlt sich leicht und locker an. Dieses Reitgefühl kann den Reiter dazu verleiten zu glauben, dieser Zustand wäre mit Entspannung und der Begriff der Losgelassenheit ausschließlich mit dem nicht Vorhandensein von negativer Spannung gleichzusetzen. Die athletischen Grundlagen des Pferdes, die nötig sind, um diese positive Körperspannung des Pferdes zu erreichen, kann nur derjenige erahnen, der die Prinzipien der funktionalen Stabilisation versteht.

Dieses Buch soll dabei helfen, diese Grundlagen zu erarbeiten. Ich werde sie anhand der Bewegungsabläufe im Körper des Pferdes darstellen.

Aus der Grundüberlegung einer trockenen Biomechanik wuchs während des Prozesses, den ein solches Buch durchläuft, immer mehr das Bedürfnis, die Faszination der Bewegung greifbar zu machen. Diese Faszination zieht sich durch mein gesamtes Berufsleben.

„Wer die Praxis übt, ohne sich vorher mit der Theorie beschäftigt zu haben, gleicht einem Steuermann, der sein Schiff ohne Kompass und Steuer besteigt und nun nicht weiß, wohin er fährt.“ LEONARDO DA VINCI

Ein weiteres Ziel dieses Buches ist es, Bewegungsabläufe und ihre Grundlagen, so wie sie im Pferd entstehen, sichtbar zu machen und verständlich zu erklären. Vor Ihrem inneren Auge werden Bilder entstehen, die Ihnen helfen, die Prinzipien der Bewegungen, die im Pferd stattfinden, besser zu verstehen. Einen starken Trab oder einen Übergang vom Schritt zum Galopp kann man sehr unterschiedlich betrachten.

Es gibt immer eine Außen- und eine Innenansicht. Die Außenansicht ist dabei die oberflächliche Sicht des Zuschauers, die mit ein paar Tricks leicht manipuliert werden kann. Die Innenansicht ist diejenige, die den Kern der Bewegung betrachtet und beurteilt. Die Innenansicht sollte immer die Ansicht des Sportlers selbst, des Trainers oder auch des Richters auf einem Turnier sein. Die Ansicht der Gesamtbewegung wird dann nur noch zum schmückenden Beiwerk.

Innen- und Außenansicht unterscheiden sich oft erheblich voneinander. So fühlt der Sportler beispielsweise, die Übung wäre für ihn gelungen, der Trainer aber sieht noch deutliche Defizite. Oder aber der Trainer ist zufrieden, der Sportler fühlt aber noch eine „Falte" im Bewegungsablauf, die er gerne ausbügeln möchte, um sich wirklich gut zu fühlen. Auch Zuschauer können von einer Vorführung begeistert sein, die Richter diese aber deutlich schlechter bewerten.

Im Reitsport ist die Angleichung von Innen- und Außenansicht durch den Faktor „Pferd" von besonderer Bedeutung. Im Vergleich zum Sport beim Menschen auch besonders schwer zu beurteilen. Genau hier liegt die Aufgabe dieses Buches. Die Innenansichten des Bewegungsablaufes eines Pferdes sollen sich verbessern und zwischen den einzelnen Akteuren ein wenig angleichen. Für die einen zur Verbesserung ihrer Kommunikation, für die anderen für ihr eigenes Bewegungsverständnis.

Auf diesem Wege wünsche ich Ihnen viele positiv spannende Momente und hoffentlich einige neue Einsichten zum Wohle der Pferde.

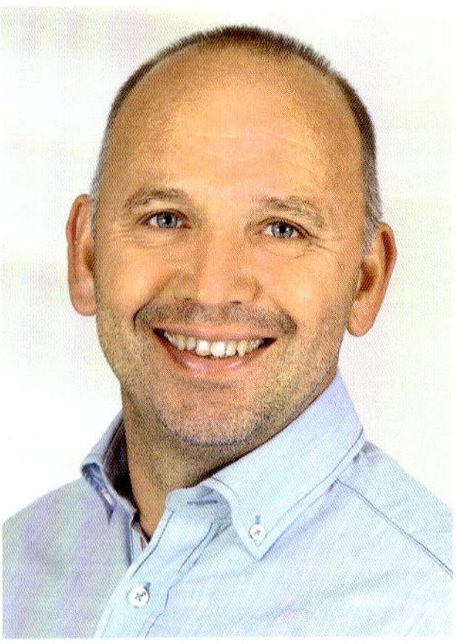

Ihr
Stefan Stammer

Dank

Mein Dank gilt dem gesamten Team, das rund um die Entstehung dieses Buches beteiligt war.

Das Team der Reiter und Pferde

Ein wichtiges Ziel der Fotoserien war es, Bewegungsabläufe vor allem in den Phasen darzustellen, die man sonst gerne sofort löscht, wenn man sie versehentlich trifft. Die Stützbeinphasen im Trab und die Bergab-Bewegung im Galopp. In diesen Phasen sehen keine Reiter und keine Pferde der Welt besonders vorteilhaft aus. Hier entsteht aber die Bewegungsenergie für die schönen Bilder. Auch haben wir versucht, Bilder zu zeigen, die eben nicht immer perfekt sind. Kleine Abweichungen vom Idealbild sind nun mal in der täglichen Arbeit Realität und für eine sinnvolle Analyse wichtig. Deshalb mein besonderer Dank an die Reiter, dass ich auch diese Bilder auswählen und verwenden durfte.

First Choice Farm, Maryland, USA

■ **Felicitas von Neumann-Cosel, Gene Freeze, Corinne Foxley (Leesburg, VA)**

Felicitas von Neumann-Cosel ist Pferdewirtschaftsmeisterin FN, ausgezeichnet mit der Stensbeck Medaille und der zu ihrer Zeit höchsten jemals vergebenen Note in den Abschlussprüfungen. Mit ihr verbindet mich seit vielen Jahren das Streben nach neuen Formen der Bewegungsanalyse. So haben wir über Jahre immer wieder viele Stunden in der Reithalle verbracht, um die Ergebnisse meiner therapeutischen Tätigkeit in Bewegungsabläufe umzusetzen. Die Wichtigkeit der Fähigkeit von Felicitas, einzelne Abläufe auf den Punkt zu reiten und mehrmals mit kleinen geplanten Veränderungen zu wiederholen, kann ich dabei gar nicht genug würdigen. Ohne diese daraus gewonnenen Erkenntnisse wären Teile dieses Buches nie entstanden.

Corinne hat uns dabei immer unterstützt und ist über die Jahre ebenfalls zu einem wichtigen Pfeiler dieses Teams geworden.

Gene Freeze, als Besitzer der First Choice Farm sowie der County Saddlery Ltd. England und selbst ein sehr interessierter Analytiker im Bereich Hufdynamik und Satteldesign, war mir in diesem Zusammenhang ein wichtiger Gesprächspartner, um Theorien und Erkenntnisse zu überprüfen. Mein Dank gilt ebenso den Pferden und Kunden der First Choice Farm, die uns bei unserer Arbeit immer unterstützt haben.

- **Anica Fröhling, Mannheim.** Sie arbeitet als Ausbilderin im Reiterverein Mannheim und hat sich ebenfalls bei der Herstellung der Fotos ganz in den Dienst der Sache gestellt und gekonnt ihre Pferde in die geforderten Bewegungssequenzen geführt.

- **Beat Sax**, Vielseitigkeitsreiter aus der Schweiz, dessen Pferde ich seit vielen Jahren betreue. Er steht stellvertretend für viele Reiter, die mir stets mit ihren exakten Rückmeldungen geholfen haben, meine therapeutischen Techniken selbst besser zu verstehen und Effektives von weniger Effektivem zu trennen.

- **Elisabeth Stöcklin**, Distanzreiterin aus der Schweiz. Auch sie steht stellvertretend für viele Reiter aller Reitweisen und Disziplinen, die mir ihre Pferde über viele Jahre anvertraut haben. Dabei ging es nicht um eine kurzfristige „Reparatur", sondern um eine nachhaltige Entwicklung, bei der ich ein Pferd ein- bis zweimal im Jahr sehen und die Karriere über viele Jahre begleiten durfte, sei es auf internationalem Niveau im Sport oder einfach nur zur vorbeugenden Gesunderhaltung eines Freizeitpferdes. Die Fotos von ihr wurden erstellt von www.lisart.de.

Grafiken

- **Jeanne Klöpfer** hatte ohne Zweifel einen besonderen Anteil an der Entstehung dieses Buches. Wenn ich in mein E-Mail-Postfach schaue, so sehe ich die Entwicklung dieser Grafiken über einen Zeitraum von über drei Jahren. Was als ein ganz normales Projekt begann, hat uns beide manchmal an den Rand der Verzweiflung gebracht. Wenn man diese Grafiken heute sieht, kann man sich kaum vorstellen, wie viel Detailarbeit darin steckt. Ich hatte immer meine Bilder im Kopf, die ich gerne auf Papier sehen wollte. Dabei war mir schlicht nicht klar, wie komplex es ist, eine solche dreidimensionale Vorstellung auf ein flaches Stück Papier zu bringen. Jeanne hat das mit der ihr eigenen fachlichen Kompetenz und Fantasie außerordentlich gut gemeistert. Entstanden ist aus dieser Arbeit heraus eine völlig neue Bildersprache in Bezug auf die Bewegungsfunktionen des Pferdes.
„Jeanne, auch wenn es nicht immer lustig war, Du kannst wirklich stolz auf Deine Arbeit sein."

Lektorat

- **Isabelle von Neumann-Cosel**. Wie im Vorwort schon angedeutet, war die Entwicklung dieses Buches ein wirklich langer, manchmal schon überlanger und teilweise belastender Prozess. Es gab immer wieder Phasen von Pausen, da mein Beruf nun mal die Arbeit am Pferd und nicht der des Buchautors ist. Isabelle hat mich dabei im Wortsinn buchstäblich an die Hand genommen und versucht, den Fokus zu behalten. Bei der Verbindung zur klassischen Reitlehre wirkte sie immer wieder sowohl beratend als auch korrigierend ein, wenn meine Formulierungen etwas zu flapsig wurden. Mit ihrer Erfahrung als Ausbilderin konnte sie immer wieder die Rolle des Lesers einnehmen und meine Ideen und Schlussfolgerungen in die richtige Richtung lenken, damit sie klärend und nicht zusätzlich verwirrend wirken konnten. Nicht zuletzt wirkte sie auch dann motivierend ein, wenn ich mal wieder alles hinwerfen wollte, weil das Projekt mir über den Kopf zu wachsen schien.

Layout

- **Marianne Fietzeck** hat alle unsere Illustrationen, Bilder und Texte so lange hin und her gewürfelt, bis auch jedes Detail gestimmt hat. Vor allem die Bilder konnten nur funktionieren, wenn sie auch im Zusammenhang auf einer Seite sichtbar waren. Ein Albtraum für das Layout ..., aber es hat sich gelohnt.

Kunden und ihre Pferde

Reiter und Pferde, mit denen ich seit vielen Jahren fachlich und persönlich verbunden bin und mit denen ich über meine Ideen und Gedanken immer diskutieren konnte. Sie sollen stellvertretend stehen für alle anderen Kunden und deren Pferde. Jeder Einzelne hat mich im Laufe der letzten 18 Jahre immer wieder angespornt, noch etwas mehr zu überlegen und zu suchen, wenn ich wieder mal an meine Grenzen gestoßen bin.

- **Elevage des Blés, Liliane Fromer**, Hurbache, Frankreich
- **Familie Rhomberg**, Dornbirn, Österreich
- **Reitsport-Zentrum Hard**, Österreich
- **Mareille Krause**, Fulda
- **Werner Scheidegger**, Reitstall Mollishuus, Sankt Pelagiberg, Schweiz
- **Sabine Ellinger**, Murrhard, Rehazentrum für Pferde, nach dem Konzept STAMMER KINETICS
- **Rehazentrum Bertleinsbrücke, Daniela Frühauf**, Weinheim, nach dem Konzept STAMMER KINETICS
- **Rhett Bird**, England
- **Good News Farm**, Maryland, USA
- **Cindy Rawson**, England
- **Peter Meneth**, Sattler, Schweiz
- **Pferdeklinik Dalchenhof**, Brittnau, Schweiz
- **Tierklinik an der Rennbahn**, Iffezheim, Deutschland
- **Dr. Patrick Luder**, Tierarzt, Oberwil, Schweiz

Meine Familie

Liebe **Eveline**, liebe **Franka**, liebe **Senta**, lieber **Aaron**. Ihr seid die Wurzeln, die mich halten und die mich jeden Tag mit Kraft und Energie versorgen. Dafür danke ich Euch.

1 Reitsport am Scheideweg – Kritische Bestandsaufnahme

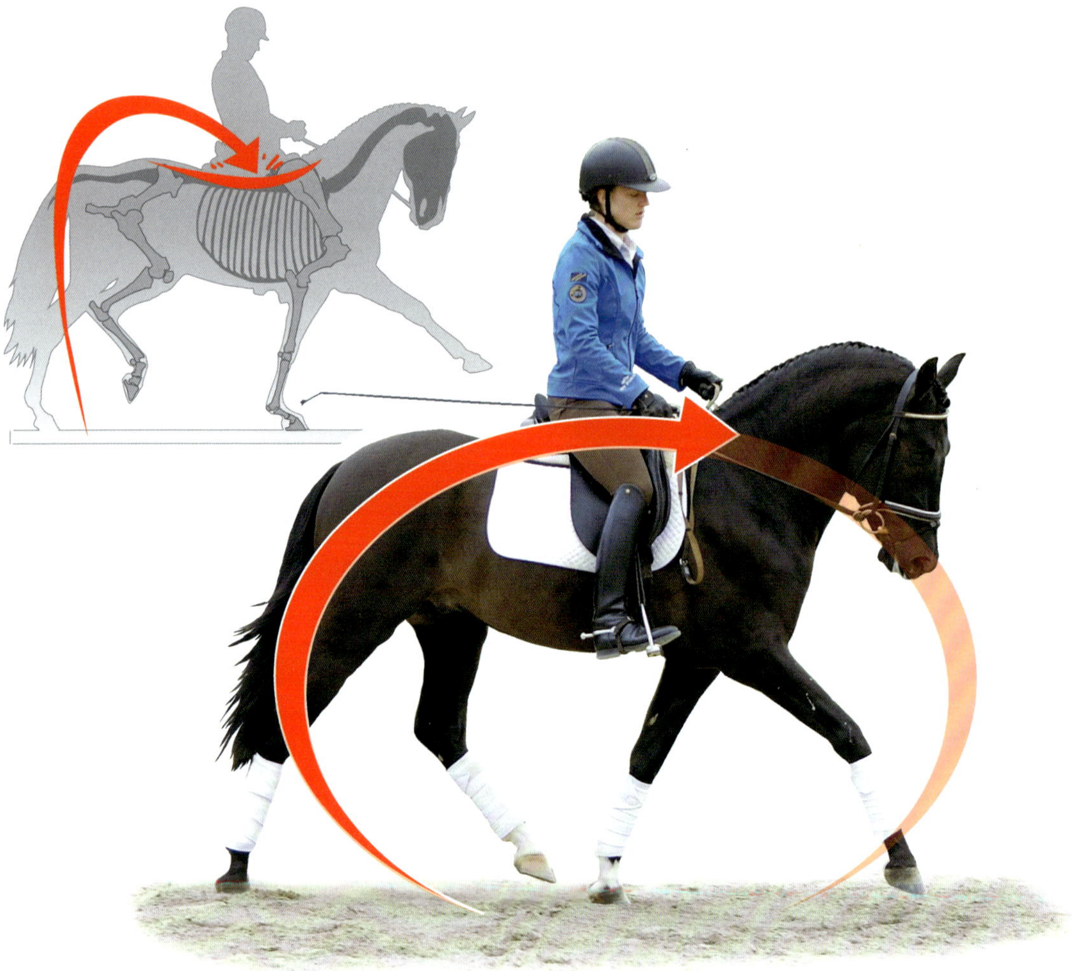

Schenkelgänger oder Rückengänger? – Hier scheiden sich die Geister.

1.1 Entwicklungen im Reitsport

Reitkunst am Scheideweg war der Titel des Buches von Erich Glahn aus dem Jahr 1956. Darin analysierte er treffend, analytisch und fachlich korrekt die Ritte der Olympischen Spiele in Stockholm. Er tat dies als Journalist und Hippologe in der Hoffnung, fehlerhafte Entwicklungen im Reitsport zu thematisieren und damit zugleich Wege hin zu einem sauberen und technisch anspruchsvollen Reitsport aufzuzeigen. „Die vornehmste Aufgabe des Richters ist es, den Schenkelgänger vom Rückengänger zu trennen", war eine der Kernaussagen dieses Buches.

Was ist aus dieser Hoffnung geworden? Wenn wir ehrlich sind – nicht viel. Der Unterschied zwischen Schenkelgänger und Rückengänger ist heute auf großen Championaten noch genauso sichtbar wie vor über 60 Jahren. Was ist aber in der Zwischenzeit passiert? Aus meiner Sicht etwas viel Schlimmeres: Aus dem Scheideweg innerhalb der Reitkunst haben sich tiefe Risse innerhalb der gesamten Reiterei entwickelt. Der Reitsport, der früher in der Breite eine umfassende, vielseitige Ausbildung des Pferdes beinhaltete, hat sich mehr und mehr getrennt in einzelne Reitweisen. Reiter lassen sich häufig früh in Lager wie **Western**, **Freizeit**, **Barock** oder **englisch** einteilen. Dabei nimmt jedes Lager für sich in Anspruch, das pferdegerechteste, schonendste und beste zu sein. Wie in anderen Teilen unserer Freizeitgesellschaft auch werden die Mühen des Alltags oft gescheut und durch Weltanschauungen ersetzt. Die umfassende Schulung von grundlegenden Elementen der Reitlehre wie **Koordination**, **Kraft** und **Ausdauer** für Reiter und Pferd wird dabei nicht selten vernachlässigt.

Überlastung durch Instabilität

Ein junges Pferd sollte beim Handwechsel im Galopp grundsätzlich in der Lage sein, zwanglos einen nach vorne gerichteten fliegenden Wechsel zu springen. Macht es das nicht, so hat es in der Regel ein Defizit an Balance und Stabilität. Fordert der Reiter nun diesen Wechsel trotzdem, ohne die nötigen Voraussetzungen – beispielsweise die entsprechende Stabilität der Beinachsen – zu schaffen, so können sich durch die leichten unnatürlichen Drehbewegungen im Sprunggelenk Entzündungen entwickeln. Zwar versprechen diverse Präparate aus der Zusatzfuttermittelkiste hier Abhilfe; sinnvoll und wirksam ist es allerdings nur, die Defizite durch sinnvolle Trainingsreize abzubauen.

Gurus auf dem Vormarsch

Die Risse sind aber auch noch auf ganz anderen Ebenen zu sehen. Der Spaß-, Erholungs- und Freizeitreiterbereich hat sich in weiten Teilen von der überlieferten klassischen Ausbildung des Pferdes getrennt – mit ebenfalls unabsehbaren Folgen für die Gesundheit der Pferde. Unzählige Gurus und Pferdeflüsterer haben sich auf den Weg gemacht, um neue, ganzheitliche, schonende, pferdefreundliche Ausbildungssysteme anzupreisen und zu verkaufen. Vor allem folgende Eckpunkte haben sie alle gemeinsam: Sie sind teuer, sie versprechen in kürzester Zeit Erfolg und sie entwickeln ein System, in dem man sich schnell selbst zum Trainer ausbilden lassen kann (man hat die „kleine Investition" also schnell wieder drin). Das alles sind Attribute eines Schneeballsystems, an dessen Ende einige wenige die Taschen voller Geld haben und der Rest zwangsläufig zusammenbrechen muss.

Was bedeutet Ausbildung?

Das gleiche System ist übrigens bei den unzähligen sogenannten therapeutischen Ausbildungen zu beobachten. Auch hier ist der Riss zwischen seriöser Therapie und Abzockern tief und breit. Die Verlockung ist groß, wenn man den Versprechungen diverser Anbieter Glauben schenkt. Mit einer Investition von etwa 6.000 Euro soll man sich an 15 Wochenenden ohne Vorbildung zu einem Therapeuten ausbilden lassen können und anschließend bei einer vollen Tätigkeit einen monatlichen Umsatz von 5.000 bis 10.000 Euro erwarten. Im Vergleich dazu müssen Menschen, die sich entschließen, Tierarzt oder Physiotherapeut zu werden und dafür viele Jahre Studium und Ausbildung auf sich nehmen, einfältig und dumm sein.

Wissen tut not

Was aber kann diese aus den Fugen geratenen Systeme wieder zusammenführen? Ich meine, es ist die Information. Das Wissen um die Grundprinzipien des ***genialen Systems*** Pferd. Was macht dieses faszinierende Wesen so unvergleichbar? Woher kommt die ***Bewegungsenergie*** und welche Grundelemente der Ausbildung machen sie für uns beherrschbar?

Sie werden am Ende der Lektüre dieses Buches wahrscheinlich nicht sofort besser reiten. Das Ziel dieses Buches ist es zunächst, Ihnen einige neue Bilder innerhalb der Pferdebewegung zu vermitteln. Daraus werden sich automatisch praktische Konsequenzen für Ihre tägliche Arbeit mit dem Pferd ergeben. Solange der Reiter das gängige Bild der Biegung des Pferdes im Kopf hat, wird er immer wieder dazu verleitet werden, am inneren Zügel zu ziehen – auch wenn er weiß, dass das eigentlich falsch ist. Begreift er aber die inneren Vorgänge des Pferdes auf der gebogenen Linie, so wird sich seine Bewegungsvorstellung verändern und er wird es sehr viel schwerer haben, diesen weitverbreiteten Fehler immer wieder zu machen.

Sie werden erkennen, dass ein und derselbe Lederriemen, egal wie er heißt, für sich genommen weder gut noch schlecht ist. Er kann entweder als ***Hilfszügel***, als ***„Störzügel"*** oder als ***„Zwangszügel"*** wirken, je nachdem wer ihn in welcher Art und Weise einsetzt. Sie werden den Unterschied zwischen dem Reiten eines Pferdes, seiner Ausbildung und der Korrektur von fehlerhaften Bewegungsabläufen erkennen, genauso wie den Unterschied zwischen Bewegung, Bewegungstherapie und Rehabilitation. Sie werden erkennen, dass die wunderbar einfachen Rezepte vieler Zeitschriften und Bücher leider nicht immer so einfach anzuwenden sind, wie sie scheinen.

Wenn Sie die Grundprinzipien der Biomechanik des Pferdes in der Bewegung verstehen lernen, wird sich vor allem Ihr Reitgefühl verbessern. Und das ist ein wichtiger Baustein für die kleinen und feinen Schritte der Entwicklung, die einen Reiter sein ganzes Leben lang begleiten sollte.

Beispiel Trabstangen

„Um den Rücken Ihres Pferdes zu stärken, sollten Sie es regelmäßig über Trabstangen longieren." So können Sie es monatlich gebetsmühlenartig wiederholt und abgeschrieben lesen. Diese Aussage ist trotzdem nicht immer richtig. Genauso könnte da stehen: „Wenn Sie den Rücken Ihres Pferdes möglichst schnell und intensiv schädigen wollen, sollten Sie es regelmäßig über Trabstangen longieren." Das Longieren über Trabstangen stärkt nicht automatisch den Rücken des Pferdes. Nur unter bestimmten, individuell auf Ihr Pferd angepassten Voraussetzungen entlastet das Longieren den Rücken Ihres Pferdes.

Alle diese Komponenten führen zu drei Aussagen:

- Reiten ist nicht einfach.
- Das Ausbilden eines Pferdes ist die höchste Form des Reitens.
- Die Korrektur eines verrittenen Pferdes ist eine Kunst.

Um Reiten zu lernen, muss man sich tagtäglich über Jahre und Jahrzehnte hinweg damit auseinandersetzen. Selbst unter optimalen Voraussetzungen wird die absolute Perfektion immer nur eine Momentaufnahme sein. Für diejenigen, die an dieser Situation verzweifeln, möchte ich ganz nüchtern feststellen, dass die Unvollkommenheit ein ganz normaler Bestandteil unseres Lebens ist – ebenso wie das Streben nach der Vollkommenheit. Das Verständnis der Seele, des Körpers und der Funktion des Pferdes wird Sie bei diesem Streben unterstützen. Dieses Verständnis möchte ich mit dem Inhalt dieses Buches erweitern und vertiefen. Zum Erreichen der Vollkommenheit wird es aber wohl leider trotzdem nicht reichen!

Wer die Reitkunst zu sehr vereinfacht, nur um sie einer breiten Spaßgesellschaft zugänglich zu machen, vergeht sich an der Kreatur Pferd. Die Reitkunst ist dazu da, sie mit Körper, Geist und Seele zu erfassen, nicht, um sie zu vereinfachen.

1.2 Pferdestudien

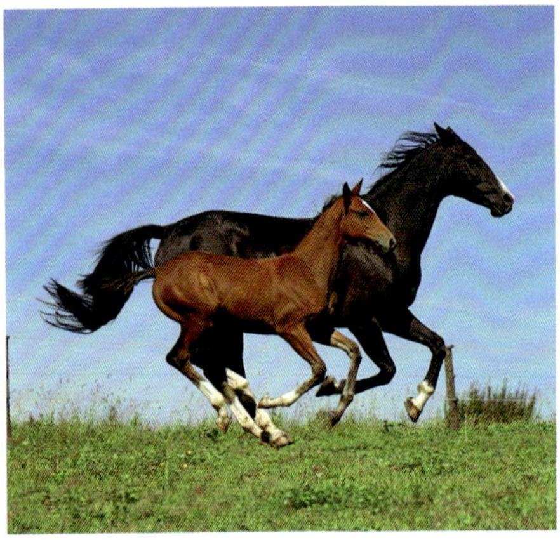

Fohlen haben die gleiche Grundschnelligkeit wie erwachsene Pferde.

Zu Beginn wird das Pferd in seinen Bewegungsabläufen gezeigt, die noch nicht durch Ausbildung geformt sind. Die **Faszination**, die das Pferd auf den Menschen ausübt, entsteht dabei vor allem aus seiner ungebändigten Energie: die Kraft und Dynamik, die der Mensch – anders als bei allen anderen Tieren – direkt und absolut spüren und sich zunutze machen kann. Erst mit der Ausbildung wird das Pferd zu einem Teil des Menschen, die Energie wird direkt auf den menschlichen Körper übertragen und ist steuerbar. Die Art und Weise der Steuerung kann dabei ganz unterschiedlich sein und spiegelt oft die inneren Werte eines Reiters wider. Von einer gewalttätigen Beherrschung bis zur vollkommenen **Harmonie** zwischen beiden Individuen werden beim Reiten alle Facetten **menschlicher** Charaktereigenschaften sichtbar.

Beispiel Fohlen auf der Koppel

Ein Fohlen wird geboren – in Freiheit in der offenen Steppe. Es wird von der Mutter abgeleckt und angestupst. Sich so schnell wie möglich aufzurichten und hinzustellen ist überlebenswichtig. Der ursprüngliche Lebensraum der Pferde ist die Steppe – eine frei einzusehende Landschaft. Jeden Moment kann ein vierbeiniger Jäger das Szenario beobachten und zuschlagen. Nur wer bereit ist zur Flucht, hat eine Chance. Das Fohlen macht mehrere Versuche und steht nach wenigen Minuten auf seinen Beinen. Sobald das System aus Knochen, Sehnen und Gelenken aufgestellt und aufgespannt ist, kann das Fohlen im Notfall der Herde in vollem Tempo folgen. Es hat die Schnelligkeit eines erwachsenen Pferdes – ohne Training, ohne Kraftfutter, ohne Therapeut –, dafür mit Spannung in jeder Faser seines Körpers!

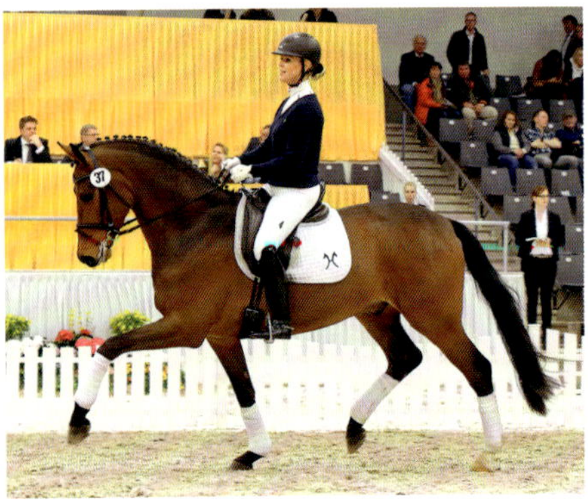

Vierjähriges Pferd auf der Auktion mit imposanter Beinmechanik

Beispiel vierjähriges Dressurpferd auf der Auktion

Wer ist nicht fasziniert von diesem Bild? Ein Pferd schwebt mit ungeheurem Ausdruck im Trab durch die Diagonale. Wer möchte nicht aufsitzen und schon ein wenig von Olympia träumen? Man muss sich nur in Gedanken auf dieses Pferd setzen und schon ist man dabei. Die Pferde im Fernsehen auf großen Meisterschaften traben auch nicht besser. Nur allzu verständlich, dass der Preis schwindelerregende Höhen erreicht. Nur wer ein Pferd mit super Grundgangarten hat, kann im Sport erfolgreich sein – und so ein Pferd ist nun mal teuer.

Wofür braucht dieses Tier eigentlich noch Ausbildung?

Beispiel dreijähriges Springpferd im Freispringen

Das Pferd wird in die Halle geführt. Es kommt direkt von der Weide, hat noch nie einen Sprung gesehen. Es trabt und galoppiert ein paarmal hin und her und wird dann an der langen Seite durch eine Gasse geführt. Galoppiert es dort kontrolliert durch, so wird ein kleines Kreuz aufgebaut. Das Pferd explodiert förmlich über dem Sprung: Die Beine perfekt angezogen, mit einer ansprechenden Bascule springt es in hohem Bogen über das Hindernis. Nach wenigen Versuchen, vielleicht einigen wenigen Übungseinheiten, fliegt das Pferd in gleicher Manier über ein Hindernis von 1,40 Meter und hat dabei noch 40 Zentimeter Luft. Der Züchter lächelt leise und denkt: „Endlich hab' ich ihn!"

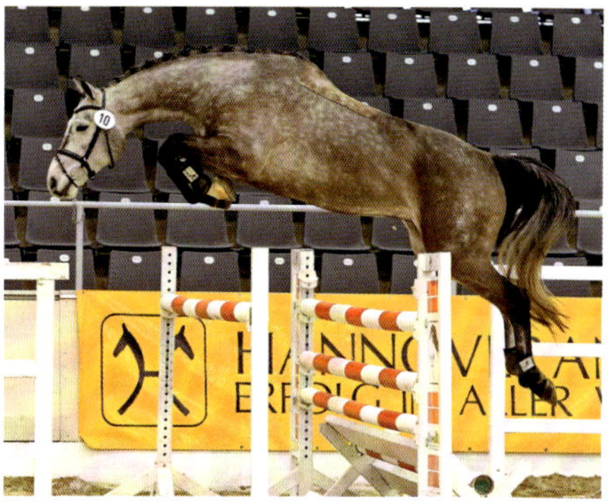

Ein dreijähriges Springpferd springt, mit genügend Talent ausgestattet, aber letztendlich noch ohne strukturiertes Training, auch schon mal 1,80 Meter hoch.

Wozu trainieren, wenn ein Vierjähriger schon 1,80 Meter hoch springt und das höchste Hindernis bei Olympia nur maximal 1,65 Meter misst? ***Hoch*** springen muss sicher ***kein Trainingsziel*** mehr sein.

War da noch was?

Das ist doch schon alles. Was brauchen wir mehr? Diese jungen Pferde bringen doch alles mit, was ein Sportpferd später braucht. Oder sind diese Leistungen das Ergebnis von Manipulationen? Wenn man diversen Internetforen Glauben schenkt, können solche Höchstleistungen nur mit Doping und Gewalt erzielt werden. Um eine seriöse Antwort zu finden und echte Manipulationen zu entlarven, müssen wir zunächst lernen zu verstehen, wie dieses komplexe Bewegungssystem des Pferdes eigentlich funktioniert.

Gut oder böse?

Die zuvor genannten positiven Beispiele gibt es wirklich, ganz ohne fragwürdige oder verbotene Manipulation. Es ist dabei weder gut noch böse, ein talentiertes junges Pferd mit fairen Mitteln auf seine Leistungsfähigkeit hin zu überprüfen. Es ist eine wichtige Analyse zur weiteren Planung des individuellen Ausbildungskonzeptes. Die außergewöhnlichen Leistungen, die da zum Teil erbracht werden, sind auf die individuelle Qualität und den Bewegungsdrang eines ***talentierten Pferdes*** zurückzuführen. Diese Pferde wollen ihre Bewegungsenergie zeigen, sie wollen gefallen – so wie jedes Individuum seine Vorzüge darstellen will, um bei der Vermehrung an erster Stelle dabei zu sein. Diese Tatsache schraubt die Verantwortung des Ausbilders gerade bei den talentierten Pferden weit nach oben.

Mit anderen Worten: Die **natürlich vorhandene Bewegungsenergie** des jungen Pferdes wird mit der Art und Weise der Ausbildung entweder in eine **negative**, zerstörerische oder aber in eine **positive**, entlastende und steuerbare Spannung umgewandelt. Die Einordung der Leistungsfähigkeit und Leistungsbereitschaft eines jungen Pferdes ist dabei ein erster und wichtiger Schritt der Ausbildung, um dieses Pferd in all seinen Facetten zu verstehen und optimal zu fördern.

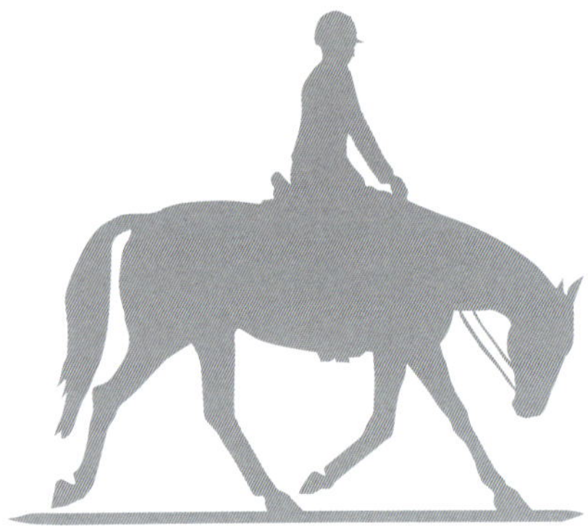

Auch ganz junge Pferde können schnell ihre Bewegungsenergie verlieren.

Beispiel Freizeitpferd

Ein sechsjähriges Pferd wird in die Halle geführt. Es war fünf Jahre beim Züchter, durfte täglich (außer im Winter) auf die Weide und wurde erst mit fünf Jahren schonend angeritten. Erst mal vier Monate Bodenarbeit im Schritt, dann noch mal vier Monate Schritt und Trab an der Longe ... Danach wurde schonend und vorsichtig mit dem Reiten begonnen. Das Pferd ist brav im Gelände und im Umgang. „Noch etwas unausbalanciert unter dem Sattel, aber wir haben ja Zeit."

Reicht es, einem jungen Pferd einfach nur Zeit zu geben? Was passiert, wenn man einem Pferd seine **natürliche Körperspannung** wegnimmt? Es ist brav, aber schlaff. Die Bewegungsenergie, die es braucht, um sich schwungvoll zu bewegen, ist nicht mehr vorhanden.

Ausbildung ist alles, ohne Ausbildung ist alles nichts

Egal ob Dressur, Springen, Western, Barock oder Freizeitreiten: Jedes Pferd, das einen Reiter tragen soll, braucht dafür Ausbildung im Sinne der Entwicklung von positiver Körperspannung. Nicht gleich lang und gleich intensiv und nicht auf die gleiche Art und Weise, aber Ausbildung im Sinne der Reitlehre braucht jede reitsportliche Disziplin.

Dabei kann jedes dieser Pferde auch nahezu ohne bzw. mit falscher Ausbildung kurzfristig seine Leistung bringen. Das Springpferd springt, das Dressurpferd schwebt und das Freizeitpferd ist brav.

Der Scheideweg öffnet sich erst mit der Art und Weise der Ausbildung. Allerdings sind dann im negativen Fall auch die **Krankheitsbilder** nahezu identisch. Das schlecht ausgebildete Freizeitpferd läuft Gefahr, die gleichen Schäden zu entwickeln wie das schlecht ausgebildete Springpferd. Beide bringen ihre Leistung und beide werden krank. Im positiven Sinne werden alle Pferde mit einer fachgerechten Ausbildung ihre Leistung über viele Jahre erbringen können. Ohne vorhersehbaren Schaden zu nehmen: über Hindernisse von 165 Zentimeter Höhe genauso wie im Dressurviereck im Grand Prix oder als Freizeitpartner. Beim Hamburger Springderby, dem schwersten Springparcours der Welt, tragen sich regelmäßig 17-, 18- und 19-jährige Pferde in die Siegerlisten ein. Ein eindeutiges Beispiel, dass bei korrekter Ausbildung eines Springpferdes die sportliche Belastung kontrollierbar ist.

Nun ist dies kein Buch über Ausbildung – davon gibt es viele gute, inzwischen auch viele fragwürdige. Um die Grundlagen einer Ausbildung aber verstehen zu können, ist es notwendig und hilfreich, sich mit dem Bewegungssystem des Pferdes auseinanderzusetzen. Nur wer begreift, was er eigentlich entwickeln will, kann sich die Frage stellen, wie er das machen soll. Unser Blick richtet sich jetzt also auf die **systematische Analyse der Bewegung des Pferdes**. Das ist, ehrlich gesagt, genauso wenig einfach wie das Reiten selbst, da viele verschiedene Komponenten zusammengeführt werden und viele Missverständnisse aus dem Weg geräumt werden müssen. Um die Ausbildung und Entwicklung des Pferdes planbar zu machen, ist es unumgänglich, tief in die Materie einzutauchen.

Locker ist nicht leicht.

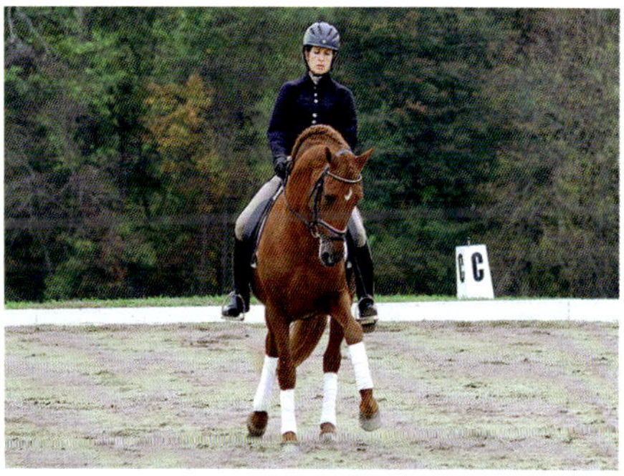

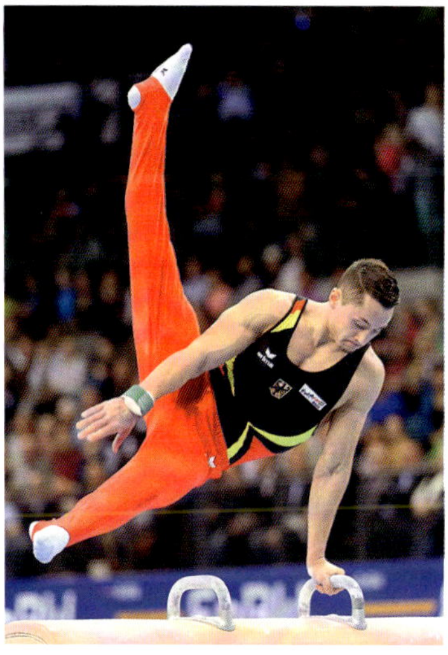

1.3 Locker ist nicht leicht

Jeder will sein Pferd locker reiten – das verbindet die Reiter in den unterschiedlichen Disziplinen. Sie alle machen im Laufe ihrer Karriere dieselbe Erfahrung: **Locker** zu reiten ist alles andere als **leicht**.
Wenn locker nicht leicht ist, was meint dann die Reitlehre mit den Begriffen **Loslassen**, **den Hals fallen lassen**, **entspannen**, **leichte Hand** oder **Leichtigkeit**? Das Grundproblem liegt darin, dass die Definitionen und Inhalte dieser Begriffe teilweise aus dem **Zusammenhang der Reitlehre** herausgelöst wurden und als leere Worthülsen durch die Reithallen wabern.

Locker bedeutet nicht entspannt!

Der Begriff locker im Reitsport muss mit dem sportfachlichen Sprachgebrauch gleichgesetzt werden und Entspannung ist nur eine Komponente innerhalb des Bewegungszyklus. Ein 100-Meter-Sprinter muss im olympischen Finale auf den letzten 30 Metern locker bleiben, um zu gewinnen. Wenn er sich **verkrampft**, verliert er. Wenn seine Körperspannung zu niedrig ist, verliert er auch. Tatsächlich **entspannt** ist er 20 Minuten später, wenn er als Sieger mit einem Glas Champagner in einem Sessel sitzt. Ein Fußballer muss vor dem entscheidenden Elfmeter locker bleiben, um ihn sicher zu verwandeln. Entspannt wird er wohl genauso versagen, wie wenn er sich mental oder körperlich verkrampft. Genau das bedeutet im reitsportfachlichen Sprachgebrauch **innere und äußere Losgelassenheit** – die Entwicklung von positiver Körperspannung und Konzentration.

Die Entwicklung dieser Lockerheit ist nicht einfach, sondern der Kern jeder guten oder sehr guten sportlichen Bewegung. Das wichtigste Ziel jedes Turners, Skifahrers oder Leichtathleten ist es, seine Leistung im Zustand der Losgelassenheit abzurufen. Nur dann wird seine Leistung als **optimal** bewertet.

Damit wären wir genau bei dem tiefen und breiten Riss innerhalb der Reiterei. Zeitschriften und Bücher werden heute oft bestimmt von der Darstellung der Extreme. Glaubt man den Veröffentlichungen, so gibt es hauptsächlich zwei Arten von Reitern.

Die Fraktion der K(r)ampfsportler

Wenn locker nicht leicht zu erreichen ist, dann ist es wohl nötig, auch mal richtig **hinzulangen**. Pferde sind ja schließlich nicht aus Porzellan, und wer Leistung erwartet, der muss halt auch ab und zu über eine Grenze hinwegtrainieren – mit vorhersehbaren Folgen.

Bei diesem Verständnis sind Überlastungssymptome tatsächlich eine zu erwartende Folge, die den Einsatz von Medikamenten zur Behandlung von Rücken, Hufgelenken und/oder Kniegelenken zum normalen Bestandteil der gesundheitlichen Betreuung eines Sportpferdes werden lässt.

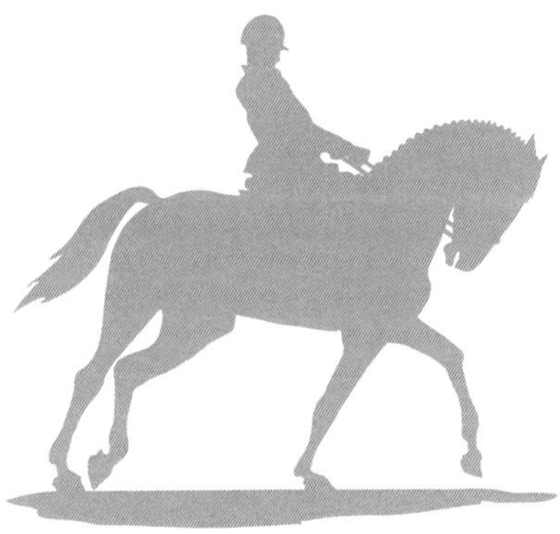

Hoher Kraftaufwand bedeutet nicht automatisch gute Leistung.

Wenn dem so ist, unterstellt man zu Recht, dass die Ausbildung des Pferdes und seine Vorstellung auf einem Turnier zumindest potenziell mit Verschleiß und Schmerzen verbunden sind. Weder die Reiterwelt selbst noch der Rest der Gesellschaft werden einen solchen Gedanken auf Dauer akzeptieren können.

Das faszinierende Lebewesen Pferd wird damit auf eine Stufe mit einem Formel-1-Motor gestellt, mit dessen Ableben grundsätzlich nach einer bestimmten Rundenzahl gerechnet wird. Die Anstrengung der Ingenieure geht nur dahin, dieses Ableben hinauszuzögern, bis die Ziellinie überquert ist.

Auf der anderen Seite: die Fraktion der Leichtreiter

Die Spezies schneidert sich inzwischen unzählige eigene Ausbildungsphilosophien zurecht. Gemeinsam ist ihnen, dass ihre Pferde immer besonders **entspannt** sind, dass sie auf gar keinen Fall überfordert werden und dass das alles grundsätzlich ganz leicht zu lernen ist. So fristen diese Tiere ihr Dasein vor allem damit, mit **tiefem Kopf** und **langem Hals** von einem Vorderbein auf das andere zu fallen – unter dem Beifall von sogenannten Ausbildern, deren wichtigste Eigenschaft ist, dass sie Pferde „lieben". Anschließend werden sie dann mit einer Wellness-Massage der Marke **Biophysiogutmensch** verwöhnt, weil sie soooo toll mitgemacht haben. Was dabei gänzlich fehlt, ist ein seriöser Zugang zur Natur des Pferdes als Bewegungstier mit Stolz und einer natürlichen Erhabenheit.

Es ist natürlich kein Nachteil, wenn ein Ausbilder Pferde liebt. Viel wichtiger aber sind seine **fachliche Kompetenz**, die **Achtung** des ihm anvertrauten Lebewesens und der **Respekt** vor seiner Natur. Die äußere Leichtigkeit, mit der ein gut gerittenes Pferd am Ende geht, ist das Ergebnis von Können und Erfahrung innerhalb der ersten Jahre seiner Ausbildung. Leicht ist das ganz sicher nicht!

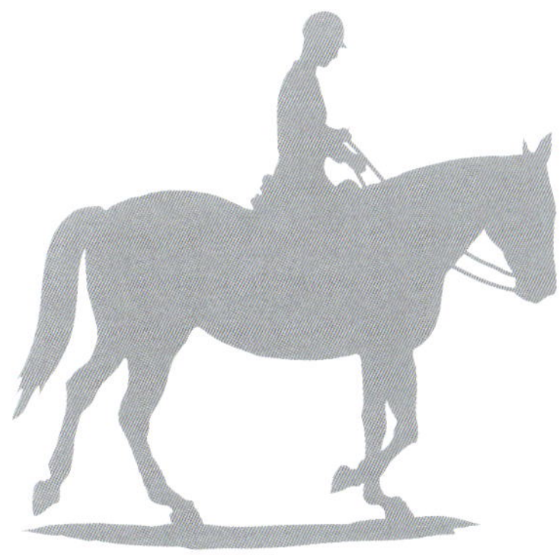

Keine Leistung ist nicht gleichbedeutend mit keine Belastung.

Sie sehen, ich bin bereit, mich zwischen alle Stühle zu setzen. Nicht, weil ich besonders masochistisch veranlagt, sondern weil ich der festen Überzeugung bin, dass man von dieser Position aus am besten in der Lage ist, Brücken zu bauen.

Was ist denn in der Mitte?

Doch, es gibt immer noch viele davon: Reiter und Ausbilder, die sich nicht mit leeren Worthülsen und schnellen, scheinbaren Erfolgen zufriedengeben. Sie nehmen ihren Beruf und die ihnen anvertrauten Pferde und Reitschüler ernster als sich selbst und geben jeden Tag ihr Bestes. Von ihnen gibt es nicht monatlich neue Porträts in den Zeitschriften, weil sie gerade wieder einmal das Reiten neu erfunden haben. Sie verfügen über **reiterliches Können**, **fundierte Kenntnisse** und **Erfahrung**. Das ist nicht spektakulär, aber die einzige Möglichkeit, über Monate und Jahre hindurch jene Bewegungsabläufe aufzubauen, die Pferde und Reiter brauchen, um **langfristig gesund** zu bleiben und ihre Ziele zu erreichen. Egal ob auf dem Turnierplatz oder in der Natur, Hauptsache mit Freude und **Respekt** gegenüber der wunderbaren Kreatur Pferd.

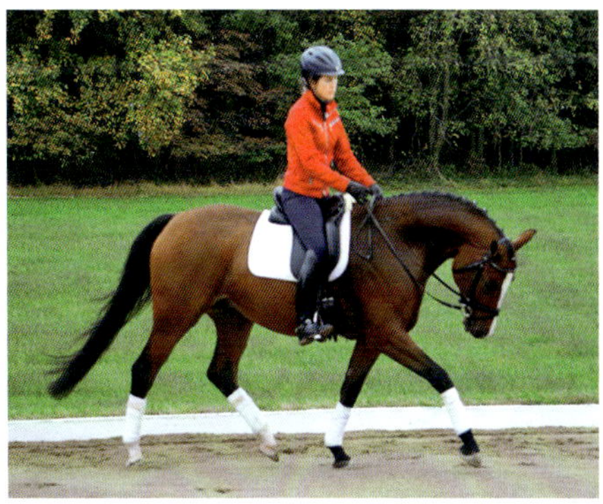

Losgelassenheit bedeutet die Entwicklung von positiver Körperspannung.

1.4 Balance, Athletik und Losgelassenheit

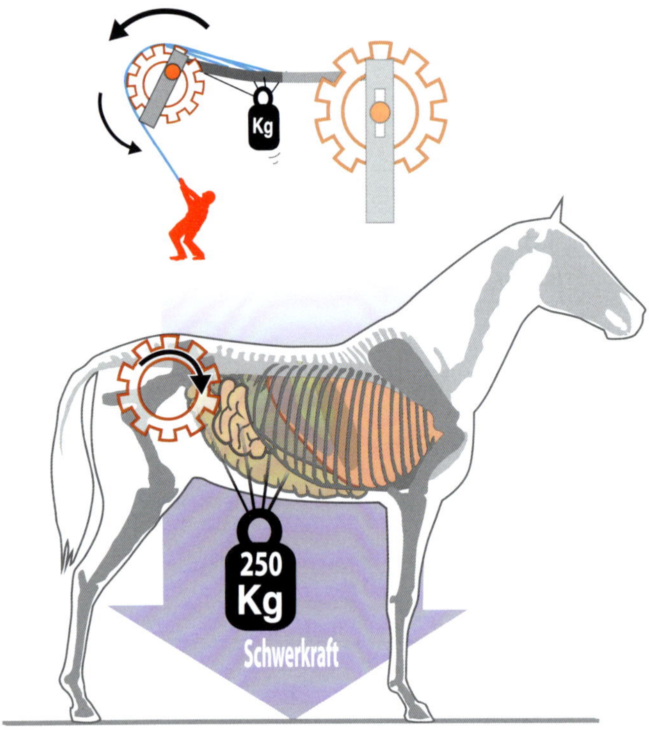

Der Unterschied in der Statik zwischen Mensch und Pferd liegt in der Ebene, in der sich das System gegen die Schwerkraft stabilisiert.

Soll sich ein Mensch aufrecht halten, so muss er sich ***nur*** in der Senkrechten ausbalancieren. Beim Pferd als Vierbeiner entstehen dagegen Kräfte im Schulter- und Beckengürtel, die durch die Hebelwirkung einem Vielfachen seines Körpergewichtes entsprechen können. Ist das Pferd zu schwach und lässt seinen Rumpf und damit auch seinen Rücken nach unten ***durchfallen***, anstatt fleißig vorwärtszugehen, wird es sich ***verkrampfen***. Wird es von einem überehrgeizigen Reiter in Positionen gezwungen, für die es nicht vorbereitet ist, wird es sich ebenfalls ***verkrampfen***. ***Unterforderung*** und ***Überforderung*** entwickeln in der Bewegung des Pferdes demnach ähnliche Probleme und ***Krankheitsbilder***. Die aktiv-dynamische Balance, wie sie die Reitlehre fordert, kann nur durch die Entwicklung einer ausreichenden ***Athletik*** erreicht werden: die Grundlage für innere wie auch äußere Losgelassenheit.

Wozu Biomechanik?

Die Erkenntnisse der ***Biomechanik***, der ***funktionellen Anatomie*** und der ***Trainingslehre*** können dabei helfen, die bedeutenden Unterschiede zwischen einem ***korrekt ausgebildeten*** und einem nicht korrekt ausgebildeten Pferd zu verstehen. Bei der Betrachtung eines Bewegungsablaufes können vor Ihrem inneren Auge Belastungslinien, Hebelverhältnisse und Stoßdämpfersysteme sichtbar werden. Diese komplexen Sachverhalte müssen nur verständlich dargelegt und zu Ende gedacht werden. Am Ende können die Erkenntnisse dabei helfen, den für jedes Pferd individuell richtigen Weg zu finden. Sei es in der Ausbildung, im Training, bei der Korrektur oder in der Therapie.

Positive Körperspannung als oberstes Ziel

Eines aber darf unter keinen Umständen vernachlässigt werden: Ein Pferd braucht ***positive Spannung***, um sein von der Natur vorgegebenes ***Bewegungskonzept*** in das eines Reitpferdes umwandeln zu können. Die Ausbildung eines Pferdes darf dieses Grundprinzip nie aus den Augen verlieren. Ein tendenziell negativ gespanntes Pferd wird dabei durchaus zunächst für Körper und Geist entspannende Übungen und Lektionen brauchen. Ein Pferd mit wenig Grundspannung braucht im

Gegensatz dazu immer wieder Impulse, die Spannung und Motivation aufbauen. Das **zufriedene, sich selbst tragende** und in **Losgelassenheit schwingende** Pferd ist aber am Ende immer das Ergebnis der Entwicklung von positiver Spannung.

Die Schwerkraft als Ursache für Freud und Leid

Physikalisch gesehen ist der Grund dafür die **Schwerkraft**. Sie wirkt zusammen mit der Fliehkraft auf jeden Sportler und jedes Sportgerät. Die Grundlage der meisten sportlichen Bewegungen ist demnach deren Überwindung in unterschiedlich eleganten Variationen oder aber im Sinne von **höher**, **schneller**, **weiter**. Losgelassenheit beschreibt also die Überwindung der physikalischen Kräfte innerhalb einer sportlichen Bewegung. Um dieses Ziel zu erreichen, muss der Sportler **athletische Fähigkeiten** entwickeln.

Auf einen Skirennläufer, der mit 100 Stundenkilometern durch eine Kurve rast, wirken Kräfte, die dem Drei- bis Vierfachen seines Körpergewichts entsprechen. Um das auszuhalten, muss er sich mit seiner Muskulatur gegen diese Kräfte stemmen. Will er eine optimale Linie finden, so muss die Muskulatur in dieser Situation zusätzlich in der Lage sein, feine Steuerungen durchzuführen. Ist die Muskulatur kräftemäßig am Limit, beginnt sie sich zu verkrampfen und das Gehirn schaltet um auf „**Überleben**".

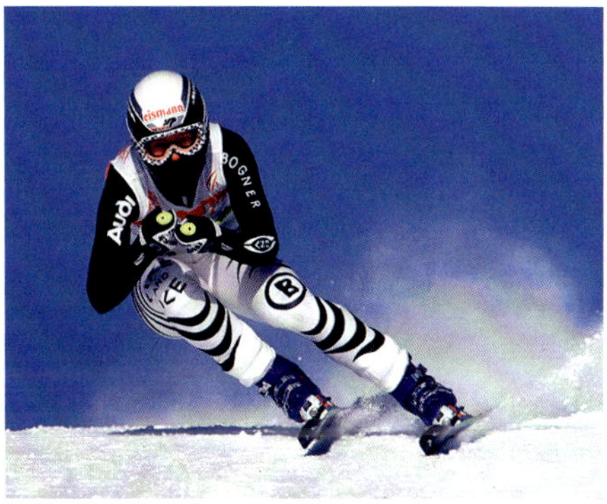

Lockerheit auch bei maximaler Belastung

Verallgemeinert lässt sich dieser automatische Prozess so ausdrücken: Die Grundlage von Verkrampfung im Sport ist in der Regel eine nicht ***ausreichend trainierte*** *und/oder* ***überforderte Muskulatur.***

Beispiel „Den Hals fallen lassen"

Hören wir mal in eine imaginäre Reitstunde, wenn ein Ausbilder sagt: „Jetzt hat er endlich mal den Hals fallen lassen". Das Pferd dehnt sich in diesem Moment in Richtung vorwärts-abwärts an den Zügel heran. Es beginnt sich selbst zu tragen und der Reiter fühlt, wie die Zügelverbindung geschmeidig wird. Nach all seiner Lektüre der Pferdezeitschriften und Bücher in den letzten Jahren denkt der Reiter nun möglicherweise: ‚Das Pferd hat endlich seinen Hals entspannt.' Als logische Schlussfolgerung daraus verhält sich der Reiter möglichst passiv, weil er diese Entspannung und die Dehnung auf keinen Fall stören will. Er sitzt möglichst still und hält vor Ehrfurcht die Luft an. Vermutlich hat er sogar das vielfach gezeichnete Bild vor Augen, wie nun endlich das lange Nackenband den Pferderücken anhebt. Die Situation hält etwa vier bis fünf Trabtritte, dann entzieht sich das Pferd, indem es den Kopf wieder anhebt, oder beginnt, gegen den Zügel zu pullen.

Was war der Grund? Das grundlegende Missverständnis von Ursache und Folge. Der Reiter denkt, der lange Hals und die Entspannung sind die Ursache und der schwingende Rücken die Folge. Die ***Entspannung*** des Pferdes führt zum Ziel und der Reitlehrer hat das ***Fallenlassen*** tatsächlich wörtlich gemeint.

Dies ist ein Paradebeispiel für die grundlegenden Missverständnisse der Reitlehre, wo Begriffe im Sprachgebrauch von Fachleuten einen völlig anderen Sinn haben, als sie im üblichen Wortsinn ausdrücken. Damit ein Pferd den Rücken anheben kann, müssen andere Strukturen als nur das ***lange Nackenband*** aktiviert werden. Ein tatsächlich ***ent-spanntes*** Pferd kann nicht schwungvoll vorwärtstraben. Nimmt der Reiter die Begriffe ***den Hals fallen lassen*** und ***entspannen*** ernsthaft wörtlich, so läuft das Pferd auf der Vorhand oder lässt seinen Kopf und Hals vom Reiter tragen – was zu neuerlicher Verkrampfung führt.

Zurück zu unserem Reitschüler … Wenn er begriffen hat, dass Losgelassenheit die Entwicklung von positiver Spannung bedeutet, wird er automatisch versuchen, diese ***Körperspannung zu erhalten***. Er muss nicht erst auf die Anweisung des Reitlehrers warten, die ihn auffordert, weiter zu ***treiben***, wenn es sowieso schon zu spät ist. Der Reiter denkt und fühlt vorwärtsgerichtet, wenn sich in seinem Kopf die richtigen ***Bilder der Bewegung des Pferdes*** entwickeln.

Vorwärtstendenz als Grundlage der Bewegung

Wer schon einmal auf einem ausgebildeten Pferd „das Herandehnen an den Zügel in Richtung vorwärts-abwärts" gefühlt hat, wird nicht so schnell auf den Holzweg geführt. Es lässt den Hals nicht fallen, sondern federt und schwingt seinen gesamten Körper mit scheinbarer Leichtigkeit in aktiven Muskelketten gegen den Einfluss der Schwerkraft.

Der gefühlte wichtigste Unterschied zu fehlerhaften Bewegungsabläufen ist dabei das weiterhin engagierte, schwingende Vorwärtsgehen des Pferdes. Jede Störung der Balance im Sinne von zu eilig oder verhalten bedeutet automatisch einen Fehler im komplexen System der aktiven Stabilisation. Der Begriff der Losgelassenheit, in seinem korrekten Verständnis, ist dafür die perfekte Beschreibung.

Losgelassenheit bedeutet aktive Federung

Um ***sich selbst zu tragen*** und mit ***schwingendem Rücken*** zu gehen, muss das Pferd sein eigenes Gewicht über Hebelsysteme aktiv gegen die Schwerkraft abfedern, in neue Bewegungsenergie umsetzen und das Ganze muss für den Reiter ***steuerbar*** werden. Die ***Ausbildung*** des Reitpferdes bedeutet also die Entwicklung eines ***aktiven muskulären Systems***, welches die Bewegung des Pferdes schöner und erhabener macht und dadurch Sehnen und Gelenke sogar entlastet. Warum das so ist, wie das geht, welche Kräfte genau dabei wirken, wie die klassische Ausbildung diese Aufgaben löst und welche ***Anforderungen*** dabei an ***Pferd*** und ***Reiter*** gestellt werden, wird in den folgenden Kapiteln aufgezeigt. ***Biomechanik***, ***funktionelle Anatomie*** und ***sportwissenschaftliche Erkenntnisse*** sind dabei wichtige Informationsquellen, die uns durch das Buch begleiten werden.

Übertragung auf das System Mensch

Das System Mensch als Zweibeiner muss seine einzelnen Körperpartien senkrecht aufeinander abstimmen. Auch der Mensch ist für seine optimale Funktion im Alltag und im Sport auf die Entwicklung von positiver Spannung angewiesen. Beispiele von unterschiedlichem Spannungsniveau verschiedener Läufer veranschaulichen das Prinzip. Zunächst ein aktueller Spitzenläufer (Haile Gebreselassi) im Vergleich zu dem Wunderläufer der 1950er- und 1960er-Jahre Emil Zatopek. Beide waren zu ihrer Zeit das Maß der Dinge. Die Entwicklung im Sport ist aber nicht nur über die Stoppuhr – Gebreselassi läuft den Marathon inzwischen etwa 20 Minuten schneller als Zatopek damals –, sondern vor allem über die Veränderung der Körperspannung von maximaler hin zu optimaler Körperspannung deutlich sichtbar. Der Freizeitläufer ohne Körperspannung zeigt die Tendenz im Freizeitsport, wo viele Menschen ohne ausreichende athletische Vorbereitung an Volksläufen teilnehmen und dadurch Schäden an Gelenken, Sehnen und Bändern in Kauf nehmen, obwohl ihre Motivation eigentlich ist, etwas für ihre Gesundheit zu tun.

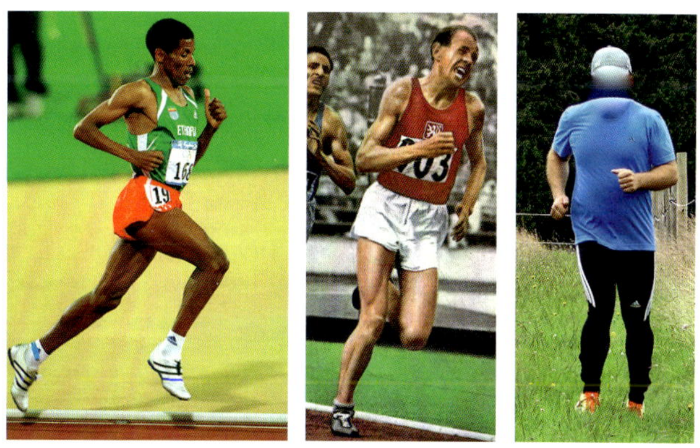

Unterschiedliches Niveau der Körperspannung beim Läufer: locker (links), verkrampft (Mitte), fehlende Körperspannung (rechts).

2 Kraftentwicklung und Kraftübertragung

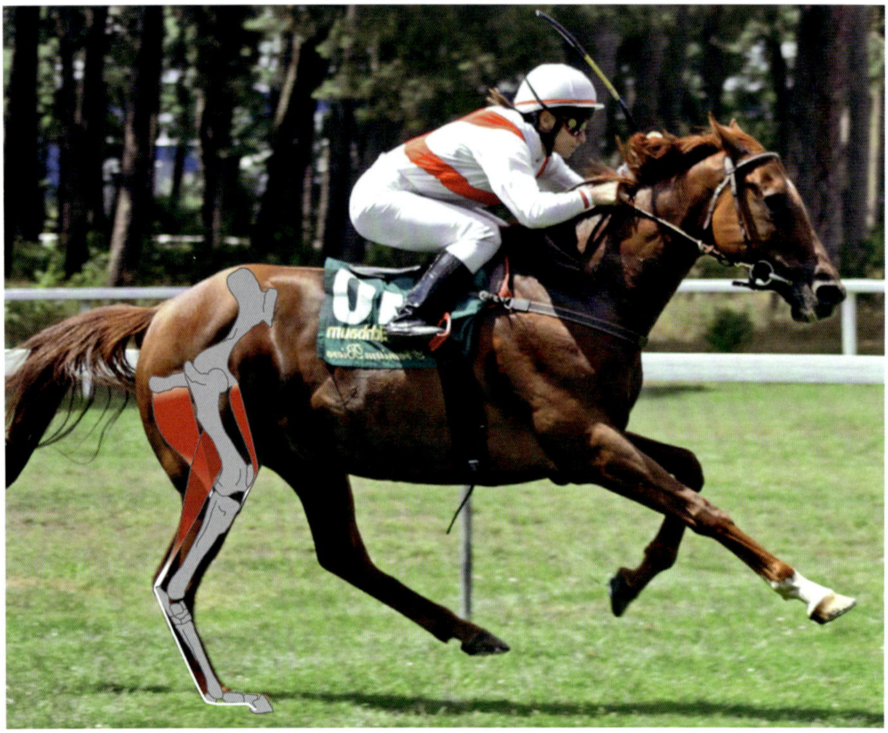

Die Funktionskette der Pferdebeine nimmt die Bewegungsenergie in der Stützbeinphase auf …

Die Kraftentwicklung

Im Gegensatz zum Menschen ist der Bewegungsplan des Pferdes der eines vierbeinigen flüchtenden Steppentieres. Als Vierfüßler hat ihm die Natur den federnden Beugegang mitgegeben. Sehnen, Muskeln und Knochen sind so angeordnet, dass sie sich, einmal aufgespannt, gegenseitig stabilisieren. Komplexe Fasziensysteme verbinden die einzelnen Strukturen miteinander und durchdringen sie. Sie wirken dann wie **Katapulte**, die die **Bewegungsenergie** des Pferdes in der Phase des Auffußens speichern und wieder in Vorwärtsbewegung umwandeln. Seine maximale Leistungsfähigkeit kann das Pferd damit innerhalb des funktionierenden Katapultsystems jederzeit und immer abrufen. Sie wird bestimmt durch die Spannkraft der Sehnen und der Fasziensysteme innerhalb und außerhalb der Muskulatur.

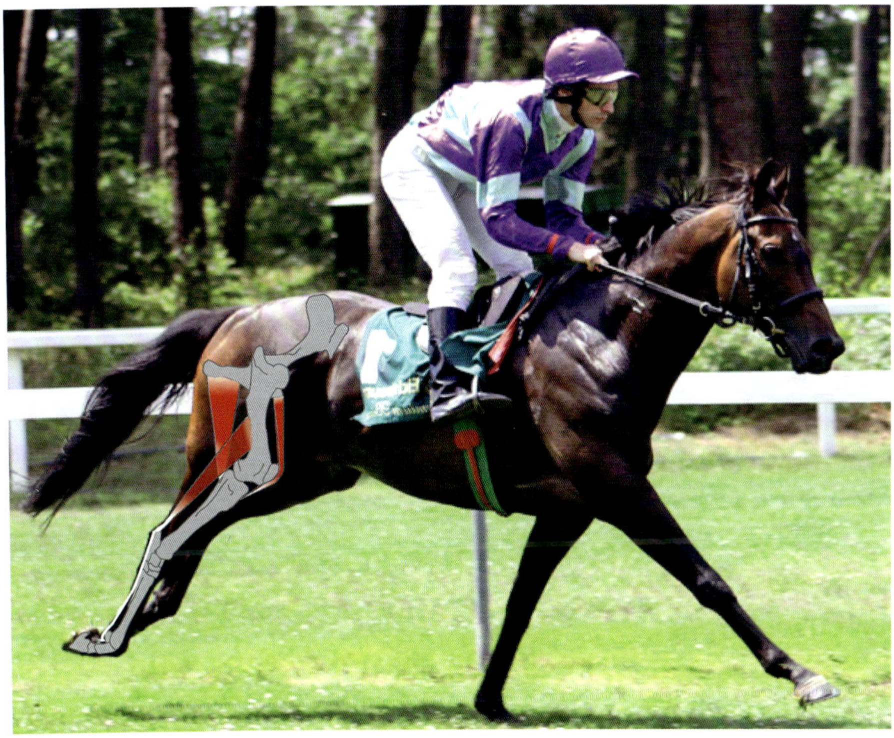

… um das Pferd durch eine Katapultwirkung nach vorne zu schleudern.

Um komplexe Systeme zu verstehen, ist es sinnvoll, zunächst in Modellen zu denken. Im Folgenden möchte ich mit dem Konzept STAMMER KINETICS ein Denkmodell vorstellen, mit dem es möglich ist, die Grundbewegungen des Pferdes sinnvoll zu erfassen und darzustellen.

Die zentralen Bausteine dieses Modells, das sich auf jede Form der Pferdebewegung beziehen lässt, sind die Entwicklung und die Übertragung der Kraft.

2.1 Die Entwicklung der Kraft im Detail

Wie entwickelt sich eigentlich die Bewegungsenergie des Pferdes? Wie kann es sein, dass ein Fohlen, kaum steht es auf seinen eigenen Beinen, in einer Fluchtsituation mit der Herde in der ***vollen Geschwindigkeit*** mitgaloppiert? Wenn ein vierjähriges Pferd 1,70 Meter hoch springen kann, was muss ich dann eigentlich die nächsten vier bis fünf Jahre trainieren, wenn der Olympiaparcours nur maximal 1,65 Meter hoch gebaut wird? Kann man den starken Trab eines vierjährigen Pferdes auf der Weide für den Auftritt im Dressurviereck überhaupt noch verbessern? Wenn ich mein Freizeitpferd ***nur ins Gelände*** reite, es nie hohen Belastungen ausgesetzt war und bewusst spät eingeritten wurde, wie kann es dann sein, dass es trotzdem einen Sehnenschaden oder Arthrose im Rücken oder in den Sprunggelenken bekommen hat?

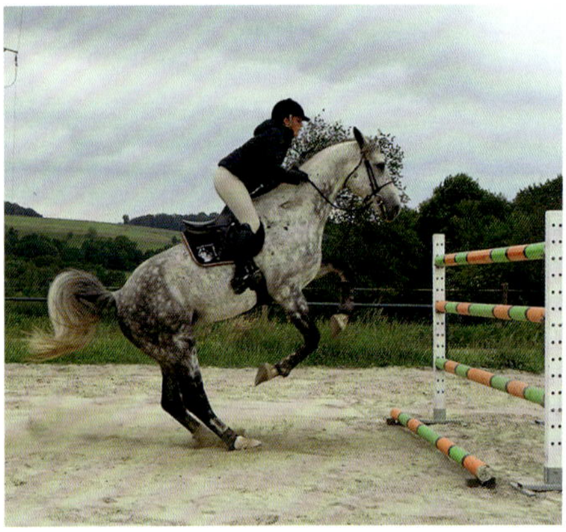

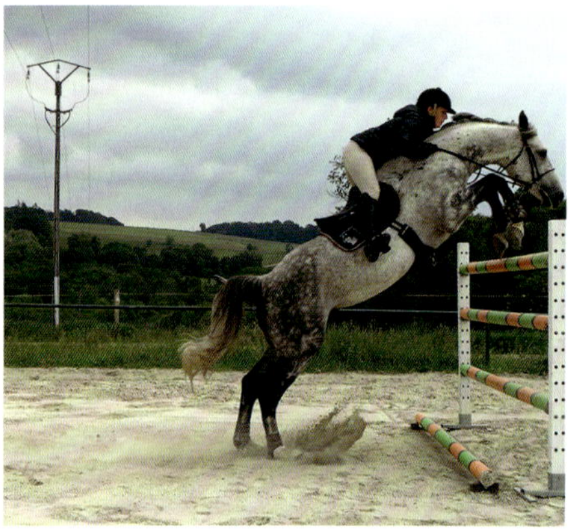

Die mächtigen Federn der Hinterbeine wirken wie Katapulte.

Das Katapult in den Beinen

Die Entstehung der Bewegungsenergie beim menschlichen Sportler interessiert Wissenschaftler schon seit Jahrzehnten. Dabei schauen sie gerne in die Natur, um Phänomene beim Menschen besser zu verstehen. Wie viel Anteil haben die unterschiedlichen Strukturen der Muskulatur im Verhältnis zueinander? Gibt es andere Systeme, die an der Entwicklung der ***Bewegungsenergie*** beteiligt sind? So hat ein Känguru beispielsweise in etwa die gleiche Muskelmasse und -struktur wie unser heimisches Rotwild, seine Kraftentwicklung im Sprung ist im Verhältnis zu seinem Gewicht aber deutlich höher. Ein Känguru kann bis zu 13 Meter weit springen! Wo liegt der Unterschied?

Das Katapult des Kängurus ist eines der effektivsten in der Welt der Säugetiere.

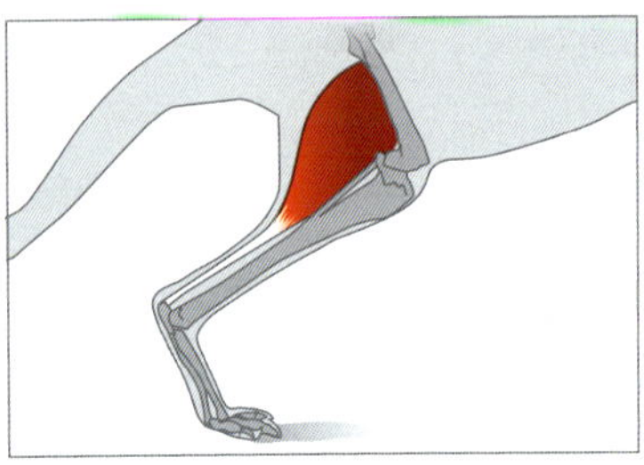

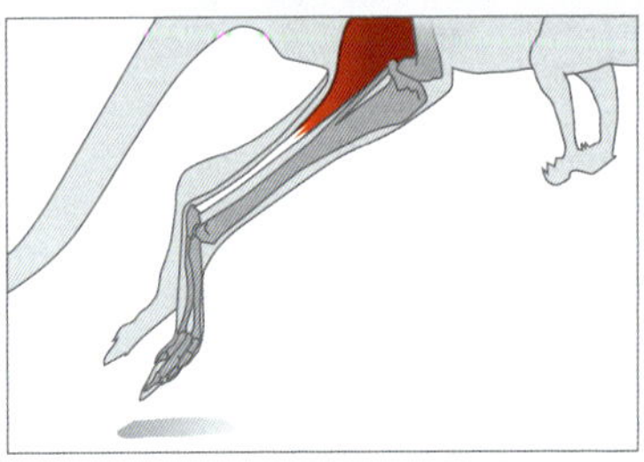

Um dem Phänomen der ***elastischen Energie*** aus der Sehne näherzukommen, machte der finnische Sportwissenschaftler Paavo Koomi in den 80er-Jahren sehr spezielle Untersuchungen. Er ließ freiwilligen Sportstudenten von Chirurgen Messstreifen und Glasfaserlichtleiter an ihre Achillessehnen anheften, um an exakte Daten im Bewegungsablauf heranzukommen. Die Ergebnisse waren ebenso revolutionär wie einleuchtend.

Lange ***elastische Strukturen*** aus Bindegewebe speichern in der Stützbeinphase durch ihre Dehnung ***Energie***, die sie sofort wieder der Fortbewegung zur Verfügung stellen. Sie funktionieren also wie Gummibänder. Die Qualität der Gummibänder ist dabei genetisch vorgegeben und am Ende ein entscheidendes Kriterium für die ***Leistungsfähigkeit des Körpers***. So haben afrikanische Läufer, deren Paradedisziplin der Langstreckenlauf ist, nicht etwa genetisch bedingt mehr oder längere Wadenmuskeln. Im Gegenteil: Sie haben deutlich längere Sehnen und dementsprechend eine kürzere Wadenmuskulatur als ihre europäischen Konkurrenten. Die elastische Energie aus der Sehne macht sie unempfindlicher gegen Ermüdung.

Der britische Zoologe Robert McNeill Alexander von der Universität in Cambridge hat 1988 in seiner Veröffentlichung ***„Elastic Mechanisms in Animal Movement" diese Prinzipien genau beschrieben***, Das Pferd entwickelt demnach seine Bewegungsenergie zu einem erheblichen Teil aus den elastischen Strukturen seiner Muskel- und Sehnensysteme. Neuere Untersuchungen erweitern diesen Komplex noch um die Elastizität des Fasziengewebes.

Das Geheimnis der Faszienstrukturen

Faszien umschließen und durchdringen jede Muskelfaser, jedes Faserbündel, jeden Muskel und jede Muskelgruppe wie ein dreidimensionales Spinnennetz. Sie sind eine wichtige Komponente der ermüdungsfreien Energieübertragung im Pferd, da sie die einzelnen Funktionsketten der Beine mit dem Rumpf sowie die Bewegungszentren untereinander verbinden. Neuere Forschungen rund um dieses hoch elastische und dynamische Gewebe erweitern das Konzept der Katapultwirkung der Sehnen noch einmal gewaltig. Diese Fasziensysteme nehmen erheblichen Einfluss auf die Übertragung der Bewe- gungsenergie und dienen zusätzlich der Informationsübertragung sowie dem Sauerstofftransport.

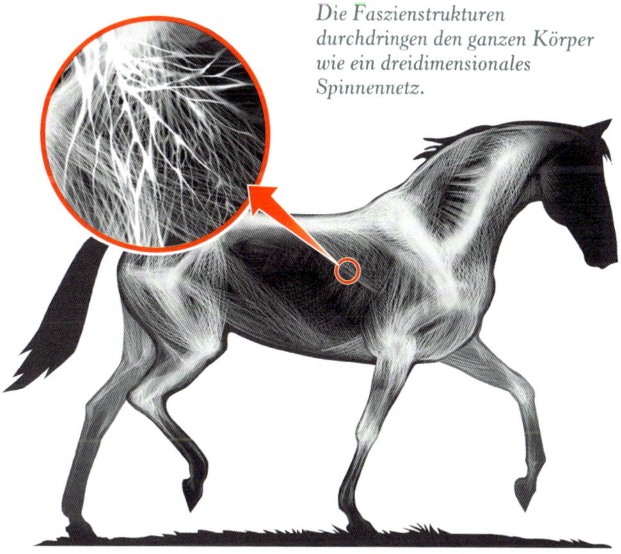

Die Faszienstrukturen durchdringen den ganzen Körper wie ein dreidimensionales Spinnennetz.

Hohe Effizienz

Die Konstruktion der Pferdebeine ist perfekt auf ermüdungsfreie Vorwärtsbewegung in höherem Tempo abgestimmt. Diese ***Glanzleistung der Natur*** garantiert, dass die natürlichen Feinde aller weidenden vierbeinigen Steppentiere in einem Rennen über Leben und Tod keineswegs immer als Sieger hervorgehen – obwohl sie zweifellos kurzfristig eine höhere Endgeschwindigkeit erreichen als ihre Beutetiere. Die Entscheidung fällt bereits auf den ersten Metern. Überlebt das Pferd diese, ist es tatsächlich im Vorteil, weil es für das Erhalten seiner Geschwindigkeit viel weniger Energie als sein vierbeiniger Jäger verbraucht. Mit jedem Sprung wird der ***Tank des Tigers*** leerer und er muss sich entscheiden, ob er seine Reserven nicht besser für die Jagd auf ein hilfloseres Tier einsetzt. Die Katapulte der Pferde kommen aber erst im schnellen Lauf richtig in Gang und schleudern ihren Körper mit wenig Energieverbrauch immer weiter vorwärts. Deshalb sind nur verletzte oder geschwächte Tiere, die nicht schnell genug reagieren können oder die schnell ermüden, potenzielle Opfer.

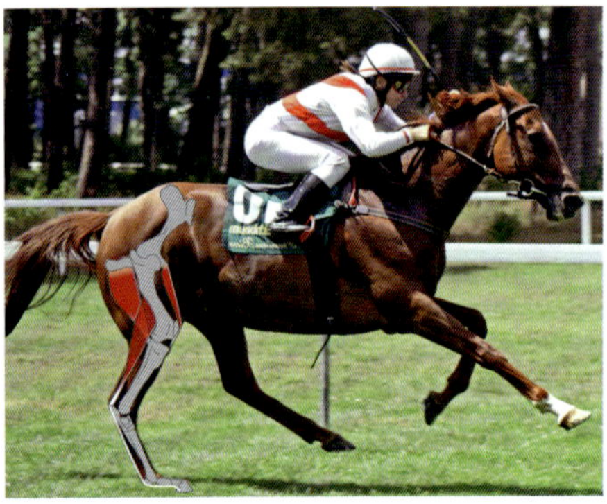

Ein Galopper bleibt in seinem natürlichen Bewegungsablauf der Flucht und kann somit schon zweieinhalbjährig seine volle Geschwindigkeit entfalten.

Das System Mensch

Ein Mensch braucht von seiner Geburt bis zu seinen ersten Schritten etwa ein Jahr Entwicklung. Geht der Mensch erst einmal aufrecht auf zwei Beinen, so muss er seinen Körper nur noch dauerhaft in verschiedensten Situationen ***senkrecht*** gegen die Schwerkraft ***stabilisieren. Koordinativ*** ist das mit den vielen beweglichen Teilen hoch ***anspruchsvoll***. Die stabilisierende Kraft entwickelt sich scheinbar spielerisch innerhalb dieser Bewegungsentwicklung.

Der Mensch hat dafür vergleichsweise viel Zeit. Aufrecht stehen kann er etwa mit Neun Monaten, gehen mit etwa zwölf Monaten. Bis er mit einer echten Schwebephase rennen kann, vergehen etwa zwei bis drei Jahre. Bis zum siebten Lebensjahr werden auf der Ebene der Koordination die Grundlagen für alle weiteren Bewegungsabläufe gelegt. In dieser Zeit ist regelmäßige, ausreichende und abwechs-

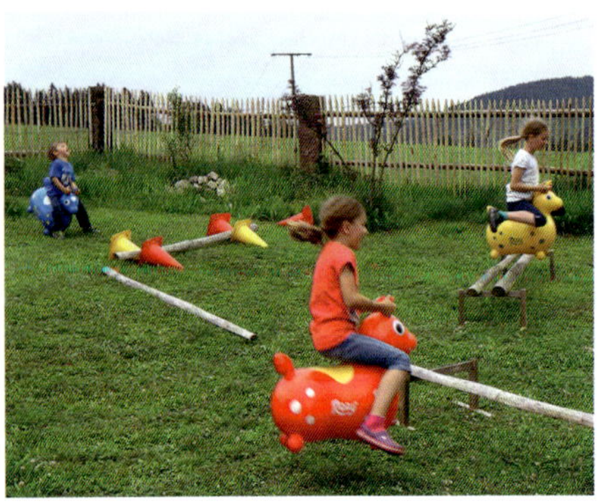

Bewegt sich ein Kind aktiv und spielerisch, so wird im Idealfall ständig sein koordinatives System angesprochen.

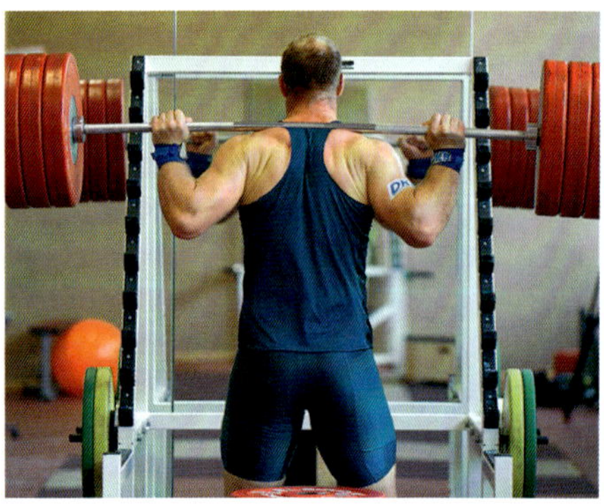

Olympiasieger und Weltmeister Robert Harting braucht ständiges gezieltes Training, um seine maximale Leistungsfähigkeit zu erreichen.

lungsreiche Bewegung die Garantie für eine gute körperliche Entwicklung. Defizite in dieser Entwicklungsphase sind später nur noch schwer zu korrigieren. Wenn dieses Kind 14 oder 15 Jahre alt ist und Leichtathlet werden will, muss es für jede Zehntelsekunde und für jeden Zentimeter Verbesserung gut und hart trainieren.

Für seine aufrechte Haltung benötigt der Mensch eine gute Körperspannung und Koordination, die sich im Idealfall innerhalb der ersten sieben Lebensjahre entwickeln sollte. Seine maximale sportliche Leistungsfähigkeit kann erst nach Abschluss der Pubertät erreicht werden und wird vom athletischen Training dominiert und bestimmt.

Leistung kann man kaufen ...

Pferde als Nestflüchter verfügen über Strukturen, die bereits dem Fohlen ein oft verblüffendes Bewegungspotenzial mitgeben. Daraus ergibt sich automatisch die Tatsache, dass die maximale Leistungsfähigkeit des **jungen** Pferdes nicht vom Trainingsniveau seiner Muskulatur, sondern von den genetischen Voraussetzungen seiner Katapultsysteme dominiert wird. Dazu gehören die Elastizität des Bindegewebes, die Länge der Knochen und die Winkel der Gelenke.
Die Gleichung heißt für das junge Pferd also: Optimale Elastizität plus optimale Hebelsysteme ergibt maximale Leistung. Die maximale Leistungsfähigkeit ist somit zum großen Teil genetisch vorgegeben und nur in Teilbereichen zu beeinflussen.

Die maximale Leistungsfähigkeit eines Pferdes muss man daher tatsächlich züchten und kaufen, sie wird nur untergeordnet vom athletischen Training des Pferdes bestimmt!

... Ausbildung muss man können

Ein schnelles Rennpferd ist sofort schnell, ein gutes Springpferd kann gleich hoch springen und ein Dressurpferd hat überdurchschnittliche Grundgangarten oder es hat sie nicht. Warum also überhaupt jahrelange Ausbildung? Die Antwort ist so einfach wie bedeutend: Es geht darum, die vorhandene Kraft in neue, für den Reiter beherrschbare Richtungen zu lenken, die das Pferd gleichzeitig vor chronischen Überlastungen schützen. Hier liegt der Schlüssel und die Notwendigkeit für das **athletische Training** des Reitpferdes.

Nicht die maximale Leistung wird entwickelt, sondern die Richtung, in die die vorhandene maximale Leistung wirkt. Die Übertragung der Kraft ist somit der Aufgabenbereich der Ausbildung und unterscheidet ein Pferd von einem Reitpferd.

Geld oder Gesundheit?

Schon jetzt lässt uns dieser Blick auf das Bewegungssystem des Pferdes viele Bilder auf den Turnierplätzen besser verstehen. Ein **Hochleistungspferd** kann ich kaufen. Wenn ich es mit Sporen und scharfen Gebissen dressiere, so kann ich seine vorhandene Spannkraft auch sofort in vorgegebene Richtungen lenken bzw. ihm Kunststücke beibringen. Selbst sichtbar schlecht bemuskelte und unrittige Pferde können leider einen Wettbewerb gewinnen. Das Ergebnis ist kurzfristiger Erfolg, der mit Geld und zugleich mit der Gesundheit des Pferdes bezahlt wird. Kaufe ich dieses Hochleistungspferd und lasse ihm Ausbildung zukommen, so dauert die Entwicklung von Bewegungsqualität deutlich länger. Der Ausbilder muss die Grundlage der Bewegung des Reitpferdes neu entwickeln und die **Muskulatur**, die dafür gebraucht wird, tatsächlich **stärken** und trainieren. Langfristig entsteht auch durch dieses System Erfolg. Auch der kostet viel Geld, weil eine solche Ausbildung langwierig und teuer ist.

Der Unterschied liegt in der Nachhaltigkeit der Ausbildung, mit der das Pferd über viele Jahre seine Leistung erbringen kann. Vor allem anderen aber wird in diesem System die Gesundheit des Pferdes nicht verbraucht, sondern gefördert.

Die Frage ist also: Geben Sie Ihr Geld den Tierärzten, Therapeuten und Pferdehändlern oder eher einem seriösen Ausbilder? Günstiger ist Letzterer am Ende allemal. Die eigentliche Belohnung aber ist ein Pferd, das **Freude an der Arbeit** hat und über viele Jahre hinweg **gesund** bleibt, in Körper, Geist und Seele. Tierärzte und Therapeuten werden deshalb nicht arbeitslos, nur ihre Arbeitsschwerpunkte werden sich im Sinne des Pferdes verändern.

Zusammenfassung

Die Bewegungsenergie des Pferdes entsteht in den langen, elastischen bindegewebigen Strukturen und ist sofort, nahezu ohne Training, verfügbar. Die Kombination aus Knochen, Gelenken, Sehnen und Muskeln wirkt wie ein Katapult. Sie speichern die Bewegungsenergie und wandeln sie im Sinne einer Feder wieder in Vortrieb um. Für die maximale Leistungsentfaltung braucht das Gesamtsystem vor allem Spannung. Die Ausbildung des Pferdes wandelt die negative Spannung des festgehaltenen Rückens im Fluchtmodus in positive federnde Spannung um. Dabei werden der Brustkorb und das Becken des Pferdes durch die Einwirkung des Reiters durch Muskelketten aktiv getragen. Dieses System unterscheidet sich elementar von der Bewegungsentwicklung des Menschen, was eine direkte Übertragung von Trainings- oder Therapiekonzepten verbietet.

2.2 Die Kraftübertragung

Was bedeutet es aus funktioneller Sicht, wenn das Pferd ***sich selbst trägt***, wenn der ***Rücken schwingt*** und wenn aus dem ***Schenkelgänger*** ein ***Rückengänger*** wird? Reicht es aus, wenn es den ***Hals lang*** macht, oder geht ein Pferd grundsätzlich ***am Schenkel***, wenn die ***Hinterhand aktiviert*** ist? Alle diese Schlagworte sind letztlich nur Einzelteile eines komplexen Systems der ***aktiven Stabilisation*** des Pferdes. Um Klarheit zu schaffen, lohnt es sich, den Weg der Bewegungsenergie weiter zu verfolgen.

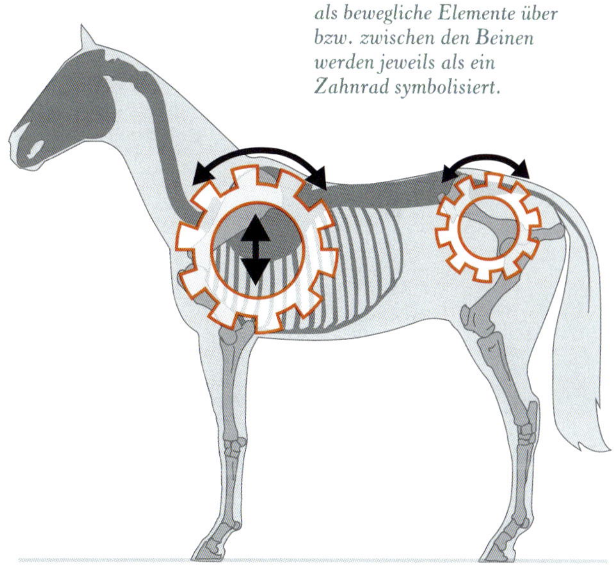

Brustkorb und Becken als bewegliche Elemente über bzw. zwischen den Beinen werden jeweils als ein Zahnrad symbolisiert.

Die Übertragung der Kraft im Detail

Die wichtigen Schnittstellen innerhalb dieses Systems sind die Regionen, in denen die Bewegungsenergie aus den Beinen auf den Rumpf übertragen wird. Sie werden in diesem Konzept als vorderes und hinteres Bewegungszentrum bezeichnet.

Aufbau der Bewegungszentren

Das vordere Bewegungszentrum (VBZ) wird gebildet vom Hals-Brustkorb-Komplex, der über die Schultergürtelmuskulatur mit den beiden Vorderbeinen verbunden ist.

Das hintere Bewegungszentrum (HBZ) wird gebildet vom knöchernen Beckenring, der Lendenwirbelsäule, dem Kreuzbein und den Schweifwirbeln. Der größte Unterschied zum VBZ ist die ***stabile Gelenkverbindung*** zu den Beinen. Während vorne die Verbindung ausschließlich über Sehnen und Muskulatur realisiert ist, gibt es hinten die beiden großen Hüftgelenke, die eine nahezu fixe Drehachse darstellen. Dadurch kann die Bewegungsenergie aus der Hinterhand über die Hüftgelenke eine große Hebelwirkung in Richtung Vortrieb erzeugen.

Beide Bewegungszentren sind beweglich. In der seitlichen Ansicht kann sich das vordere Bewegungszentrum anheben und absenken sowie kopfwärts- und schweifwärtsdrehen. Auch das hintere Bewegungszentrum kann sich kopfwärts- und schweifwärtsdrehen. Je nachdem, wie diese Bewegungszentren eingestellt sind, ändern sich die Richtung und die Art und Weise der Kraftübertragung.

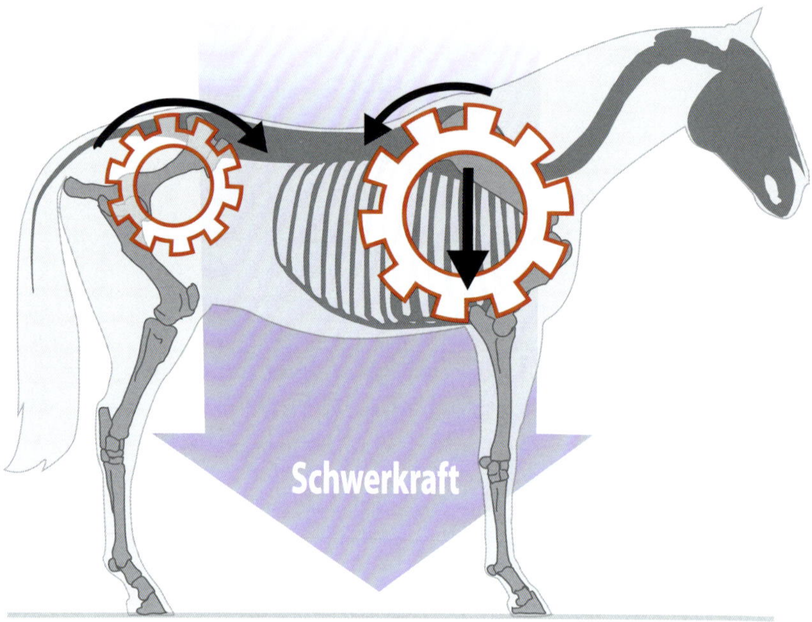

Wirkt die Schwerkraft auf das Pferd nach unten, so werden sich diese beiden Zahnräder zur Mitte hin zueinander bewegen.

Pferd oder Reitpferd?

Es gibt ***einen*** grundsätzlichen Unterschied zwischen einem Pferd und einem Reitpferd. Dieser Unterschied liegt in der ***Art und Weise*** der Stabilisation gegen die Schwerkraft. Das Pferd ist in seinem natürlichen Bewegungsablauf ausschließlich auf Ökonomie ausgerichtet. Überlebenswichtig ist dabei zunächst die Flucht. Dabei wird die Rumpfmasse mit gespanntem Rücken nach unten in die Sehnen und Gelenksysteme der Wirbelsäule gepresst. Dieses System ist mit vergleichsweise wenig Aufwand maximal stabil und alle Energiereserven können für die Vorwärtsbewegung eingesetzt werden. In dieser Position entwickelt sich die Motorik des Pferdes, die auf maximale Leistungsfähigkeit auf der Flucht ausgerichtet ist.
Ist der Fluchtmodus beendet, so können sich die belasteten Strukturen über mehrere Stunden oder Tage grasend im Schritt bei maximaler Entlastung wieder erholen.

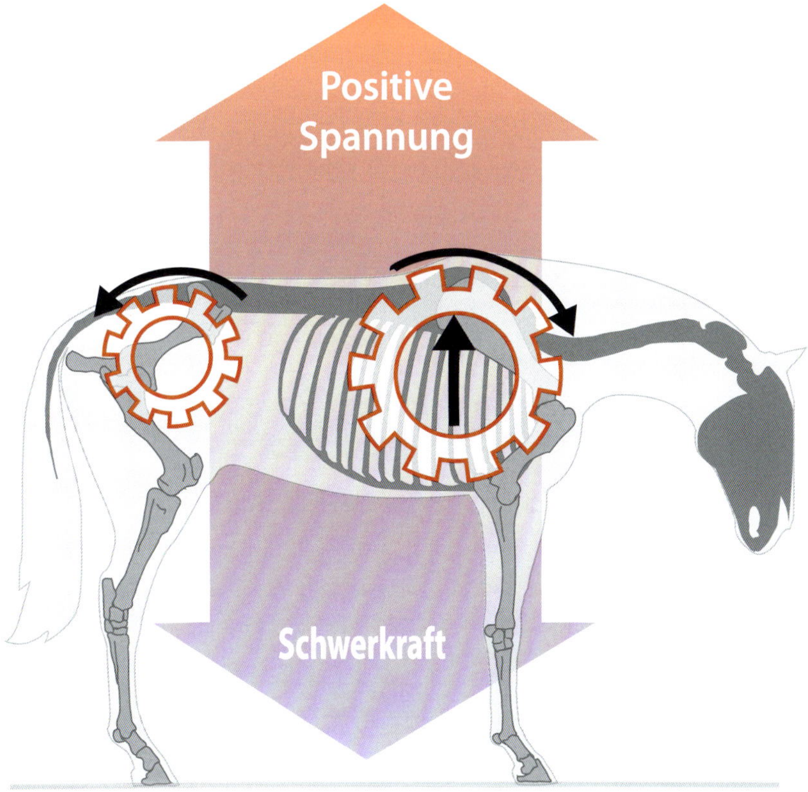

Die positive Körperspannung wirkt gegen die Schwerkraft und öffnet durch die gegenläufige Drehung der Zahnräder die Oberlinie des Pferdes.

Das Reitpferd dagegen soll einem anderen Bewegungsplan folgen. Es soll sich aktiv tragen, für den Reiter mit feiner Hilfengebung auf gerader und gebogener Linie steuerbar sein. Gelingen kann das durch die Veränderung der Art und Weise der Kraftübertragung. Der Rumpf des Pferdes wird nach oben gegen die Schwerkraft angehoben und in der Stützbeinphase mit diesen Muskelschlingen wieder abgefedert. Diese positive Körperspannung schafft einen aktiven, für den Reiter steuerbaren Ausgleich gegen die Schwerkraft. Das Pferd fühlt sich leicht und federnd an. Diese gefühlte Leichtigkeit ist aber letztendlich abhängig von einem funktionierenden, athletisch organisierten Bewegungsablauf.

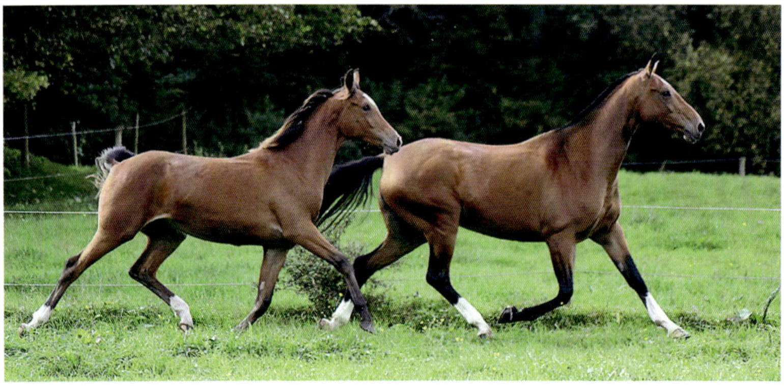

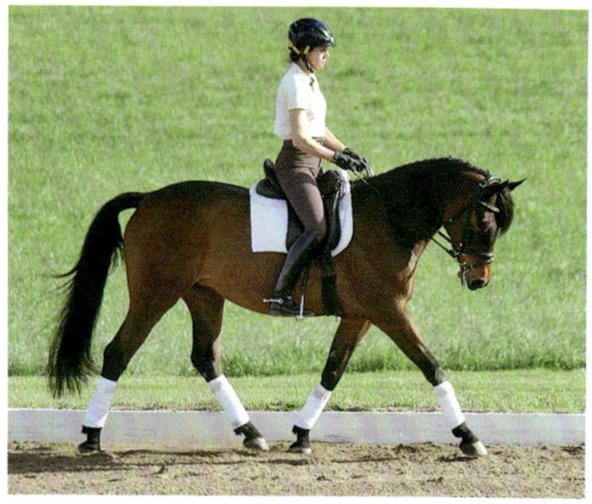

Natürlicher Bewegungsablauf und Reitpferd

*Der Begriff **„das Pferd soll sich tragen“** kann also durchaus wörtlich genommen werden.*

Trainingsmethodisch ist beim Reitpferd also primär nicht die maximale Leistung zu entwickeln, sondern die Richtung, in die die Leistung wirkt. Dafür braucht das Reitpferd im Besonderen die Muskulatur, die seine Masse gegen die Schwerkraft abfedert. Das ist der eigentliche Sinn der Ausbildung von jedem Reitpferd, ebenso wie der Schwerpunkt im sportlichen Training.

*Die **Entwicklung** der Kraft kann der Reiter nur indirekt beeinflussen. Die **Übertragung** der Kraft aber ist seine alleinige und wichtigste Aufgabe.*

Um diesen Prozess zu verfolgen, werden die zwei Bewegungszentren zunächst unabhängig voneinander analysiert.

Ein langer Weg vom Krabbeln zum Laufen …

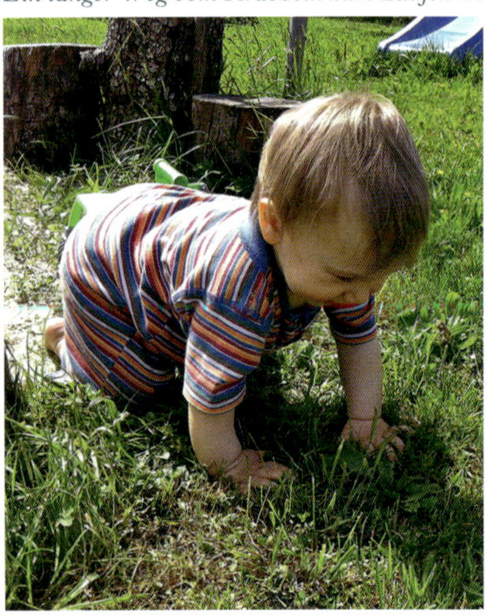

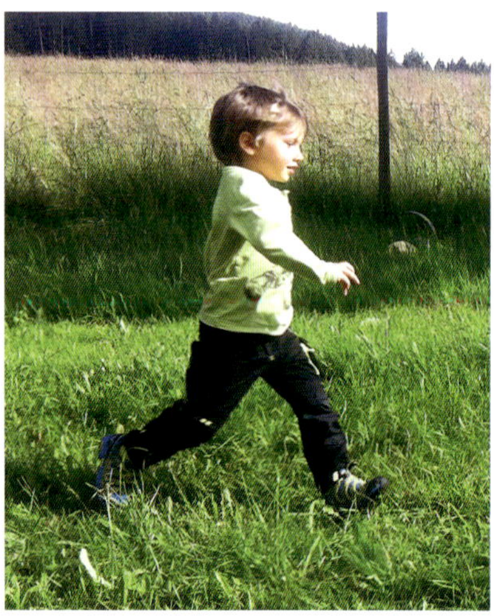

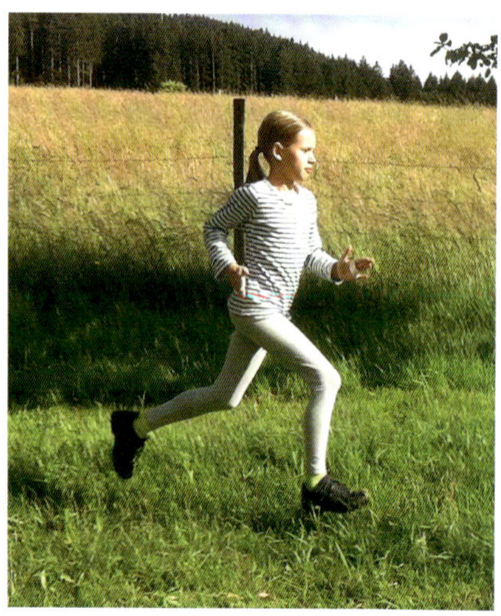

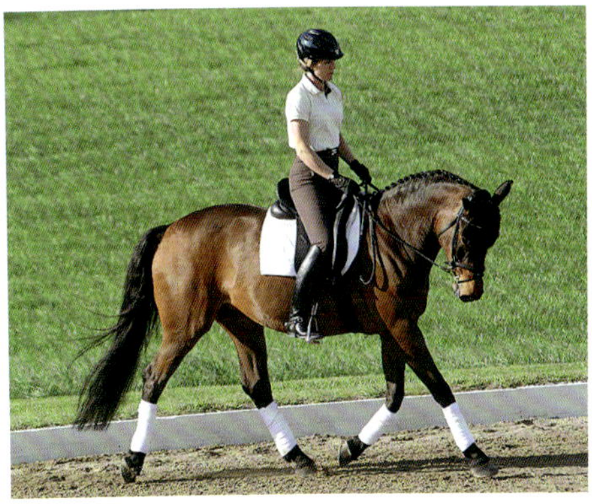

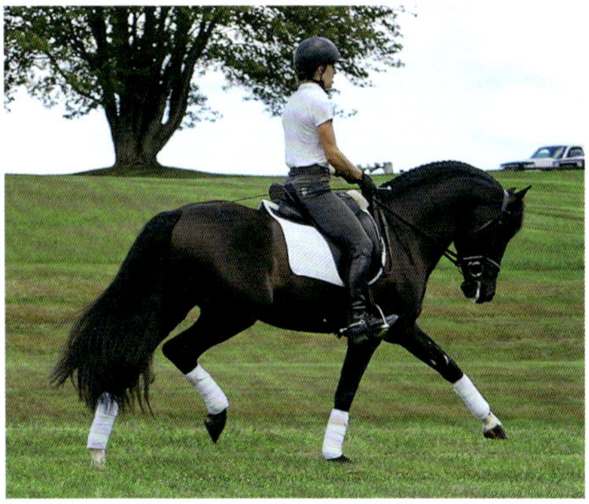

Ein langer Weg von der Remonte zum vollwertigen Reitpferd

Ein interessanter Vergleich

Zeitlich kann man diesen Prozess durchaus mit der Bewegungsentwicklung des Menschen in Bezug auf den aufrechten Gang vergleichen. Bis Pferd und Mensch sich aktiv dynamisch gegen die Schwerkraft stabilisieren können, vergehen mindestens drei bis vier Jahre. Beim Menschen steht dieser Prozess am Beginn seiner Bewegungsentwicklung vom Säugling zum Kind. Bis ein Kind seinen aufrechten Gang im Laufen mit einer echten Schwebephase gegen die Schwerkraft abfedern kann, vergehen etwa vier Jahre. Das Pferd bringt diese Fähigkeit der Federung sofort mit, die aktive muskuläre Stabilisierung gegen die Schwerkraft bleibt der Ausbildung des Reitpferdes vorbehalten und dauert ebenfallls etwa vier Jahre. Für das Pferd ist dieser Bewegungsablauf die Grundlage für die vom Reiter steuerbare optimale Kraftübertragung in jeder reitsportlichen Disziplin.

Für die Entwicklung der Beinmechanik ist keine Ausbildung nötig – für die Entwicklung der Rückentätigkeit schon.

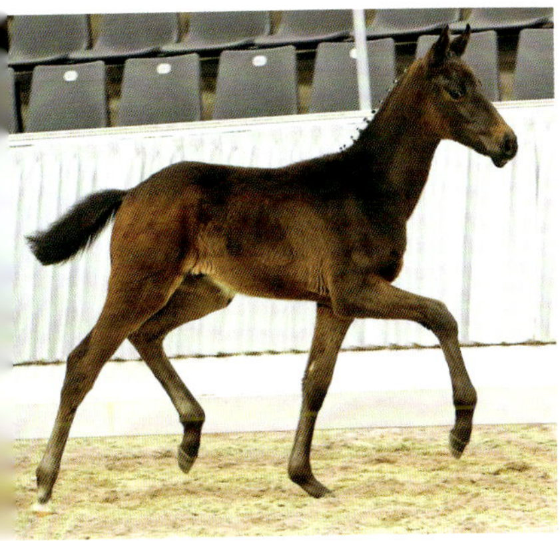

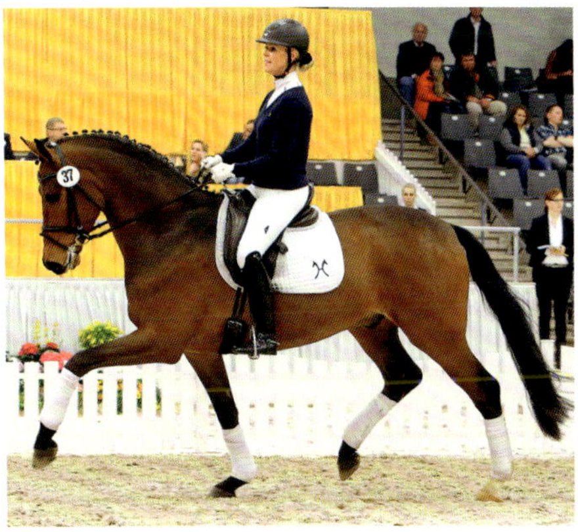

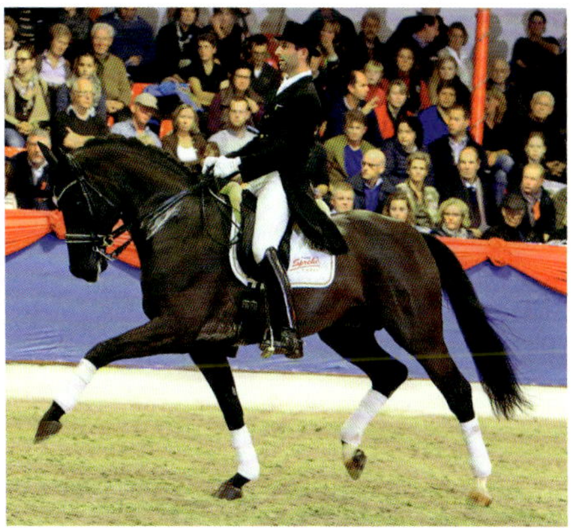

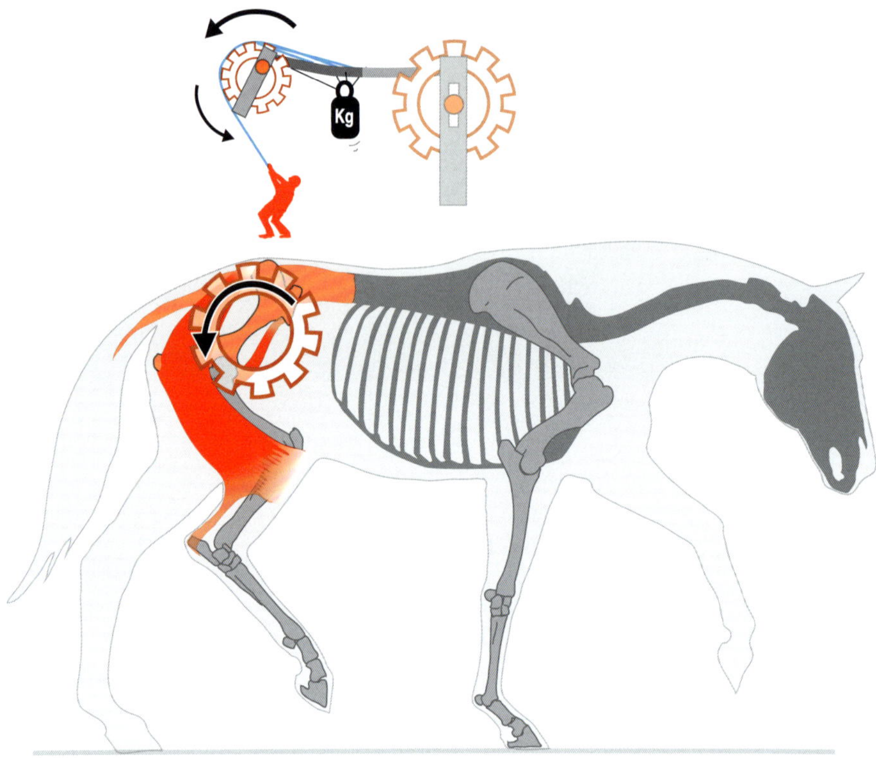

Das aktive Nach-hinten-Drehen des Beckens organisiert die vermehrte Energieaufnahme und somit die Federung der Hinterhand.

Das hintere Bewegungszentrum (HBZ) – aktiv getragen

Sehen wir in der Hinterhand nicht nur die Beine des Pferdes, sondern erweitern funktional gesehen den Blick bis in die Lenden-Becken-Region, so ergeben sich spannende Erkenntnisse.

Die Veränderung der Position des HBZ bedeutet die Drehung schweifwärts des Beckens. Die Reitlehre bezeichnet diesen Bewegungsablauf als ***Beitreten*** oder ***Untertreten***. Diese Positionierung des Beckens führt beim ausgebildeten Pferd zu einer optimalen Positionierung der Hinterbeine für die Umwandlung von Schub- in Tragkraft. Durch das Annähern des Hüftgelenks in Richtung Schwerpunkt des Pferdes wird gleichzeitig sein Rahmen verkürzt. Die Hebelwirkung der Hinterbeine wird dadurch für die Funktion der Tragekraft günstiger. Die Muskulatur der Hinterbeine trägt somit nicht mehr Gewicht, sondern durch die Erhöhung der Grundspannung im HBZ verändert es die Position des Beckens.

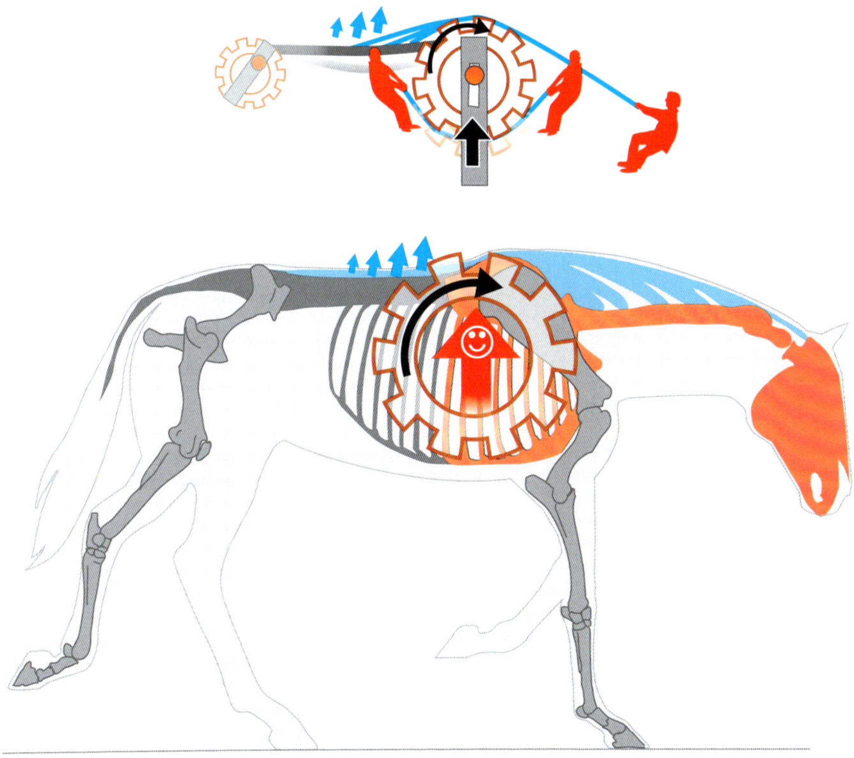

Die Funktionsketten des vorderen Bewegungszentrums

Das vordere Bewegungszentrum (VBZ) – aktiv getragen

In diesem Bewegungsmodell bekommt die Vorhand des Pferdes eine sehr viel bedeutendere Rolle zugewiesen, als es in anderen Modellen der Fall ist.
Die Position des Brustkorbes bei einem ausgebildeten Reitpferd ist zentral über dem Schultergürtel angehoben, ausbalanciert und muskulär kontrolliert. Durch diese neue Position ist das Pferd in der Lage, auf die Hilfen des Reiters zu reagieren und damit die Bewegungsenergie für die jeweilige Aufgabe optimal zu steuern. Verantwortlich für das Anheben sind die Muskelgruppen der Rumpfträger.

Nur durch dieses Anheben des Brustkorbes können die Muskeln der Oberlinie ihre Funktion erfüllen.

So wird beispielsweise die Oberhalsmuskulatur nur durch das Anheben des Widerrists in die Lage versetzt, den Hals in seiner ganzen Länge zu tragen. Nur aktive Muskulatur kann die passiven Strukturen, wie zum Beispiel das lange Nackenband, aufspannen. Je nach Ausbildungsstand des Pferdes ist diese Position von schwungvoll vorwärts–abwärts bis zur hohen Versammlung stufenlos einstellbar.

2.3 Aufbau und Funktion des vorderen Bewegungszentrums

Der Motor des Pferdes ist hinten. Diese Aussage der Reitlehre ist in Stein gemeißelt. Grundsätzlich ist das auch richtig, was den Vortrieb angeht. Allerdings hat das VBZ einen mindestens genauso großen Anteil an der Leistungsfähigkeit. Es ist hauptsächlich für die Übertragung der Bewegungsenergie aus der Hinterhand zuständig. Sie kann abgebremst, in Vorwärtsbewegung oder in die kadenzierte Bergauf-Bewegung umgeleitet werden.

Balance als Kraftakt

Um diese muskulär dominierte Balance zu erreichen und bei jedem Schritt zu halten, muss das Pferd erstaunliche Leistungen vollbringen. Das Gewicht des Brustkorbes beträgt etwa 200 kg. Dieses muss angehoben und ausbalanciert werden. Nichts anderes als die Entwicklung dieser neuen Position und ihre Kontrolle bedeutet es, wenn die Reitlehre verlangt, ***das Pferd soll sich selbst tragen***. Ja, es trägt sich tatsächlich selbst. In diesem Zusammenhang wird auch die Aufgabe des Schenkels des Reiters klar, der bei Weitem nicht nur die Hinterbeine aktiviert. Vor allem beim jungen Pferd gibt er, im Zusammenspiel mit den anderen reiterlichen Hilfen, den entscheidenden Impuls zum Anheben des Brustkorbes zwischen den Schulterblättern.

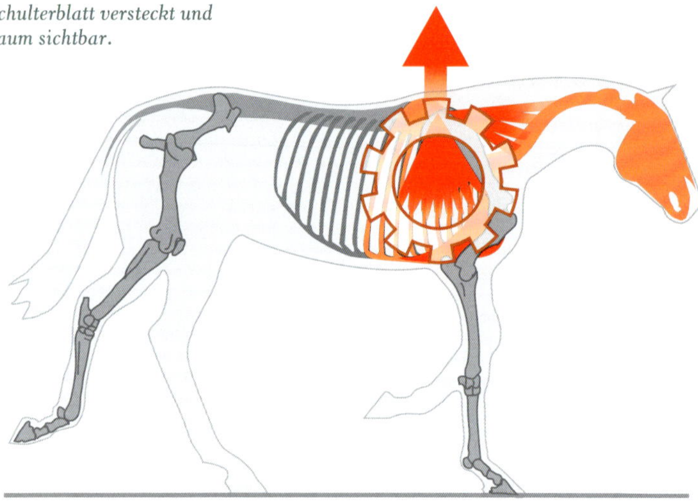

Die Rumpfträger, hier schematisch dargestellt, sind als wichtigste Muskulatur zum Anheben des Brustkorbes hinter dem Schulterblatt versteckt und kaum sichtbar.

Der Hals als Balancierstange

Die Balance des Pferdes bei jedem Schritt, Tritt oder Sprung zu entwickeln und zu erhalten ist die Aufgabe der oberen Halsmuskulatur. Der ***aktiv getragene Hals*** wirkt als Gegengewicht in Bezug auf das Rumpfgewicht des Pferdes und das Reitergewicht. Das Kriterium der Position des Halses ist dabei die individuelle Balance des Pferdes und ihre dynamische Veränderung. Unterstützung bekommt die Oberhalsmuskulatur in dieser Funktion von der Bauch- und Brustmuskulatur.

Dabei gilt weder „je höher, desto besser" noch „je länger und tiefer, desto besser". Genau zwischen diesen beiden extremen Positionen findet Ausbildung statt: die ständige Überprüfung der aktiven Balance des Halses. Die Entscheidung:

etwas mehr vorwärts oder weniger. Etwas mehr Bein oder etwas tieferen Hals. Pause oder Aufforderung, Unterstützung durch die Hand oder nicht. Zurück an die Longe oder Trabstangen. Ins Gelände oder auf den Platz. Freispringen oder auf die Weide. Jede dieser Entscheidungen kann richtig oder falsch sein, je nachdem ob sie für dieses eine Pferd in dieser Situation hilft, eine **muskulär dominierte Balance** zu entwickeln oder nicht.

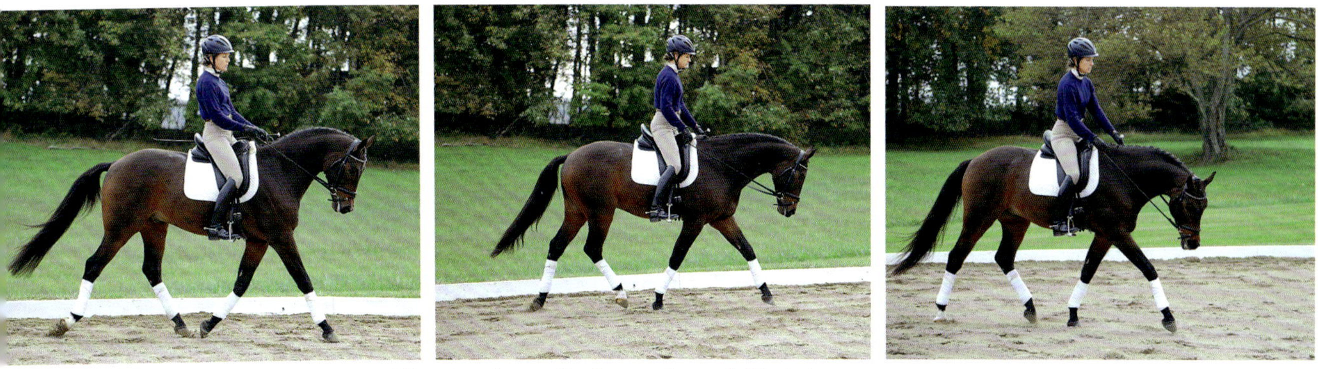

Der Hals als Balancierstange und Trainingselement für die rumpftragende Muskulatur

Es gibt sie also nicht, die eine korrekte Position des Halses. Im Gegenteil. Dadurch, dass der Hals zusammen mit dem Brustkorb aktiv getragen werden muss, ist es zwingend notwendig, die Position ständig leicht zu verändern. Die Ermüdung der aktiven Muskelketten kann nur dadurch hinausgezögert werden, dass innerhalb ihrer Systeme immer wieder neue Faserbündel angesprochen werden. Das ist alles – nur nicht einfach.

Aktive Muskelketten

- Rumpfträger
- Oberhals
- Gerade Bauchmuskulatur

Sichtbare Zeichen

- Schön entwickelte, sich gleichmäßig von der Basis in Richtung Kopf verjüngende Oberhalslinie
- Gut gefüllte Region oben hinter den Schulterblättern
- Breite Brust mit geraden Beinachsen

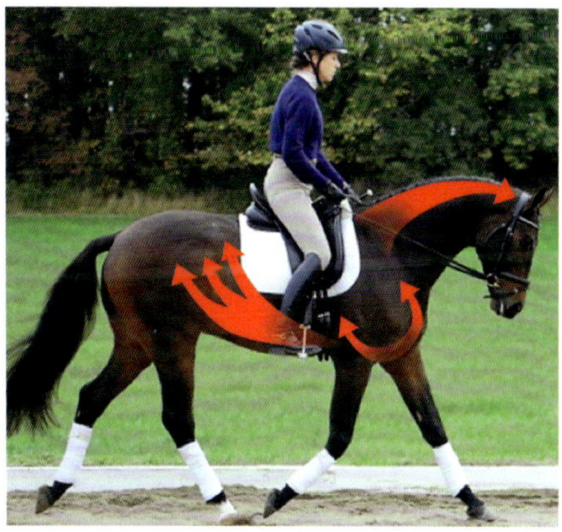

Das Muskelrelief des aktiv getragenen VBZ

2.4 Aufbau und Funktion des hinteren Bewegungszentrums – aktive Strukturen

In der Reitsport-Fachliteratur wird vielfach davon ausgegangen, dass bei der Entwicklung der Versammlung im Rahmen der Ausbildung des Pferdes tatsächlich ***Gewicht von vorne nach hinten*** verschoben wird. Neuere wissenschaftliche Messungen haben ergeben, dass diese Vorstellung den tatsächlichen Vorgängen im Pferdekörper nicht entspricht. Die Verteilung der Last zwischen Vor- und Hinterhand ändert sich bei der korrekten Entwicklung der Versammlung nur minimal.

Der Begriff der ***zusätzlichen Lastaufnahme der Hinterbeine*** bedeutet somit aus der Sichtweise des Zahnradmodells die vermehrte Speicherung der Bewegungsenergie in den Muskelschlingen des HBZ. Je mehr sich das Becken nach hinten dreht, desto mehr Bewegungsenergie wird aufgenommen. Gleichzeitig federt die Schwungmasse der Eingeweide durch die Winkeländerung mehr senkrecht nach unten und wieder nach oben. Aus der Schubkraft entwickelt sich vermehrt die tragende Kraft der Versammlung. Die höchste Form der Versammlung, die Piaffe, fordert also am Ende eine ausbalancierte Winkelveränderung der Positionen von Brustkorb und Becken. Das Pferd federt auf der Stelle, bei maximaler Energiespeicherung im Rumpf.

Beim jungen oder untrainierten Pferd ist es zunächst nötig, die negative Bewegung – nämlich das Absinken der Lende – aufzuhalten. Die Eingeweide des Pferdes haben alleine schon ein Gewicht von etwa 250 kg.

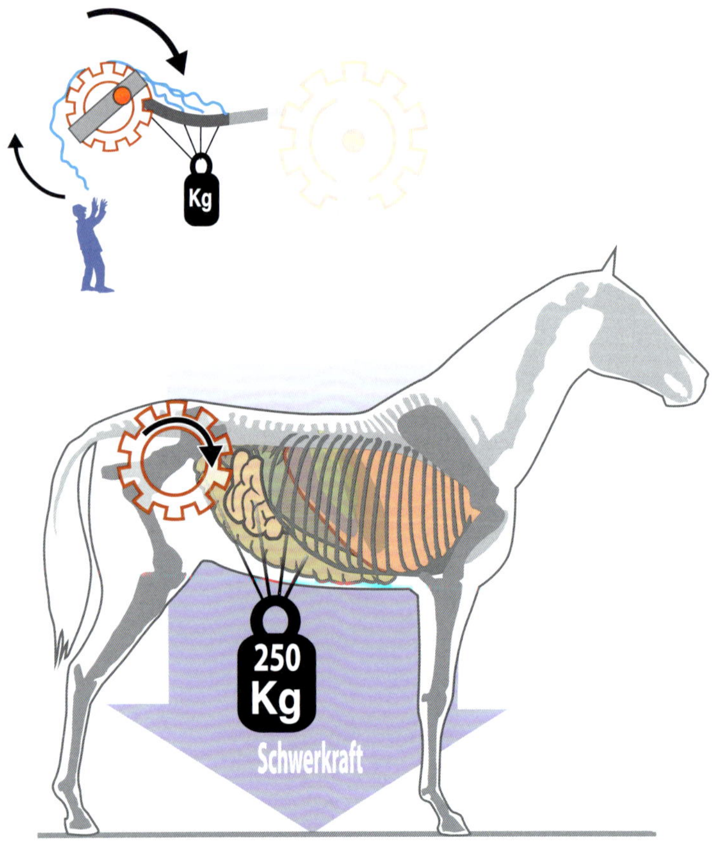

Ohne aktive Körperspannung wird die Wirbelsäule des Pferdes durch das Gewicht der Eingeweide massiv belastet.

Nur die fleißig nach vorne arbeitenden Hinterbeine können durch die Stabilisierung des Beckens eine aktive Balance und damit eine ***Entlastung*** der Wirbelsäule erreichen. Im weiteren Verlauf der Ausbildung, wenn durch das vermehrte Beitreten in der beginnenden Versammlung die Schubkraft immer mehr in ***Tragkraft*** umgewandelt wird, verändern die großen Muskelketten des HBZ die gesamte Balance des Pferdes. Die Bewegungsenergie wird bei jedem Tritt oder Sprung immer mehr in diesen mächtigen, sich vermehrt beugenden Federn gespeichert und je nach Lektion in unterschiedliche Richtungen freigegeben.

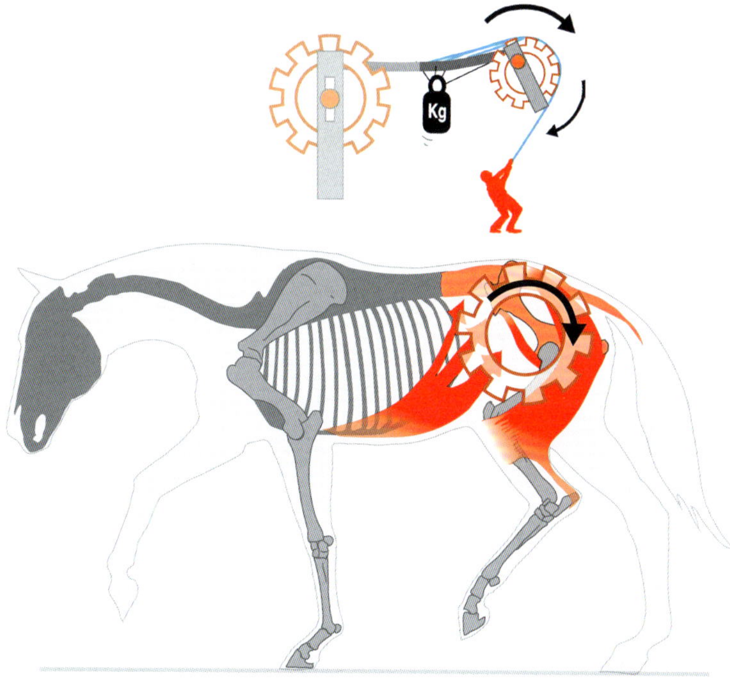

Die langen Muskeln der Hinterhand und die Bauchmuskeln unterstützen die Drehung des Beckens nach hinten, wenn sich die Wirbelsäule nach oben frei bewegen kann.

Das vermehrte Untertreten wird demnach nicht durch das Hinterbein selbst organisiert, sondern durch die Veränderung der Position des Beckens in Bezug auf die Wirbelsäule. Dadurch wird der Rahmen des Pferdes tatsächlich verkürzt – aber nicht in erster Linie vor, sondern hinter dem Reiter!

Die Hinterbeine behalten ihren Bewegungsablauf bei, werden durch das Beitreten des Beckens vermehrt unter den Schwerpunkt geführt und verändern dadurch die Richtung der Bewegungsenergie von der Schubkraft in die Tragekraft. Aus dieser Beckendrehung entwickelt sich eine verstärkte Winkelung der großen Gelenke – und nicht umgekehrt. Die Kräftigung der Hinterhand findet somit nicht alleine in den Hinterbeinen, sondern in den Muskelketten des HBZ bis zur Lendenwirbelsäule statt.

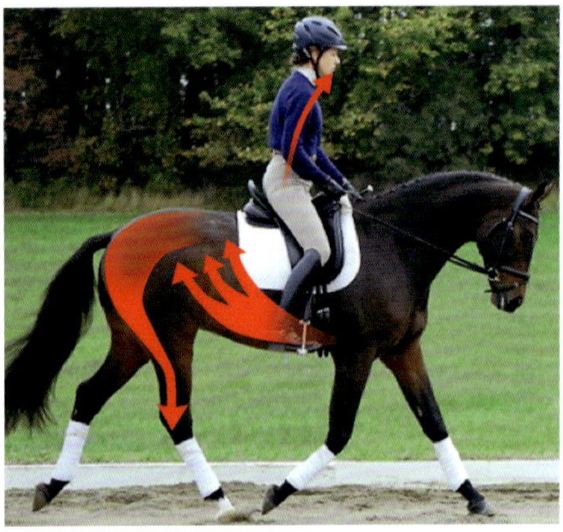

Nur wenn der Reiter in der Bewegung sitzt, kann er die Drehung des Beckens nach hinten und somit das aktive Untertreten unterstützen.

Ausführende Muskelketten

- Kruppenmuskulatur
- Gerade und schräge Bauchmuskulatur
- Innere Lendenmuskulatur

Sichtbare Zeichen

- Schön gewinkelte, runde Kruppe
- Schlanke und flache Flanke
- Gleichmäßige weiche Lendenpartie

Missverständnis Lastaufnahme

Der Begriff der ***Lastaufnahme*** wird oft unterschiedlich interpretiert und ***missverstanden***. Wenn das Pferd einfach nur mehr Gewicht auf die Hinterhand übertragen sollte, so könnte man das tatsächlich erreichen, indem man den Kopf nach hinten-oben führt und Druck am Zügel aufbaut. Die daraus resultierende Verlagerung der Masse führt zu einer verstärkten Belastung der Hinterhand. Das macht aus funktioneller Sicht aber keinen Sinn und führt ausschließlich zu einem ***Verschleiß*** der Hinterbeine. Vielmehr geht es darum, den ***Rahmen*** des Pferdes zu ***verkürzen***. Funktionell gesehen geschieht das durch die oben beschriebene Drehung des Beckens nach hinten. Die Kruppe senkt sich und die Hüftgelenke werden näher zum Schwerpunkt des Pferdes geführt.

Die tiefe Kruppe ist das sichtbare Zeichen der ***Hankenbeugung***, also der vermehrten Beugung aller großen Gelenke der Hinterhand einschließlich des Lenden-Becken-Übergangs. Der Hebel der Last wird dadurch verkürzt und gleichzeitig die muskuläre Federung verstärkt.

Mit einfachen Worten: Die Entwicklung der Versammlung ist zwar muskulär anstrengend, aber am Ende für das Gelenksystem des Pferdes entlastend. Das Ziel ist also nicht, mehr Last aufzunehmen, sondern die vorhandene Last mit einer ***veränderten Grundspannung*** *in ihrer Wirkrichtung neu zu organisieren.*

Zusammenfassung

Dem Bewegungsablauf des ausgebildeten Reitpferdes liegt ein anderer Plan zugrunde als dem Pferd in freier Wildbahn. Soll es über längere Zeiträume traben und galoppieren, soll es mit feinen Hilfen kontrollierbar sein, soll es auf enge Wendungen geführt werden, dann muss der natürliche Bewegungsablauf des Pferdes grundlegend verändert werden. Nur so sind Schäden an Körper und Geist zu vermeiden.

Bei der aktiven Stabilisation des Reitpferdes wird der Brustkorb des Reitpferdes zwischen den Schulterblättern angehoben und nach vorne ausbalanciert. Dieser Bewegungsablauf öffnet die Tür für die Bewegungsenergie aus der Hinterhand nach vorne und ermöglicht gleichzeitig die Kontrolle der Bewegungsenergie durch die Aufrichtung des Beckens. Das Pferd spannt sich auf und öffnet seine Oberlinie.

Beide Bewegungszentren des Pferdes werden eigenständig gegen die Wirkung der Schwerkraft stabilisiert. Dies kann nur durch den Einsatz von aktiven Muskelschlingen gelingen und nicht alleine durch den Einsatz von passiven Strukturen, wie z.B. dem langen Nackenband. Funktional gesehen entwickelt der Ausbilder zwei riesige muskuläre Federn im Schulter- und Beckengürtel des Pferdes. Diese muskulären Federn haben zwei große Auswirkungen auf seinen Bewegungsablauf. Zum einen entwickeln sie automatisch das, was der Reiter als Kadenz bezeichnet: die Verlangsamung des Bewegungsablaufes bei gleichzeitiger Vergrößerung des Bewegungsausmaßes. Zum anderen wirken sie stoßdämpfend und somit entlastend für die passiven Strukturen wie Sehnen und Gelenke.

Sport in der korrekten Ausführung ist also für das Pferd bis in höchste Klassen immer gesundheitsfördernd und niemals schädigend.

Dabei entwickelt sich zusätzlich zu den Federungen von VBZ und HBZ ein **Trampolineffekt** zwischen den beiden Bewegungszentren. Wie das genau geht, zeigt der Mechanismus der aktiv stabilisierten Schwungmasse.

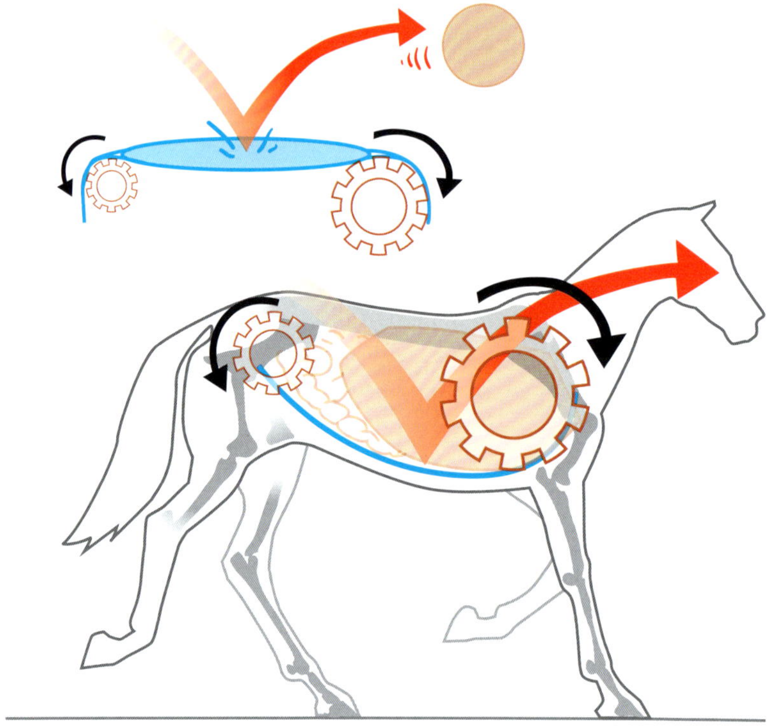

Der Trampolineffekt im Pferd entsteht, wenn beide Bewegungszentren zusammenspielen

2.5 Die Bewegungszentren im Zusammenspiel

Das Trampolin im Pferd

Die vollständige Logik der Reitlehre ergibt sich aus dem funktionellen Zusammenspiel beider Bewegungszentren. Sie können in Bewegung nur in Abhängigkeit voneinander funktionieren.
Sind Brustkorb und Becken optimal positioniert, so werden beide Körperteile über aufgespannte Muskelketten ***federnd in Position*** gehalten. Schwingt die Masse des Rumpfes in dieses federnde System hinein, so wird sie ***mit geringem Energieverlust*** wieder hinausgeschleudert. Exakt das passiert, wenn ein Pferd ***korrekt an den Hilfen steht*** und ***sich selbst trägt***. Es baut eine ***innere positive Spannung*** auf oder – um im Bild zu bleiben – es spannt in seinem Körper ein Trampolin auf, das Bewegung zu einem ***Spiel mit seinem eigenen Körper*** macht. Zusätzlich entsteht im Pferd dadurch ein zusätzliches Katapultsystem im Rumpf, das für die Entwicklung der Kadenz im Bewegungsablauf zuständig ist.

Die erste große ***Aufgabe des Reiters*** ist es, dieses Aufspannen des Trampolins zu ermöglichen, aktiv zu unterstützen und zu ***synchronisieren***. Im weiteren Ausbildungsverlauf des Pferdes geht es darum, diesen Mechanismus bis zur maximalen Kadenz, Versammlung und Vorwärtsbewegung zu entwickeln.

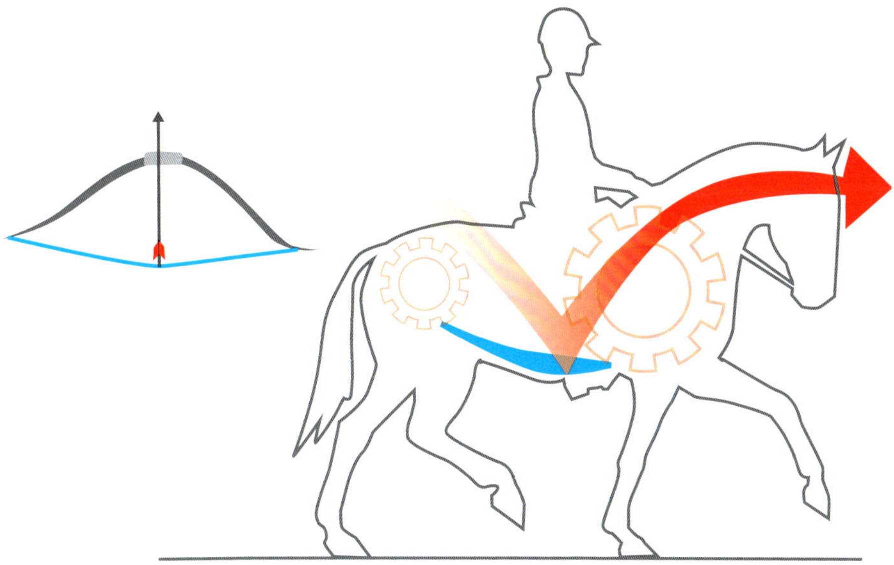

Die Veränderung des Rahmens des Reitpferdes durch die Entwicklung von positiver Körperspannung

Vom starken Trab bis zur Piaffe wird aus biomechanischer Sicht also nur die Wirkrichtung der Masse durch die Position des Beckens und des Brustkorbs verändert. Einmal vorwärts katapultiert, einmal nahezu senkrecht federnd.

Das VBZ als Zentrum der Kraftübertragung wirkt dabei vermehrt in Richtung vorwärts-aufwärts und steuert in weiten Teilen die Entwicklung der Kadenz. Das HBZ als Zentrum der Kraftentwicklung verändert die Wirkrichtung seiner Kraft ebenfalls: von einer flacheren Beckeneinstellung für den starken Trab hin zu einer steileren Beckeneinstellung zur Entwicklung der Versammlung.

Das geht allerdings nur, wenn der Takt auch tatsächlich perfekt synchronisiert bleibt – innerhalb des diagonalen Beinpaars genauso wie im Ablauf der Diagonalen untereinander. Bilder, bei denen Pferde im starken Trab kurzfristig eine Einbeinstütze im Hinterbein zeigen, werden dadurch erklärbar. Die Ursache ist die fehlende Synchronisation der Bewegungszentren. Dieses Defizit kann dann oft nur noch durch übertriebene treibende Hilfen, wie dem sogenannten Liege-Schiebesitz des Reiters ausgeglichen werden.

Der Trampolineffekt im Trab

Dieser ***Trampolineffekt*** erfüllt zwei wichtige Funktionen in der Bewegung des ausgebildeten Pferdes. Zum einen wirkt er als ***Stoßdämpfer*** und zum anderen wandelt er die Bewegungsenergie des Pferdes genau wie die Federung der Beine wieder in ***Vortrieb*** um.

Im Trab wirkt die Schwerkraft zentral in den Schwerpunkt des Pferdes. Die diagonale Stützbeinphase bedeutet, dass beide Bewegungszentren zeitgleich aktiv werden müssen. Jedes Bewegungszentrum ist dabei, was die Federung angeht, für sich selbst verantwortlich. Im Idealfall summieren sich die aktiven Federungen des vorderen und des hinteren Bewegungszentrums zu einem großen Trampolin.

Der Trampolineffekt im Galopp

Durch die Fußfolge vorgegeben, wirkt die Schwerkraft im Galopp in der 5. Phase nur auf ein Vorderbein und in der 1. Phase nur auf ein Hinterbein. Der Trampolineffekt ist dabei durch die Wirklinie der Kraft im Vorderbein deutlich höher und hauptsächlich für die Entwicklung der Bergauf-Bewegung im Galopp verantwortlich.

In diesem Zusammenhang hört man in den Reithallen oft die Sätze: „Das Pferd muss sich auf die Hinterhand setzen" oder „Es muss mehr Last aufnehmen, um die Vorhand zu entlasten." Jeder Reiter möchte die Bergauf-Bewegung fühlen.

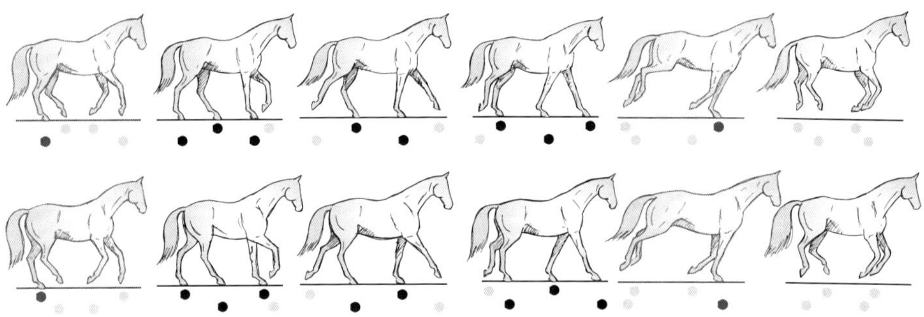

Die sechs Phasen im Galopp im natürlichen Bewegungsablauf des Pferdes

Die inneren Bilder, die dabei beim Reiter entstehen, bergen durchaus Diskussionsbedarf. Die Betonung der Hinterhandaktivität im Galopp führt zu der Vorstellung, dass tatsächlich die kraftvoll abdrückenden Hinterbeine den Pferdekörper sozusagen aufwärtsschleudern.

Beschäftigen wir uns mit Ursache und Wirkung der Bergauf-Bewegung, müssen wir uns fragen, welche Muskelgruppen in Bewegung tatsächlich zum Anheben der Längsachse des Pferdekörpers führen. Ein Blick in die gesamte Bewegungssequenz im Galopp zeigt schnell die tatsächlichen Gegebenheiten.

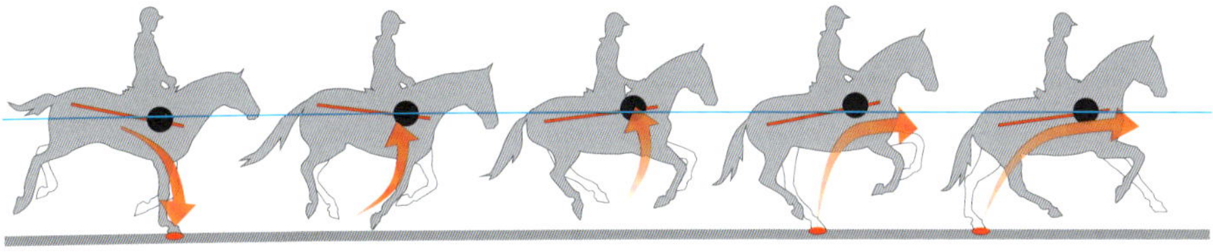

Die Entwicklung der Bergaufbewegung des Reitpferdes zwischen der 5. und der 1. Phase

Beim letzten Bodenkontakt vor der Schwebephase stützt sich das Pferd mit der Vorhand ab. Durch diesen Impuls hebt sich die Vorhand während der Schwebephase an. Die Hinterhand ist während der ganzen Zeit, in der sich die Längsachse anhebt, in der Luft und kann diesen Bewegungsablauf somit nicht unterstützen. Erst am Ende der Schwebephase hat das Hinterbein Bodenkontakt. In diesem Moment beginnt allerdings schon die Bergab-Bewegung. Das Hinterbein entwickelt den Vortrieb und muss gleichzeitig die Vorhand kontrolliert absinken lassen. Die Hinterhand ist somit im Bewegungsablauf nicht für die **Entstehung** der Bergauf-Bewegung verantwortlich. Sie kann nur das Absinken der Vorhand kontrollieren und den Pferdekörper in dem Winkel kraftvoll nach vorne schieben, den die Vorhand entwickelt hat.

Man muss also unterscheiden zwischen **Angaloppieren** und **Galoppieren**. Deshalb hat Oberst Waldemar Seunig in seinem Klassiker von der **Koppel bis zur Kapriole** so viel Wert auf die Fußfolgen der Übergänge zwischen den Gangarten gelegt. Aus der schwunglosen Situation im Schritt muss das Pferd beispielsweise zum Angaloppieren seinen Körper in anderer, muskulär viel aufwendigerer Art und Weise aufspannen. Gleiches gilt für die rückführenden Übergänge, wenn die Bewegungsenergie in der diagonalen Stützbeinphase (3. Phase) im Körper aufgenommen werden muss und nicht wieder in Vortrieb umgewandelt werden kann. Deshalb ist die Qualität der Übergänge so entscheidend und gleichzeitig muskulär so anspruchsvoll.

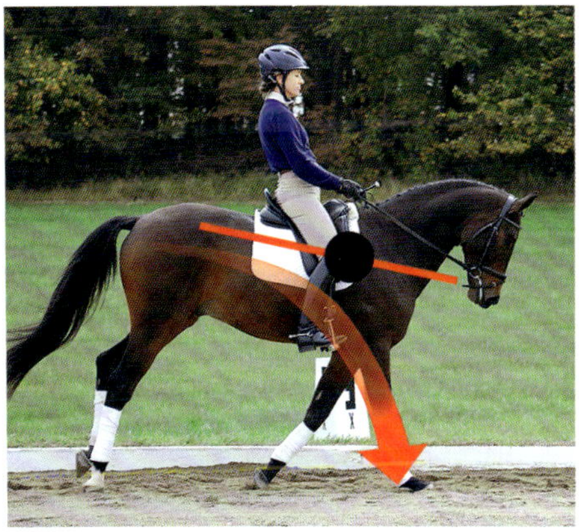

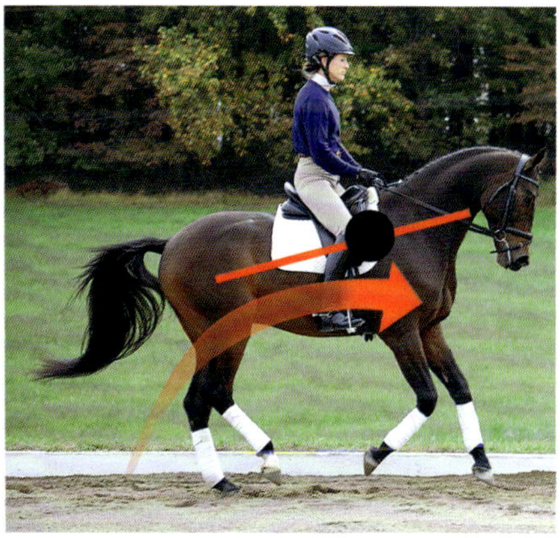

In der Stützbeinphase des inneren Vorderbeins muss der Gewichtsimpuls des Reiters wirken, um der Bergauf-Bewegung im nächsten Moment durch ***das Sitzen in die Bewegung*** *Raum zu geben.*

Aufbau des Zusammenspiels – aktive Strukturen

Letztendlich sind es die vorher beschriebenen Muskelschlingen der Bewegungszentren, die jetzt ***synchronisiert*** zusammenarbeiten müssen.
Daraus entwickelt sich das Gesamtbild, das dem Reiter wie auch dem Zuschauer das Gefühl der Leichtigkeit vermittelt und dem Pferd sein erhabenes und kraftvolles Aussehen verleiht.

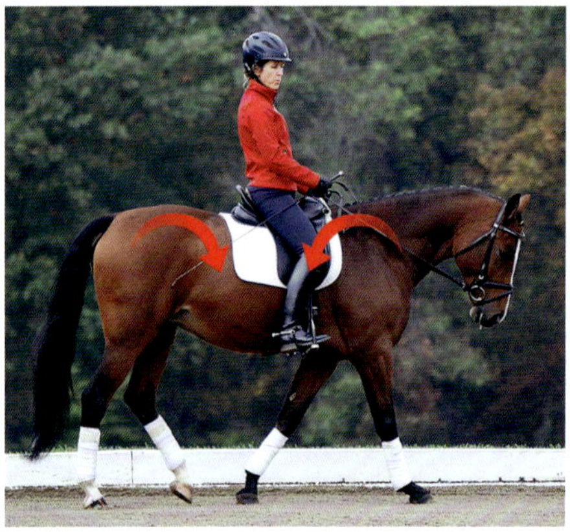

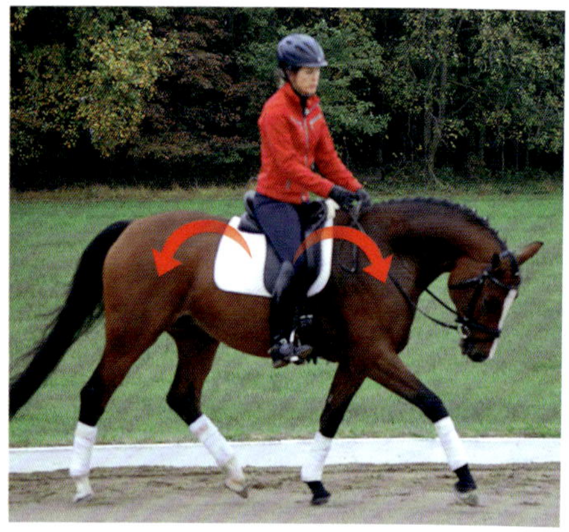

Ein ausgebildetes Pferd wechselt innerhalb weniger Tritte vom Pferde- in den Reitpferdemodus.

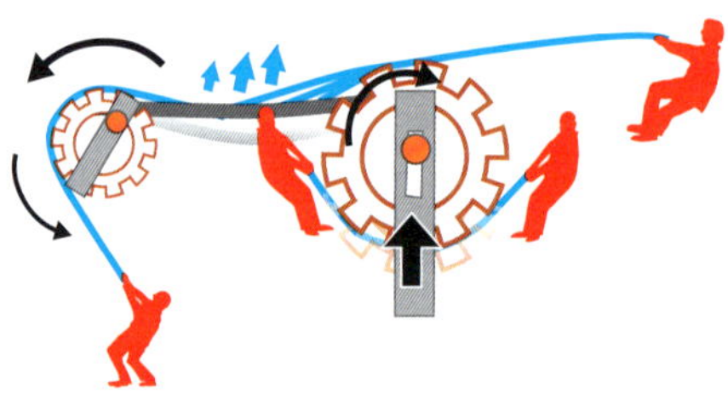

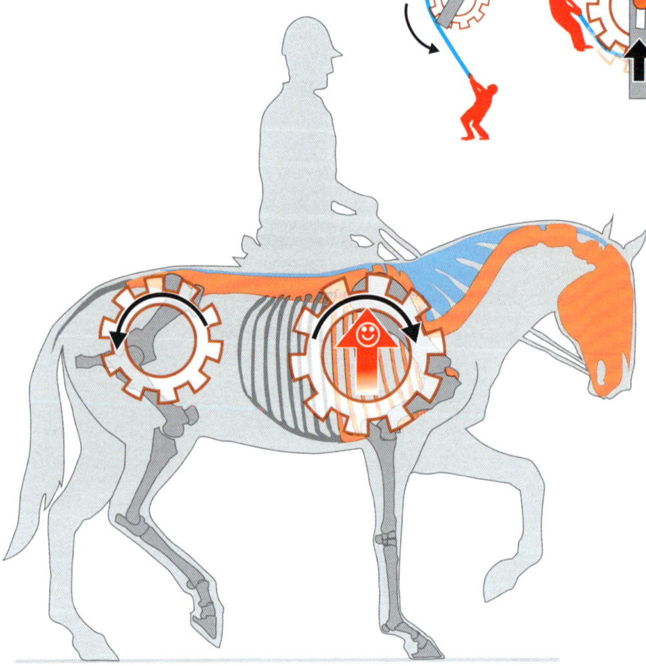

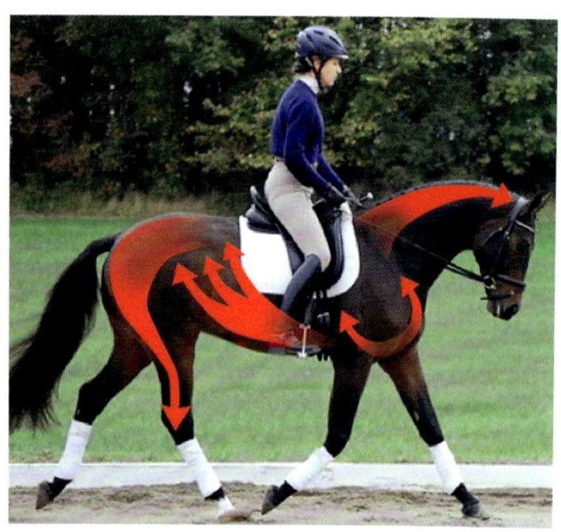

Die aktiven Muskelschlingen des Reitpferdes im Modell und als Muskelrelief

Die Atmung als Zentrum der Bewegung

Es gibt eine muskuläre Struktur, die ich im Zusammenspiel der Bewegungszentren besonders hervorheben möchte: das Zwerchfell.

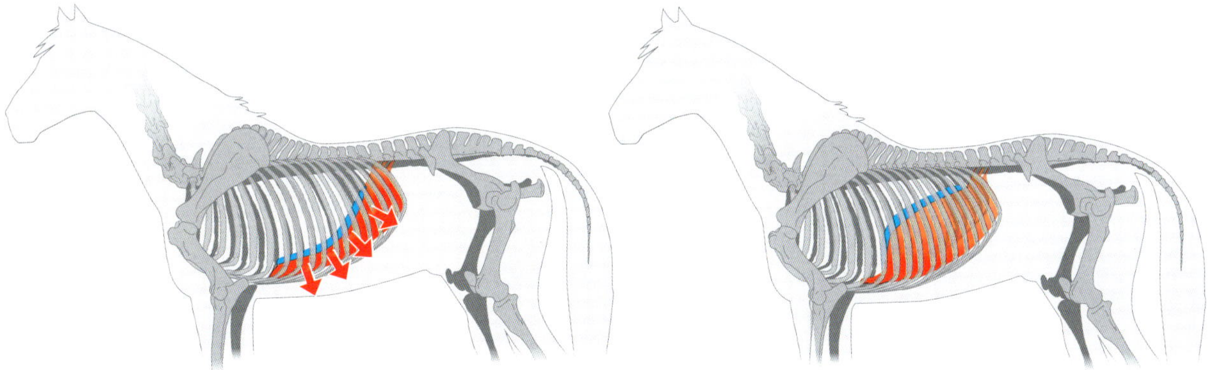

Das Zwerchfell in Ein- und Ausatemstellung

Nur die oben beschriebene Art des Zusammenspiels von VBZ und HBZ ermöglicht die zwanglose Atmung des Reitpferdes. Betrachten wir die Anatomie des Zwerchfells, so wird das schnell klar. Es ist aufgespannt zwischen dem hinteren Teil des Brustbeines und der Lendenwirbelsäule. Soll das Pferd das Becken im Sinne des Beitretens nach hinten drehen, so hebt sich automatisch die Lendenwirbelsäule an. Das Brustbein muss dieser Bewegung folgen, wenn die Spannung zwischen den Bewegungszentren erhalten werden soll.

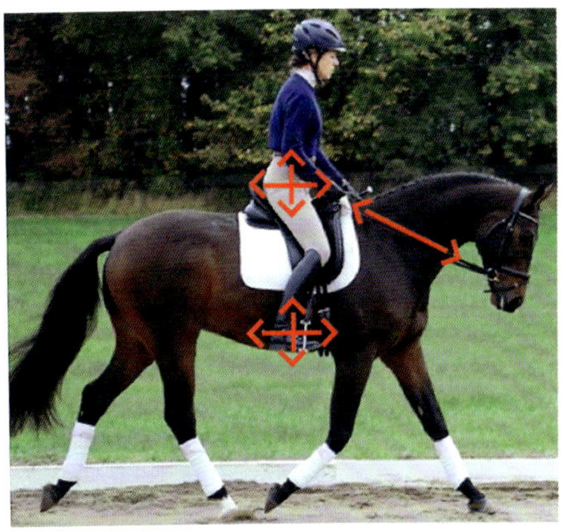

Innerhalb des funktionierenden Trampolineffekts lässt sich die Wirkrichtung der Kraft durch feine Hilfengebung steuern.

Das Zwerchfell als zentraler Muskel hat aus meiner Sicht einen nicht unerheblichen Anteil am Zusammenspiel beider Bewegungszentren. Mehr noch als vielleicht die Bauchmuskulatur steht es für die Verbindung von Vorhand und Hinterhand im korrekten Bewegungsablauf des Reitpferdes. Es muss zum einen innerhalb der aufgespannten Bewegungszentren seine Aufgabe als Atemmuskel erfüllen. Zum anderen ist es auch selbst an der Entwicklung der positiven Spannung zwischen den Bewegungszentren beteiligt.

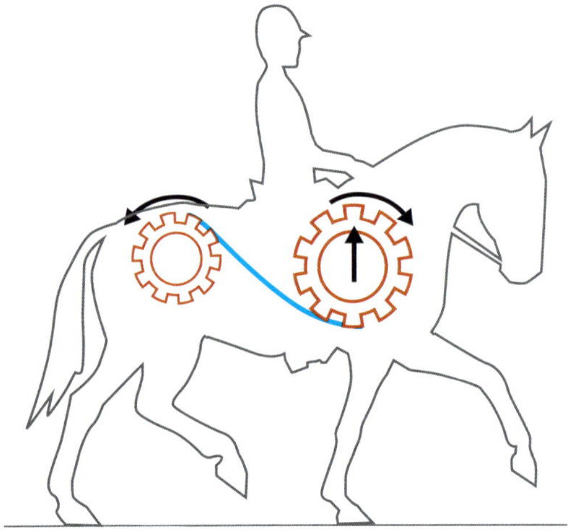

Das Zwerchfell verbindet funktional beide Bewegungszentren miteinander.

Alleine mit dieser Begründung verbietet es sich, ein Pferd leistungsmäßig in den roten Bereich zu trainieren, bei dem die Losgelassenheit und somit der korrekte Atemrhythmus verloren gehen. Das verkrampfte Zwerchfell ist funktional stark genug, die Lendenwirbelsäule nach unten zu ziehen und somit die Bewegung des schwingenden Rückens vollständig zu verhindern.

Zusammenfassung

Auch in der Pferdebewegung wirken physikalische Gesetze. Energie verschwindet nie, man kann sie nur in unterschiedliche Richtungen leiten oder umwandeln. Fahren Sie mit einem Auto in Richtung einer Wand, so können Sie die Bewegungsenergie in Reibungswärme umwandeln, indem Sie bremsen; oder Sie benutzen dieselbe Energie, um die Karosserie zu verformen. Moderne Autos benutzen inzwischen die Energie des Abbremsens, um beispielsweise Batterien aufzuladen. Ähnlich funktioniert die Umleitung der Bewegungsenergie beim Pferd, wenn es sich aktiv in Muskelketten stabilisiert – nur direkter. Jedes Mal, wenn sich das Pferd aus der Schwebephase abstützt, wird die Bewegungsenergie in den Muskelschlingen der Bewegungszentren gespeichert und je nach Einstellung des Brustkorbes und des Beckens vermehrt in Schub- oder in Tragkraft umgewandelt. Dieser Impuls führt gleichzeitig, richtig dosiert, zum Aufbau und Training dieses Systems.

Die Skala der Ausbildung, die Leitlinie der Klassischen Reitlehre, beschreibt exakt diesen Weg der Entwicklung einer zusätzlichen muskulären Federung im Pferd.

Ein Faktor macht dabei den Unterschied ums Ganze, nämlich die Tatsache, wie die beiden Bewegungszentren des Pferdes funktional eingestellt und synchronisiert sind.

- Das Pferd ist nur dann am Schenkel, wenn das vordere Bewegungszentrum nach vorne oben eingestellt ist.
- Nur wenn das Pferd am Schenkel ist, kann es in jeder Situation vorwärtsgerichtet bleiben.
- Nur wenn das Pferd am Schenkel ist, kann es seine Dehnungsbereitschaft erhalten.

Es gibt keine direkte Möglichkeit, die Hinterhand korrekt weiter unter den Schwerpunkt zu führen, ohne dass das vordere Bewegungszentrum den Platz dafür geschaffen hat.

2.6 Fehlerhafte Bewegungskonzepte und ihre Auswirkungen

Was bisher beschrieben wurde, lässt eine logische Schlussfolgerung zu. Es gibt drei grundsätzliche Spannungszustände des Pferdes. Positive Spannung, negative Verspannung und negative Entspannung. Dabei sind die beiden Letzteren gleichermaßen schädlich für das Pferd. Wenn sie innerhalb eines Ausbildungskonzeptes Platz finden, sind gesundheitliche Probleme vorprogrammiert.

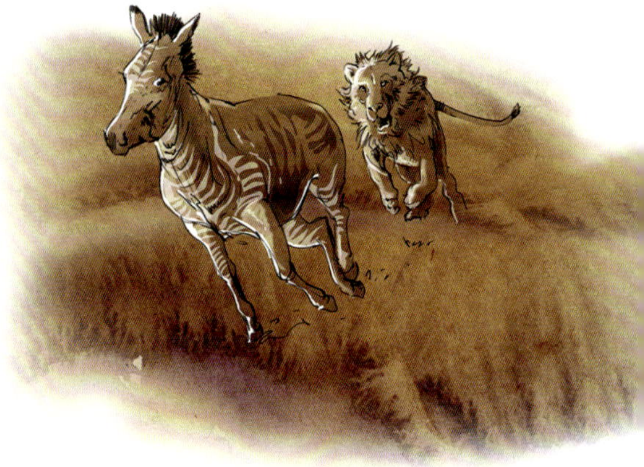

Auf der Flucht

Passive Federung – verkrampft

Für die reine Kraftübertragung ist die ***Stabilität*** der Schnittstellen das ausschließliche Kriterium. Im natürlichen Bewegungsablauf des Pferdes wird diese Stabilität durch die ***maximale Verspannung*** beider Bewegungszentren nach unten zueinander erreicht. Das bedeutet, der Brustkorb wird beim Auffußen nach hinten unten in starke Sehnenplatten gepresst, die Rückenmuskulatur zieht das Becken nach vorne und entwickelt eine maximale Verspannung zwischen Rückenmuskulatur und knöcherner Wirbelsäule. Die Energie aus den Beinen wird dadurch in maximalen, nahezu verlustfreien ***Vortrieb*** umgewandelt.

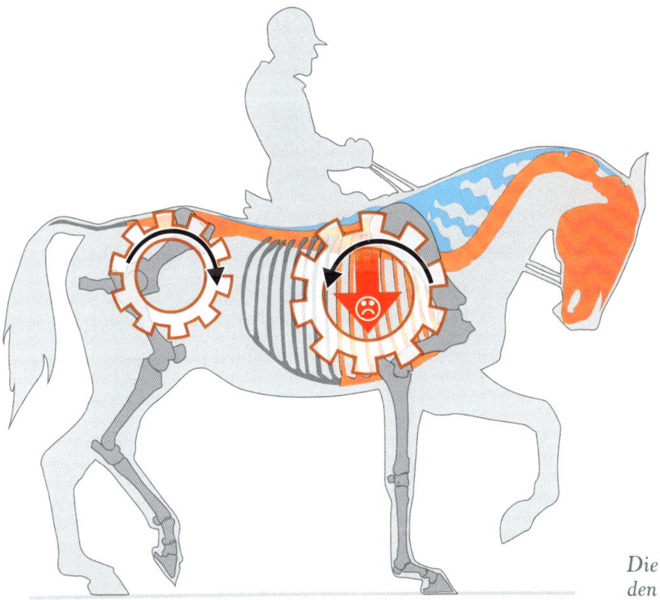

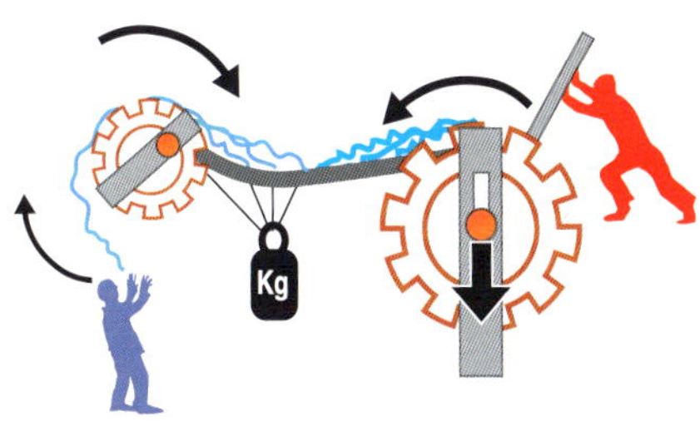

Die verkrampfte Oberlinie drückt zusammen mit dem Unterhals den Brustkorb in die passiven Strukturen des VBZ.

Diese Situation entspricht in etwa dem Fluchtmodus des Pferdes. Der ***Rücken*** ist ***straff gespannt*** und die Übertragung der Kraft nach vorne funktioniert katapultartig. Die Bewegungsenergie des Pferdes wird maximal ausgenutzt, die Belastung des passiven Systems ist ebenfalls maximal hoch. Diese Funktionsweise entspricht in der Dressur der des Schenkelgängers.

VBZ – passiv stabilisiert – verkrampft

Das Pferd hebt Kopf und Hals an und presst den Brustkorb nach hinten unten. Der natürliche Bewegungsablauf der Flucht des Pferdes wird nachgeahmt und mit dem entsprechenden Kraftaufwand kontrolliert. Durch diese Position des VBZ verliert das Pferd seinen ***natürlichen Vorwärtsdrang*** und muss verstärkten Schub aus der Hinterhand entwickeln, um weiter vorwärtszugehen. Der Reiter steht also auf der Bremse (harte Handeinwirkung, scharfes Gebiss) und gibt gleichzeitig Gas (scharfe Sporen, starker Gerteneinsatz). Innerhalb dieses Bewegungsablaufs wird die zusätzliche Belastung durch die absolute Aufrichtung ungefedert direkt in die Gelenkstrukturen der Wirbelsäule sowie die Sehnen und Gelenke der Vorderbeine gelenkt.

In der Natur ist diese Positionierung des VBZ in einer kurzfristigen Fluchtreaktion ohne reiterliche Einwirkung sinnvoll. Für das Reitpferd ist sie langfristig in höchstem Maße belastend. Auch dabei wird durch die Fixierung des Brustkorbes nach hinten unten die Bewegungsenergie direkt in die Sehnen und Gelenke der Vorderbeine und zusätzlich in die knöchernen Strukturen der Wirbelsäule abgeleitet.

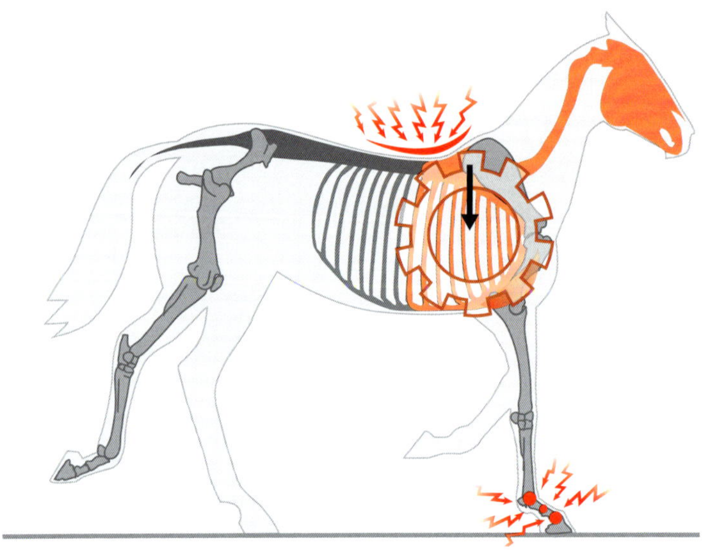

VBZ – passiv stabilisiert – verspannt: Kopf hoch, Rücken weg

Sichtbare Zeichen

- Deutlich ausgeprägter und verkrampfter Unterhals
- Fehlende Halsbasis
- Scheinbarer Muskelschwund hinter den Schulterblättern
- Falscher Knick
- Feste Genickpartie

Bewegungskonzept

- Ein Sattel, der immer wieder nach vorne rutscht und mit irgendeinem Vorgurtsystem, einem engeren Kopfeisen oder zusätzlicher Polsterung gehalten werden muss
- Fehlende Dehnungsbereitschaft
- Fester Rücken
- Brechung der Parallelität zwischen Oberarm und hinterem Röhrbein
- Allgemein Schenkelgänger
- Springen ohne Rücken und/oder harte Landung, bei der das Pferd mehrere Galoppsprünge braucht, bis es wieder korrekt an den Hilfen steht

HBZ – passiv stabilisiert – verkrampft („feste Lende")

Der Schenkelgänger fixiert seinen Lenden-Becken-Übergang durch die verspannte Rückenmuskulatur. Dadurch werden die Wirbelsäule selbst nach unten und das Becken gleichzeitig nach vorne gepresst. Die knöchernen und kapsulären Strukturen der Lendenwirbelsäule und des Lenden-Becken-Übergangs sind damit maximalem Stress ausgesetzt. Am Bewegungsende entsteht eine zusätzliche Drehung des Beckens nach rechts oder links, die belastend auf die Struktur der Kreuzdarmbeingelenke wirkt.

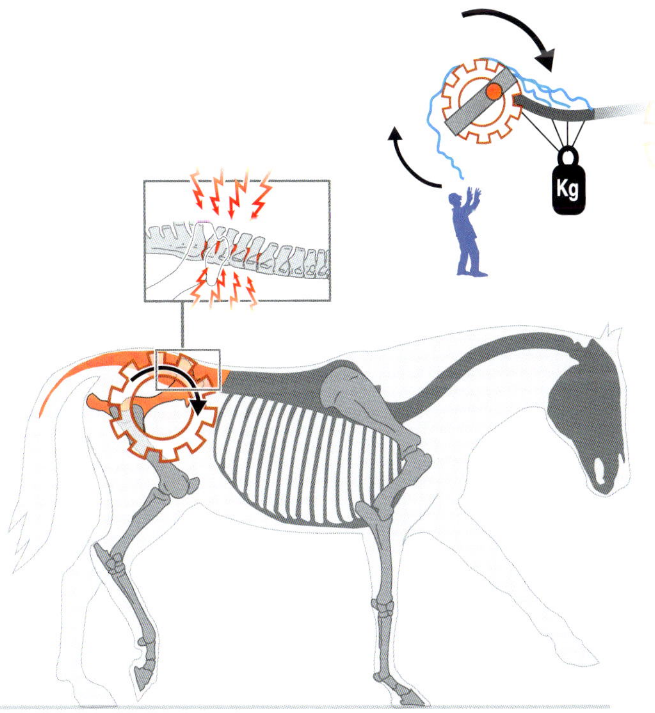

Ohne Stoßdämpfer wirkt die gesamte Bewegungsenergie dieser falsch verstandenen Versammlung direkt auf die hinteren Anteile von Wirbelsäule und Becken.

Ein Reiter, der wahlweise aus ***falsch verstandener treibender*** Gewichtshilfe, fehlerhaftem Schwerpunkt des Sattels oder schlicht aus mangelnder Balance heraus seinen ***Schwerpunkt nach hinten*** verlagert, spricht genau diesen Reflex des Pferdes an. Es bleibt langfristig im Fluchtmodus stecken und hat nur zwei Möglichkeiten, nicht immer schneller zu werden: Entweder es macht sich selbst zusätzlich ***im Hals*** nach hinten oben fest oder aber es geht mit dem Reiter eine Symbiose ein, indem es ständig nach extrem ***viel Hand verlangt***. Diese Bilder ähneln dann mehr dem Wasserskifahren als dem Reiten.

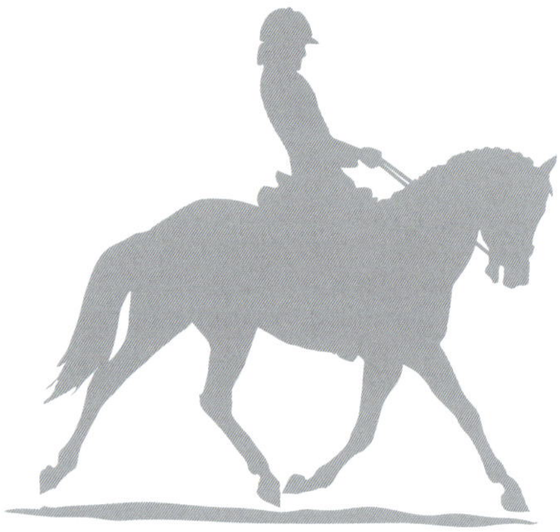

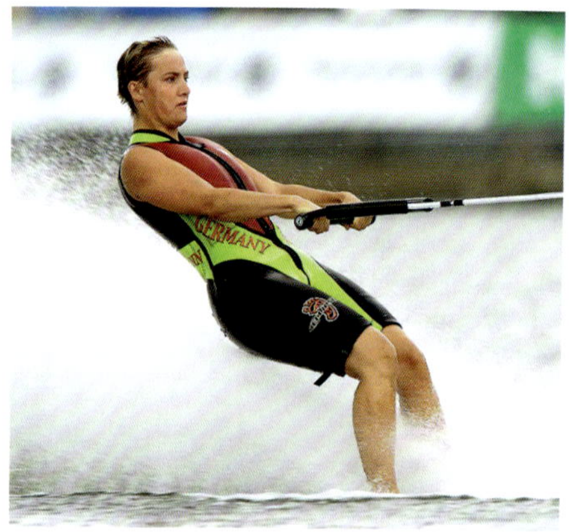

Beim Wasserskifahren wäre dieser Liege-Schiebesitz elegant …

Sichtbare Zeichen

- Muskelwülste entlang der Lendenwirbelsäule
- Gerade Kruppe mit verkrampftem hohem Schweif
- Pseudo-Weidebauch
- Fetteinlagerungen in der Lendenpartie

Bewegungskonzept

- Nach hinten Heraustreten mit den Hinterbeinen
- Verkürzter, passartiger Schritt
- Feste Lende
- Hohe Halshaltung, fester Unterhals
- Breites Gehen im Schritt und Trab
- Neigung zum Vierschlag im Galopp

Passive Federung – durchhängend

Bei nach unten durchgefallenem Brustkorb wird der rumpfnahe Anteil der Oberhalsmuskulatur durch fehlende Grundspannung nicht angesprochen. Der Hals kann seine Rolle als Balancierstange nicht erfüllen.

Das Pferd wird ***nur entspannt***, ohne eine neue muskulär stabilisierte Dynamik zu entwickeln. Das VBZ dreht sich zwar nach vorne, rutscht aber zwischen den Schulterblättern nach unten, was eine aktive Federung unmöglich macht. Das HBZ dreht sich nach vorne und wird von den Eingeweiden zusätzlich in die Tiefe gezogen.

Dieser ebenfalls negative Bewegungsablauf ist am häufigsten im Freizeitbereich zu finden. Viele Reiter haben sich hier frühzeitig durch viele negative Erfahrungen von der klassischen Ausbildung ab- und alternativen Ausbildungssystemen zugewendet. Wenn hier dann – zwar gut gemeint, aber leider aus einem fehlerhaften Verständnis heraus – nur noch die ***Entspannung*** des Pferdes im wörtlichen Sinne gesucht wird, entsteht auch wieder Belastung im Pferd. Der Rücken beginnt zwar zu schwingen, fällt aber in der Bewegung nach unten nahezu ungeschützt in die passiven Strukturen der knöchernen Wirbelsäule hinein. Dieses unkontrollierte ***passive Durchfallen*** verursacht Dreh- und Scherbewegungen innerhalb der Wirbelsäule und der Beinachsen, die eindeutig als schädigend zu bewerten sind.

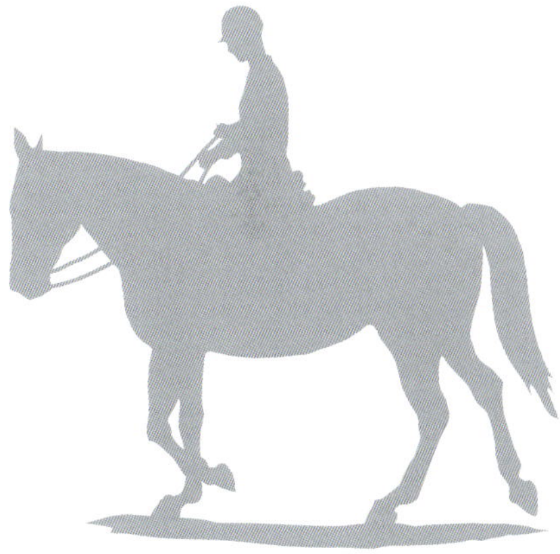

Ohne Körperspannung fällt das Pferd von einem Bein auf das andere.

Das VBZ – passiv stabilisiert – entspannt lang und tief

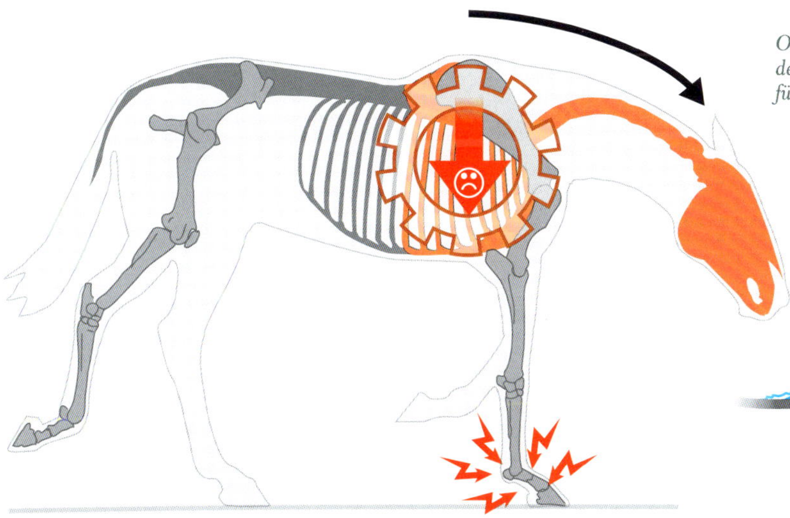

Ohne die Aktivität der vorderen Rumpffeder wirkt der lange Hals belastend auf die Vorderbeine und führt zu einer Verdrehung der Beinachsen.

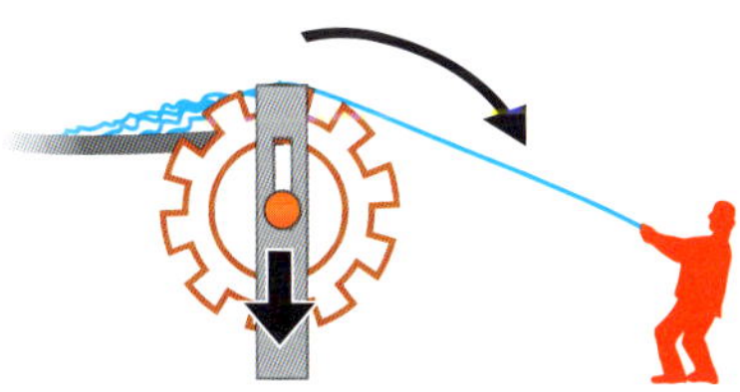

Die falsch verstandene und fehlerhaft durchgeführte Variation der Dehnungshaltung in Richtung **vorwärts-abwärts** ist charakterisiert durch ein schwungloses Pferd mit wenig bis gar keinem Vorwärtsdrang. Es fällt von einem diagonalen Beinpaar auf das andere. Oft bewegen sich diese Pferde apathisch und teilnahmslos. Andere, vor allem ehemalige, hoch im Blut stehende Sportpferde reagieren nervös und sind von einer inneren Unruhe getrieben. Erstere sind in der Regel eher übergewichtig, Letztere bleiben auch bei bester Fütterung oft zu dünn.

Sichtbare Zeichen

- Wenig Hals
- Fehlende Rückenmuskulatur
- Pseudo-Weidebauch
- Spitze Kruppe
- Reduzierter Allgemeinzustand

Bewegungskonzept

- Schwungloser Gang
- Stumpfes Auffußen
- Pferd sucht das fünfte Bein am Gebiss (pullen, auf die Hand legen)
- Häufiges Stolpern

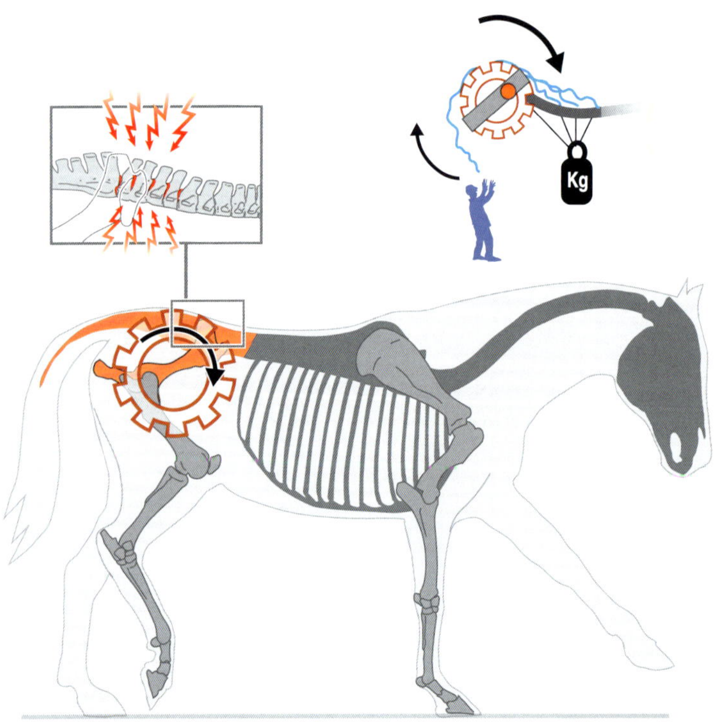

Das HBZ – passiv stabilisiert, schlaff hängend

Die Strecke vom Hüftgelenk bis zum Bauch wirkt in Bezug auf das Gewicht der Eingeweide als langer Hebel der Last. Das Drehmoment, das dadurch auf das Hüftgelenk wirkt, beträgt etwa 1.000 kg und wird auf die Sehnen und Gelenksysteme des Lenden-Becken-Übergangs übertragen.

Die Masse der Eingeweide wirkt ungefedert nach unten und zieht den gesamten Lenden-Becken-Bereich mit in die Tiefe.

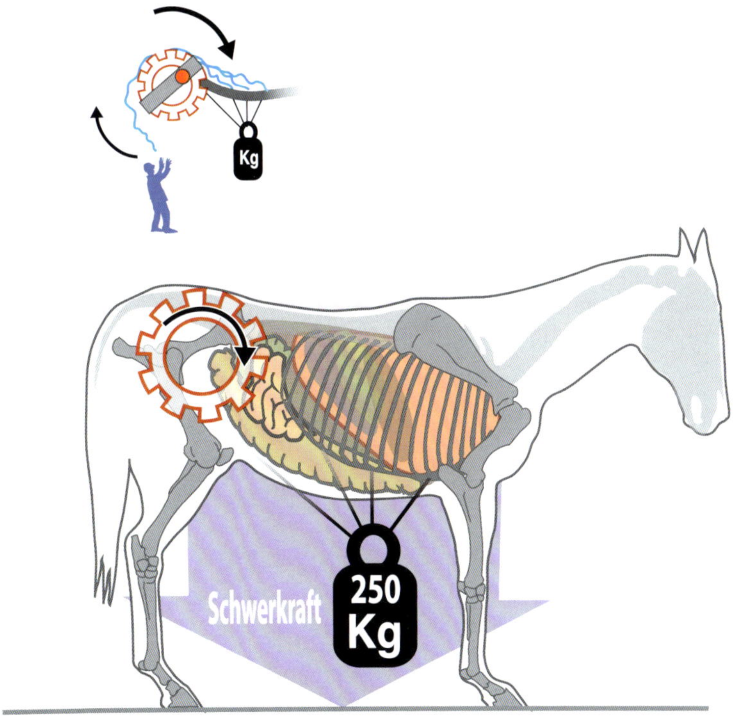

Belastungssituation im Stehen

Stehen belastet

Steht ein Pferd in der Box, wirkt auf die Lendenwirbelsäule durch die Hebelwirkung der Eingeweide in Bezug auf das Hüftgelenk eine Last von etwa einer Tonne. Wer also denkt, Boxenruhe wäre mit Entlastung des Pferdes gleichzusetzen, denkt falsch.

Sobald das Pferd aus einem falschen Verständnis heraus entspannt wird, entwickelt sich auch dabei ein System der Belastung für die passiven Strukturen. Das Gewicht der ***Eingeweide*** fällt mit jedem Schritt oder Tritt nach unten und zieht dadurch die ***Wirbelsäule*** mit. Weiterlaufend dreht sich das ***Becken*** nach vorne und die ***Beinachsen*** verdrehen sich. Das Pferd verliert seinen natürlichen Vorwärtsdrang, wird stumpf und lustlos. Durch das fehlende aktive Schwingen des Rückens können treibende Hilfen kaum noch ankommen.

Die Belastung wirkt dadurch auf die Dornfortsätze und Gelenke der hinteren Brust- und der Lendenwirbelsäule sowie des Übergangs zum Becken.

Die Last der Eingeweide, die auf die Wirbelsäule wirkt, kann grundsätzlich nur in Bewegung verringert werden.

Allerdings wird diese Belastung durch ***falsche*** Bewegung wiederum deutlich verstärkt.

Sichtbare Zeichen

- Eingefallene Lende
- Scheinbar aufgeblähter Bauch
- Gerade Kruppe mit „locker" hohem Schweif

Bewegungskonzept

- Übertriebeп breites oder enges Fußen der Hinterbeine
- Ab und zu Wegknicken der Hinterbeine
- Fehlender Vorwärtsdrang
- Schlurfende Hinterbeine

Die passiv stabilisierten Bewegungszentren im Zusammenspiel

Im passiv stabilisierten System gibt es kein Zusammenspiel von VBZ und HBZ. Das Fehlen stellt in diesem Fall auch gleichzeitig das Problem dar. Egal ob entspannt oder verspannt, in beiden Fällen fühlt der Reiter ein in Vor- und Hinterhand geteiltes Pferd ohne Zusammenhalt. Alles das, was Reiten eigentlich ausmacht, ist nicht zu fühlen. Das Pferd gibt dem Reiter kein positives Bewegungsgefühl, was in der Regel einen Teufelskreis von Fehlreaktionen auslöst. Versucht der Reiter vermehrt zu treiben, wird das Pferd schneller, weil der treibende Impuls das Pferd nicht vermehrt aufspannt, sondern nach vorne schiebt. Versucht er mit halben Paraden sein Glück, so wird das Pferd langsamer, weil die Zügelhilfe spätestens in der Mitte des Pferdes stecken bleibt, ohne je die Hinterhand zu erreichen.

Interessant ist ein Blick in die Statistik. Freizeitpferde haben im Verhältnis etwas mehr Schäden am Bewegungsapparat als die Gruppe der Sportpferde – auch wenn diese Zahlen insofern hinken, dass in der Gruppe der Freizeitpferde die ausrangierten Sportpferde mitgezählt werden. Lahmheit und Schmerz aus der Sportkarriere werden zunächst durch eine längere Pause reduziert. Sobald der neue Besitzer beginnt, das Pferd nur leicht zu belasten ohne die Altlasten wirklich aufzuarbeiten, beginnt der Zyklus von Überlastung, Entzündung und Schmerz von vorne; auch ohne die maximale Belastung im Sport.

Zusammenfassung

Der natürliche Bewegungsablauf des Pferdes im Trab und Galopp ist geprägt von der Flucht. Das Pferd verspannt seine Oberlinie, indem es den Kopf anhebt, Brustkorb und Wirbelsäule mit der Unterhals- und Rückenmuskulatur nach unten in feste Sehnenplatten hineindrückt. Dadurch wird die Energie aus den Katapulten der Beine direkt übertragen. Dieses System ist kurzfristig hoch leistungsfähig und sofort abrufbar. Für die Flucht auf leicht gebogener Linie für wenige Minuten optimal. Die Position des Weidens mit der Nase am Boden und der Schritt mit sehr tiefer Kopfposition dienen der passiven Erholung dieser Systeme. In beiden Systemen stabilisiert sich das Pferd mit seinen passiven Strukturen, was für ein Reitpferd grundsätzlich im Trab und Galopp ungeeignet ist.

Egal ob verspannt oder schlaff, in beiden Formen der passiven Stabilisation werden der Rücken des Pferdes und damit seine Dornfortsätze und Gelenke nach unten gegen die Schwerkraft belastet. Die Folgen sind Entzündungen und Arthrosen sowie die schmerzhafte Verkrampfung der Rückenmuskulatur.

Dabei spielt es nur eine untergeordnete Rolle, ob das Pferd ein überlastetes Turnierpferd oder ein braves Freizeitpferd ist. Beide können in etwa die gleichen Krankheitsbilder entwickeln, wenn sie nicht nach den Kriterien der klassischen Ausbildung des Reitpferdes ausgebildet werden.

3 Die dritte Dimension – Änderung der Perspektive

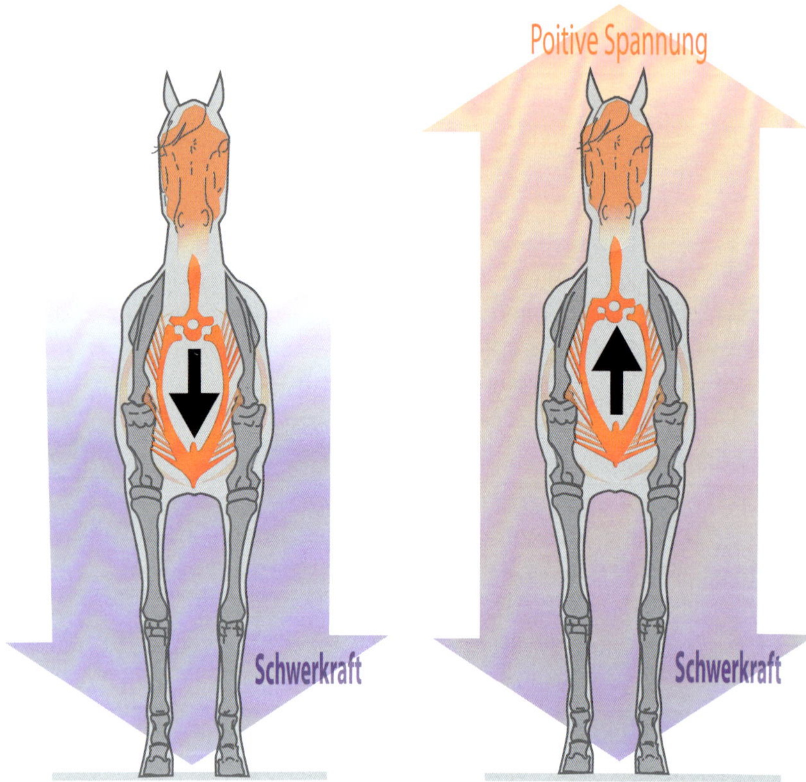

Die Wirkung der Schwerkraft von vorne betrachtet – passiv und aktiv stabilisiert

3.1 Die Statik des Pferdes in der dritten Dimension

In diesem Kapitel geht es um die Wirkung der Schwerkraft, wenn das Pferd von vorne bzw. von hinten betrachtet wird. Die meisten anatomischen Bilder, die wir sehen, zeigen ein Pferd von der Seite, entweder im Stand oder in der Schwebephase. Ein vollständiges Bild der Pferdebewegung kann erst entstehen, wenn die dritte Dimension mit einbezogen wird. Wirkt die Schwerkraft nach unten, so sinkt der Brustkorb zwischen den Vorderbeinen ab. Hebt das Pferd seinen Brustkorb an, so entwickelt es auch hier eine Gegenbewegung gegen die Schwerkraft und schafft so eine aktive, dynamische Balance. Wir betrachten das Pferd zunächst nur von vorne. Steht es auf zwei Beinen, so ist alles einfach. Das Rumpfgewicht wird auf zwei Achsen verteilt und auf dem Boden abgestützt.

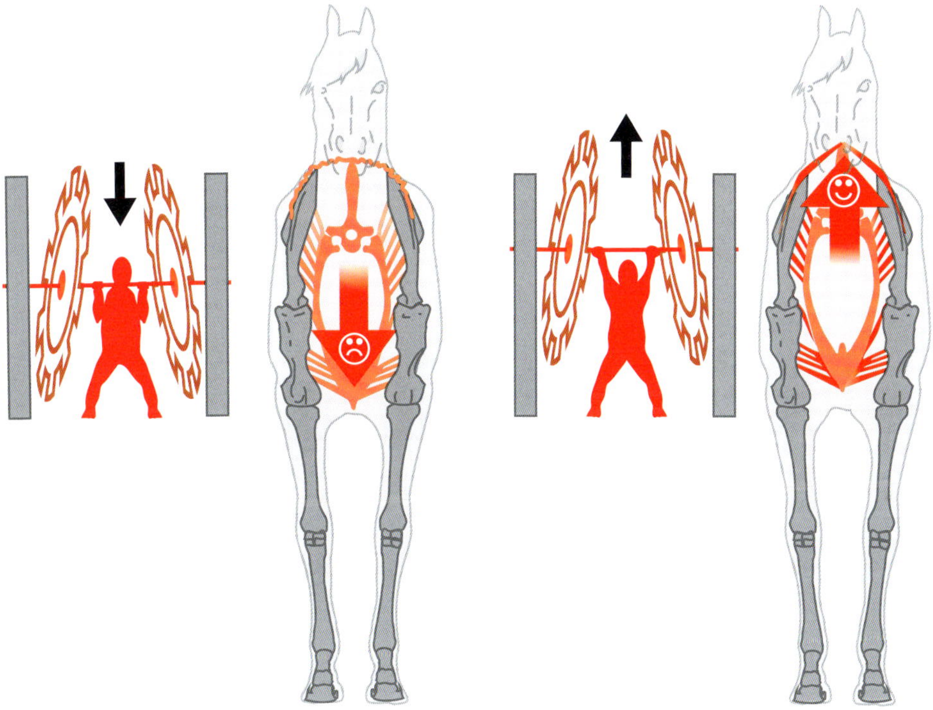

Der Brustkorb wird von vorne gesehen zwischen den Schulterblättern aktiv angehoben.

Im Modell erkennt man die rumpftragende Muskulatur, die den Brustkorb auf beiden Seiten gleichermaßen anhebt. Erst in der angehobenen Position werden die oberen Muskel- und Faszienstrukturen rund um den Widerrist aufgespannt. Im Stehen kann man diese Bewegung fühlen, wenn ein Helfer das Pferd dazu animiert, den Brustkorb anzuheben.

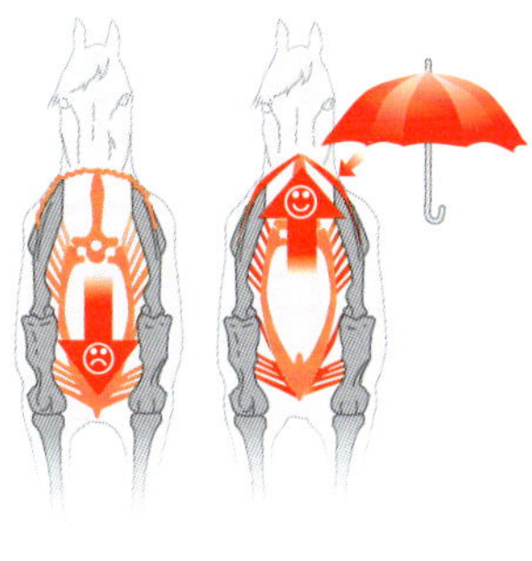

Es gibt einen Muskel, der stellvertretend für die Stabilisation des VBZ in der dritten Dimension steht: der Trapezmuskel. Wird der Brustkorb durch die rumpftragende Muskulatur angehoben, so stabilisiert dieser das gesamte VBZ wie ein Zelt, bei dem alle Seiten straff gespannt sind, wenn der Mittelpfosten aufgerichtet wird.

Nur wenn der Brustkorb angehoben ist, wird der Trapezmuskel aufgespannt und kann seine Funktion erfüllen.

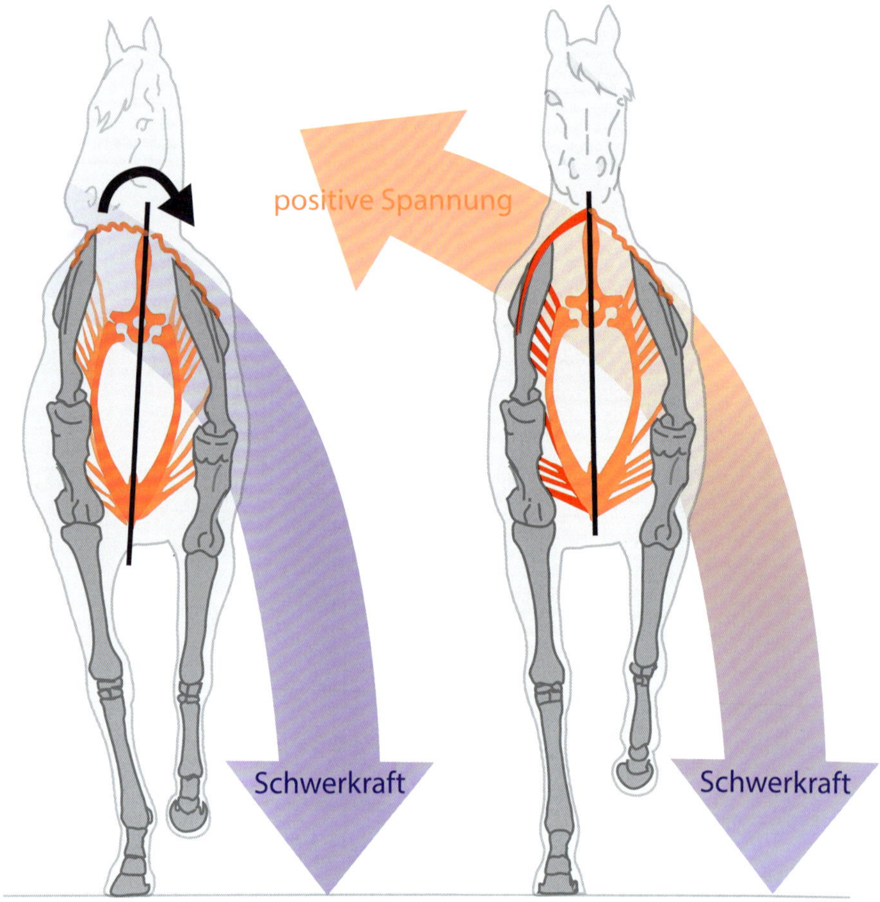

Die Wirkung der Schwerkraft in Bewegung von vorne betrachtet – passiv und aktiv stabilisiert

3.2 Die dritte Dimension in Bewegung

Biomechanisch interessant ist der Moment, wenn das Pferd beginnt, sich zu bewegen. Um diese wichtige Situation aus dieser Perspektive zu verstehen, müssen wir einen kleinen physikalischen Ausflug in die Welt der Hebelgesetze machen. Jetzt hat, bezogen auf das VBZ und auf das HBZ, fast immer nur ein Bein Bodenkontakt. Der Brustkorb will jeweils mit der Schwerkraft zur Hangbeinseite nach unten absinken und kann nur durch die einseitige muskuläre Aktivität der Standbeinseite in seiner Position gehalten werden.

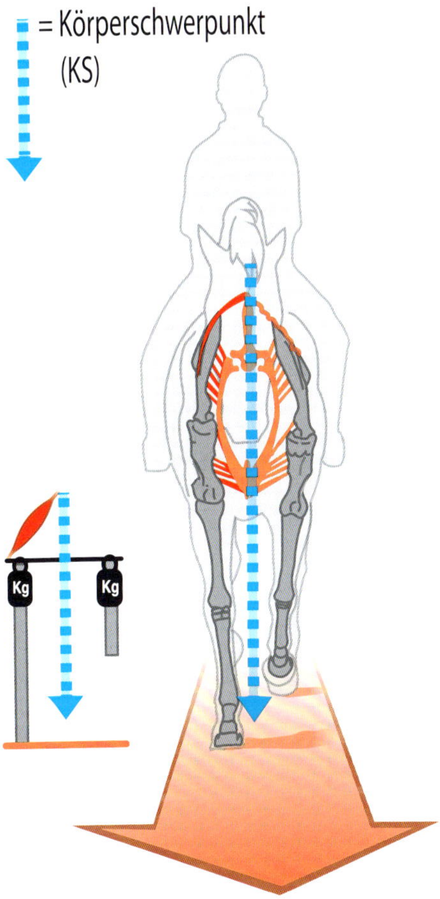

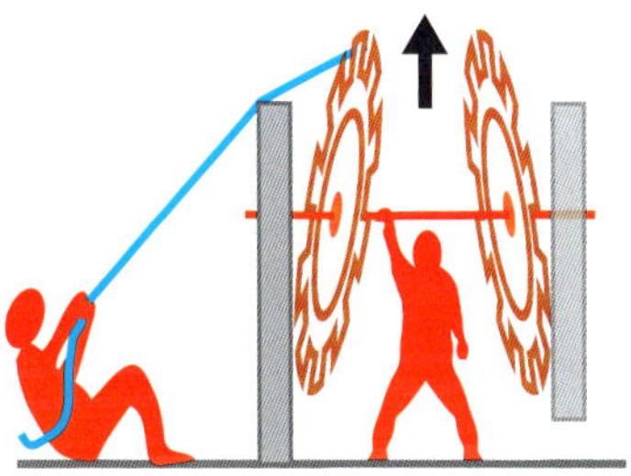

Die inneren Abläufe im VBZ zur Stabilisation gegen die Schwerkraft im Schema

Hebel erzeugen ein Drehmoment

Die Masse des Rumpfes wirkt jetzt nicht mehr achsengerecht auf das Stützbein. Dadurch entsteht ein Hebel zwischen dem Körperschwerpunkt und der Achse des Stützbeins. Je nachdem, wie das Pferd auf diese Veränderung reagiert, kann sich die Gewichtskraft des Rumpfes verkleinern oder vergrößern.

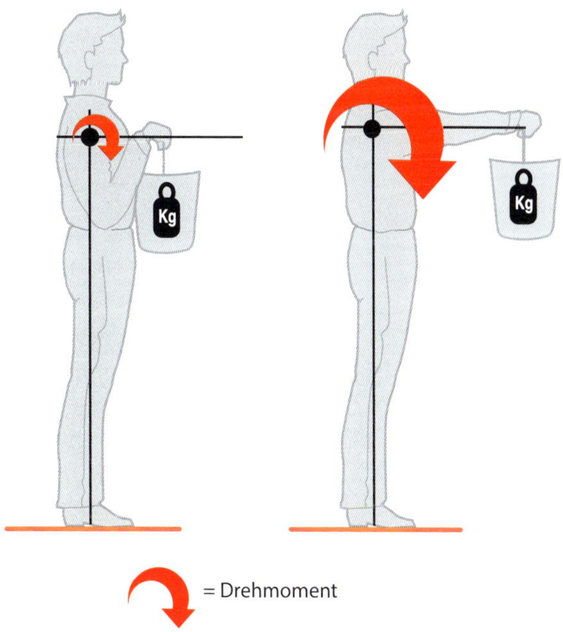

Das Gewicht bleibt immer gleich, das Drehmoment im Schultergelenk vervielfacht sich.

Ausgleich des Drehmoments

Ausgeglichen werden kann diese Drehbewegung durch verschiedene Möglichkeiten. Das Pferd kann seinen Hals als Balancestange benutzen, es kann seinen Rumpf absinken lassen und somit verdrehen oder es kann ihn durch die Entwicklung von Muskulatur aktiv stabilisieren.

Der Hals als Balancestange von vorne gesehen

Führt das Pferd den Hals über das Standbein hinweg nach außen, so wandert der Schwerpunkt zur Achse des Standbeins hin. Der Hebel der Last wird kürzer und entlastet somit den Schultergürtel. Das Drehmoment wird nahezu vollständig aufgelöst. Die Belastung des Schultergürtels entspricht etwa dem Gewicht der Vorhand.

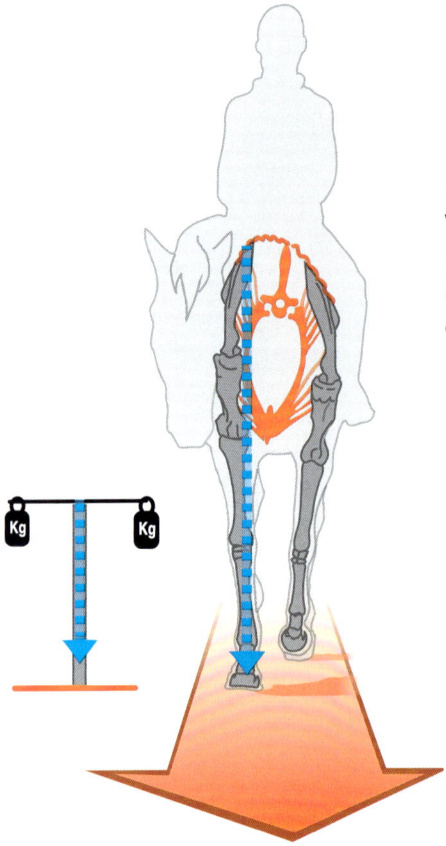

Der über das Stützbein geführte Hals wirkt als Gegengewicht zur Masse des Brustkorbs.

Das Ausweichen der Schulter bedeutet eine Verdrehung des Brustkorbes und eine Veränderung der Achse des Standbeins.

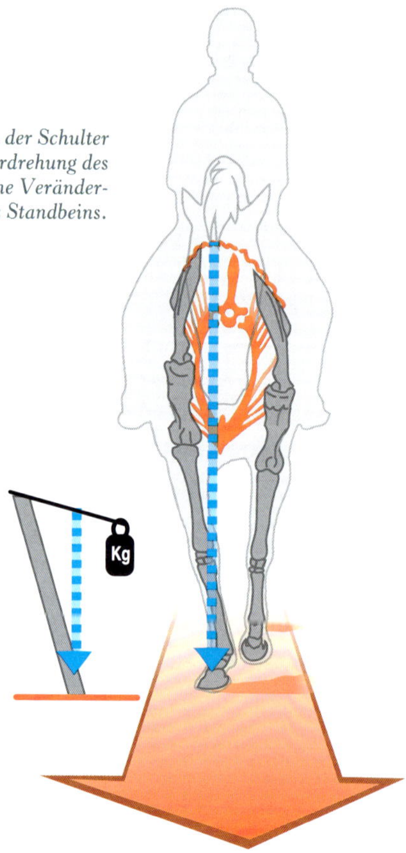

Das Ausweichen über die äußere Schulter

Die zweite Möglichkeit zum Ausgleich ist das Ausweichen der Schulter des Standbeins. Dabei tritt das Pferd mit seinem Huf zur Mitte unter den Schwerpunkt, lässt den Brustkorb zur Hangbeinseite hin absinken und reduziert damit das Drehmoment ebenfalls etwa auf das Gewicht der Vorhand.

Stabilisation durch aktive Muskelschlingen

Soll sich das Pferd der Reitlehre entsprechend selbst tragen, so bedeutet das vor allem in der dritten Dimension einen hohen Kraftaufwand. Soll der Hals von vorne gesehen stabil in der Mitte getragen werden, so wandert der Schwerpunkt vom Standbein weg und verlängert somit den Hebel der Last. Das zu stabilisierende Drehmoment beträgt jetzt etwa das Zweieinhalbfache des vorderen Rumpfgewichts und wir kommen beim Großpferd schnell auf eine Belastung von umgerechnet etwa 700 kg. Soll das System des VBZ dabei in der Bewegung ausbalanciert bleiben, müssen seine stabilisierenden Muskelketten genau diese Kraftfähigkeit aufbringen, um die Balance und somit den Takt halten zu können. Der Hals in der Mitte vor dem Körper ist somit keine Selbstverständlichkeit, sondern ein Ausbildungsziel! Der Eintrag des Richters im Dressurprotokoll schwankend auf der Mittellinie kann somit auch nicht durch eine stärkere Einwirkung des Reiters, sondern nur durch die Stärkung des Pferdes korrigiert werden.

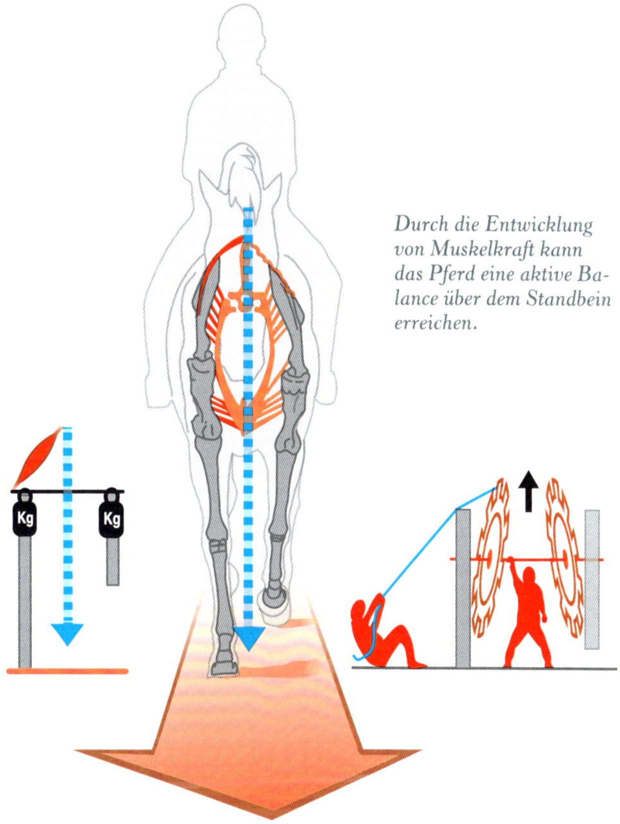

Durch die Entwicklung von Muskelkraft kann das Pferd eine aktive Balance über dem Standbein erreichen.

Die hohle und die feste Seite

Zu Beginn der Ausbildung hat das Pferd noch keine zwei gleichmäßig funktionierenden Muskelschlingen im Schultergürtel. Um die schwächere Seite des Schultergürtels zu entlasten, wird es von sich aus den Hals – in seiner Funktion als Balancierstange – mehr zu dieser Seite hin führen. Dadurch wird die hohle Seite definiert. Das Wegführen des Halses von der schwachen Seite des Schultergürtels ist abhängig von seiner Kraftentwicklung. Das Pferd muss im Schultergürtel ein muskuläres Gegengewicht gegen das Gewicht des Halses aufbauen. Das Geraderichten des Pferdes ist demnach nicht durch die kurzfristige Verbesserung der Beweglichkeit, sondern nur langfristig durch die gymnastizierende Kräftigung des Pferdes zu erreichen.

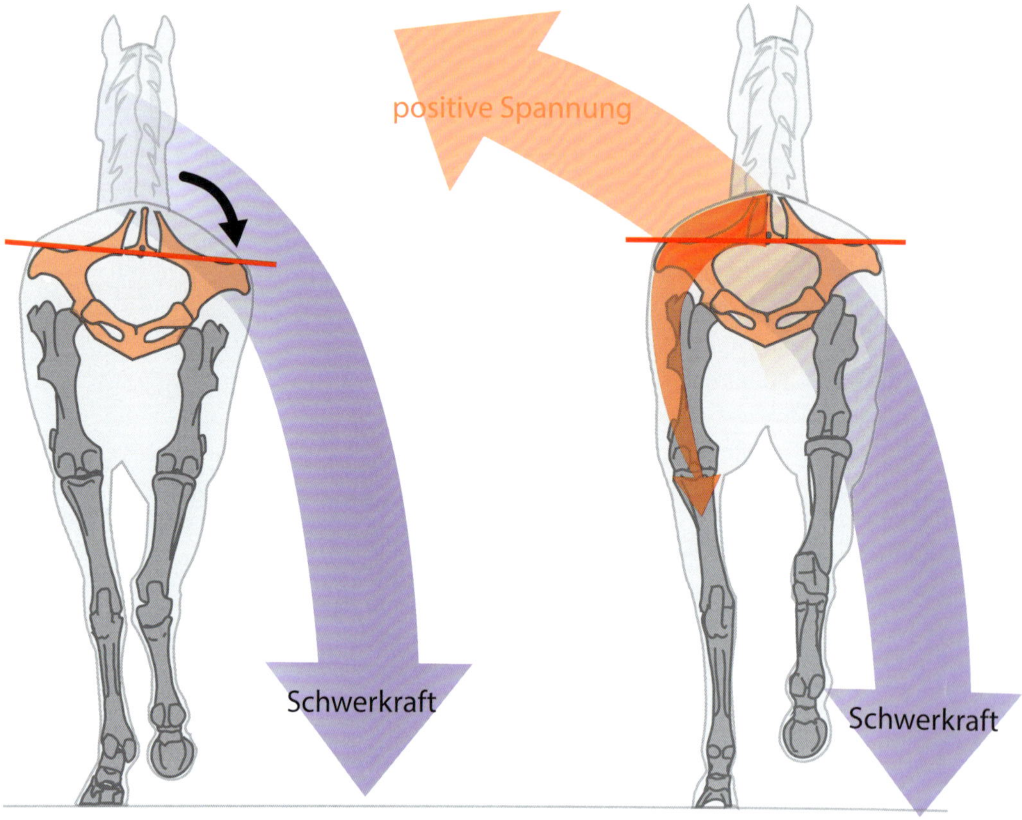

Die Wirkung der Schwerkraft in Bewegung von hinten betrachtet – passiv und aktiv stabilisiert

Die Statik des HBZ von hinten

Das HBZ hat ein anderes Konzept zur Stabilisation. Der große Unterschied zum VBZ ist die fehlende Balancestange Hals. Es kann also durch Verschiebung von Masse weder entlastet noch zusätzlich belastet werden. Bei Tieren, die nur auf den Hinterbeinen laufen, ist das anders. Hier treten diese tatsächlich vollständig unter den Schwerpunkt; der lange, schwere Schwanz unterstützt die Organisation der Balance.

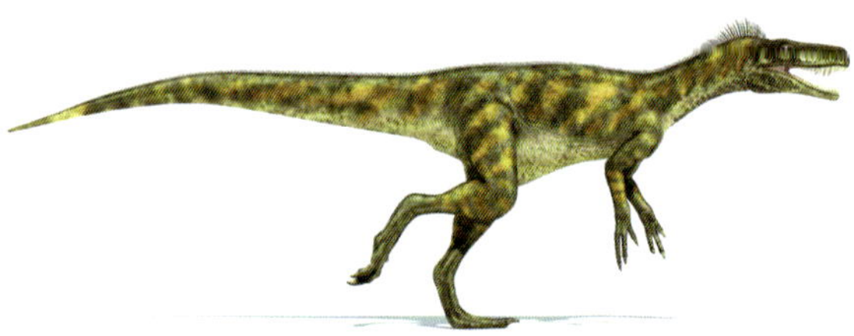

Tiere, bei denen die Hinterhand die Bewegung dominiert und steuert, haben einen ausgeprägten Schwanz als Balanceorgan.

Beim Pferd zeigt eine schiefe Schweifhaltung nur noch einen Fehler in der Balance der Hinterhand an. Ausgleichen, wie der Hals bei der Vorhand oder der Schwanz eines Dinosauriers, kann der Schweif diesen Fehler allerdings nicht.

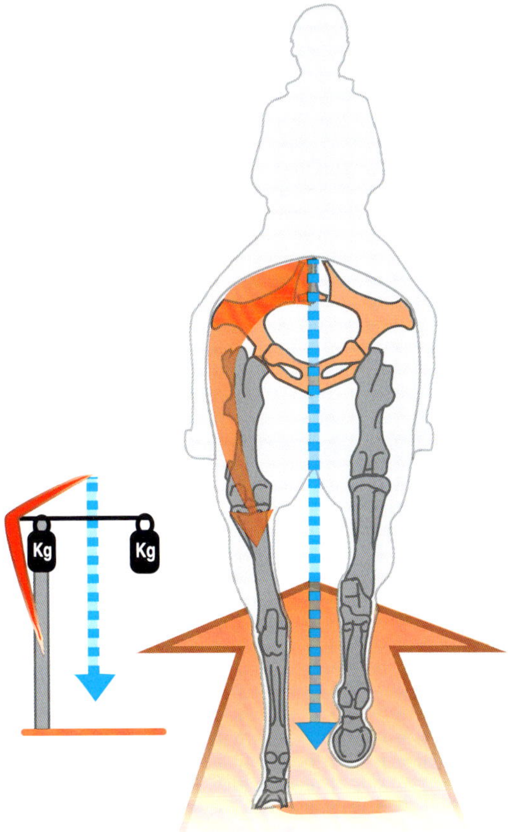

Die inneren Abläufe im HBZ zur Stabilisation gegen die Schwerkraft im Schema

Das Hüftgelenk als fixe Drehachse

Im Gegensatz zum VBZ gibt es im HBZ mit dem Hüftgelenk eine fixe Drehachse, um die die Stabilisation bzw. die Ausweichbewegungen organisiert werden.

Die Stabilisation durch die äußeren Muskelketten

Die großen seitlichen und hinteren Muskelgruppen der Kruppe haben hier deshalb zusammen mit ihren schrägen Gegenspielern der Bauchmuskulatur eine besonders wichtige Rolle in Bezug auf die Stabilisation. In diesem Zusammenhang wird ihnen deshalb zu Recht in der Reitlehre besonders viel Aufmerksamkeit gewidmet.

Ausgleichsmechanismen der Hinterhand

Durch die fehlende Balancestange Hals und die fixe Drehachse Hüftgelenk ergeben sich etwas andere Ausgleichsmechanismen als im VBZ.

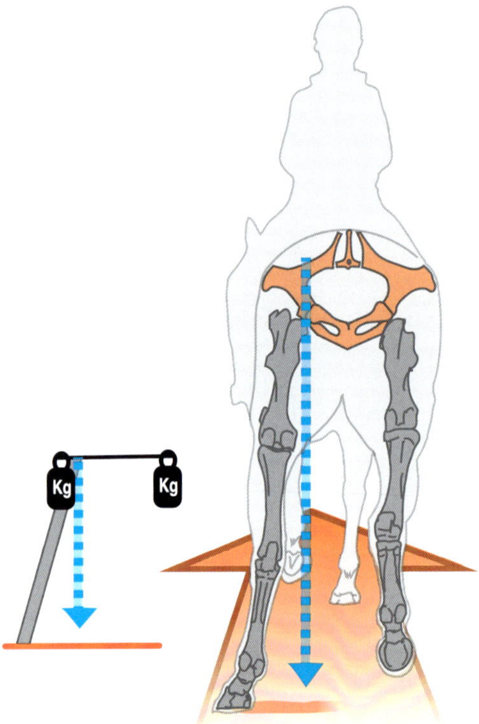

Ausweichen des Hinterbeins nach außen

Das Hinterbein der schwachen Seite tritt nach außen weg, um die Unterstützungsfläche unter dem Körperschwerpunkt künstlich zu vergrößern. Gleichzeitig werden die Hebelverhältnisse für die seitlichen Kruppenmuskeln günstiger.

Ausweichen des Hinterbeins nach innen

Entsprechend dem VBZ fußt das Pferd nach innen unter seinen Körperschwerpunkt. Die kombinierte Dreh- und Kippbewegung des Beckens ist als Absinken zur Hangbeinseite hin deutlich sichtbarer als im Brustkorb, wo ein Teil dieser Ausweichbewegung durch die Gleitbewegung im Schultergürtel zumindest optisch geschluckt wird.

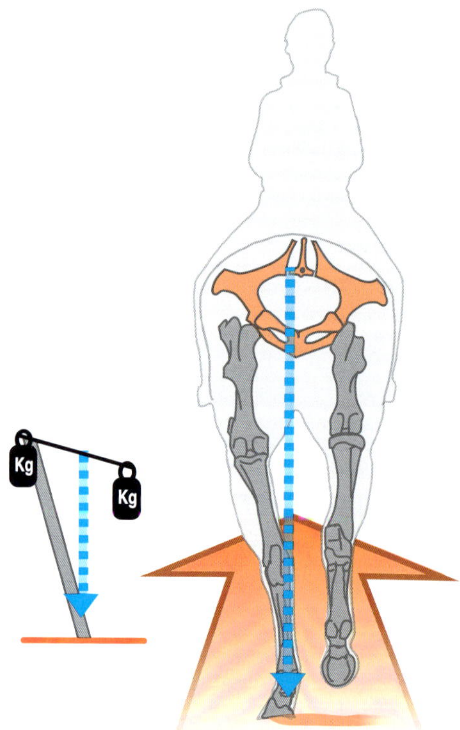

Stabilisation durch aktive Muskelschlingen

Das Gewicht der Eingeweide, das diagonal auf das Hüftgelenk wirkt, spielt hier zur Berechnung der Kräfte eine wichtige Rolle. Die 250 kg werden sich durch die Hebelwirkung je nach Exterieur des Pferdes verdreifachen bis vervierfachen. Wir können also durchaus von einem zu stabilisierenden Drehmoment von etwa einer Tonne ausgehen. Damit wird die Wichtigkeit einer kräftigen und gut koordinierten Muskulatur der Hinterhand absolut unterstrichen, wenn der Ausbilder die vorher genannten Ausweichbewegungen verhindern will.

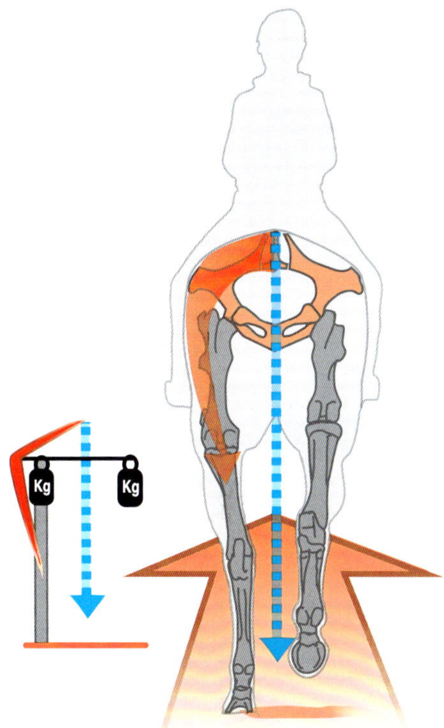

Zusammenfassung

Das Wissen um die Mechanismen, wie sich ein Pferd in der dritten Dimension gegen die Schwerkraft stabilisiert, ist ein Grundelement zum Verständnis der Reitlehre. Die Ausweichbewegungen des Halses, Verdrehungen im Schultergürtel und die verschiedenen Möglichkeiten der Hinterhand, sich der korrekten Arbeit zu entziehen, können physikalisch erklärt werden. Kennt der Ausbilder diese Schwachstellen, so kann er sie durch entsprechende Trainingskonzepte verbessern. Aus dieser Sichtweise heraus ist die Entwicklung der athletischen Fähigkeiten des Pferdes ein wichtiges Grundelement der Ausbildung. Die Prinzipien der gebogenen Linie verstärken diese Erkenntnisse noch einmal.

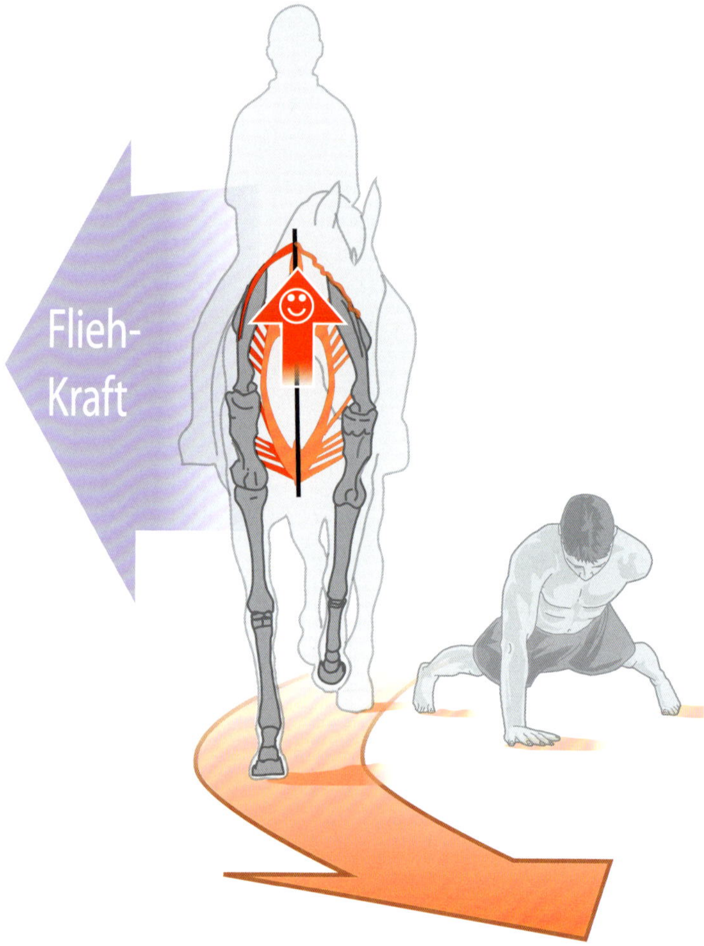

3.3 Die Statik des Pferdes auf der gebogenen Linie

Bisher haben wir uns ausschließlich mit dem Pferd in der Geradeausbewegung beschäftigt. Um die dritte Dimension der Stabilisation des Pferdes vollständig zu erfassen, macht es Sinn, sich die Anforderungen des Pferdes auf der gebogenen Linie genauer anzuschauen.

Die Fliehkraft verdeutlicht das Prinzip

Grundsätzlich stabilisiert das Pferd aufgrund seiner diagonalen Fußfolge das VBZ und das HBZ in Bewegung jeweils in einer Drehbewegung gegen die Schwerkraft. Geht das Pferd geradeaus, so ist die Belastung im Schritt und im Trab auf beiden Diagonalen nahezu gleich. Auf der gebogenen Linie wirkt zusätzlich zur

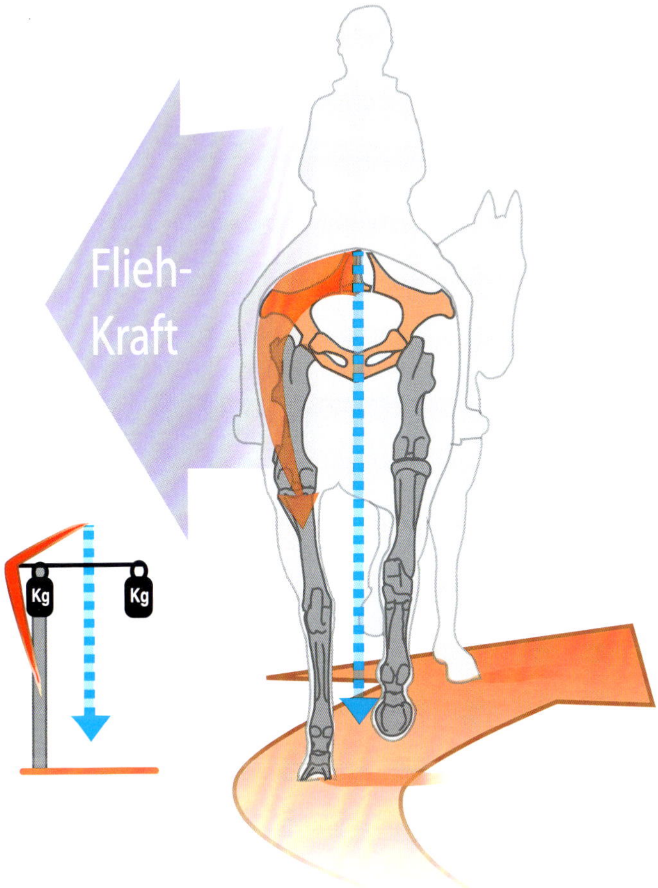

Schwerkraft die Fliehkraft nach außen und verstärkt damit die Belastung auf die äußeren Muskelschlingen der Bewegungszentren. Das unausgebildete Pferd wird den Hals auf der gebogenen Linie nach außen führen und den Körperschwerpunkt nach innen verlagern, um sich auszubalancieren. Soll sich das Pferd der Reitlehre entsprechend korrekt auf die gebogene Linie einstellen, so muss es lernen, mit dieser ganz neuen, bislang unbekannten Anforderung umzugehen. Es muss, wie in der Geradeausbewegung auch, lernen, die Kräfte neu zu organisieren und aktive Muskelschlingen aufzubauen. Nur durch systematisches Training ist es ihm mithilfe seines Reiters möglich, sich auf den gebogenen Linien aktiv auszubalancieren und die Achsen der Beine gerade zu halten.

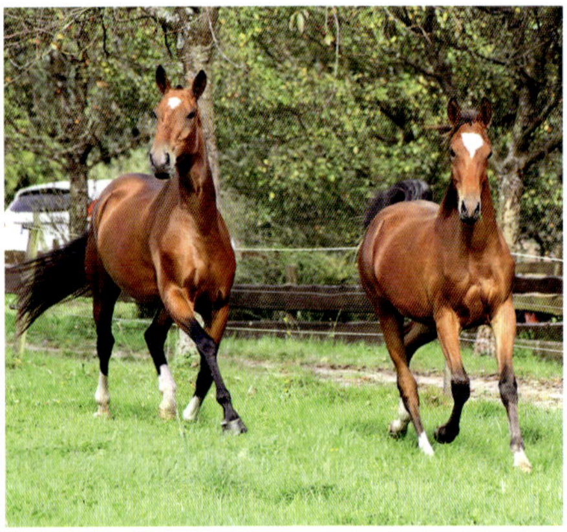

Ohne Ausbildung organisiert sich das Pferd auf der gebogenen Linie in Schräglage.

Die gebogene Linie bringt es an den Tag

Schwächen, die in der Geradeausbewegung noch durch leichte Verdrehungen und Ausweichbewegungen überspielt werden können, werden auf der gebogenen Linie verstärkt und aufgedeckt. Probleme in Stellung und Biegung oder auch der Losgelassenheit in scheinbar alltäglichen Abläufen, wie etwa dem einfachen Durchreiten einer Ecke, werden damit erklärbar und langfristig hoffentlich auch besser lösbar.

Um Brustkorb und Becken gegen diese Verdrehungen zu stabilisieren und gleichzeitig zu kontrollieren, ist mehr nötig als Entspannung, Beweglichkeit und einzelne kräftige Muskeln. Es braucht immer ganze Funktionsketten, die sinnvoll zusammenarbeiten, um diese Aufgabe zu erfüllen.

Die Balance des VBZ in der korrekten Stellung und Biegung

Der Hals des Pferdes soll der Reitlehre entsprechend korrekterweise die Biegung des Rumpfes nach vorne weiterführen. Damit wird seine Masse allerdings noch weiter von der Achse des äußeren Stützbeins weggeführt. Das Drehmoment im Schultergürtel wird im Vergleich zur Geradeausbewegung noch einmal deutlich erhöht und wirkt mit umgerechnet etwa 900 kg auf den äußeren Schultergürtel. Rechnen wir nun noch die Wirkung der Fliehkraft hinzu, kommen wir schnell wieder auf Kraftwerte, die sich im Bereich von einer Tonne bewegen und ungefähr den auf die Hinterhand wirkenden Kräfte entsprechen.

Physikalische Berechnungen können tatsächlich helfen, den Weg zu Balance und Harmonie mit dem Pferd zu ebnen.

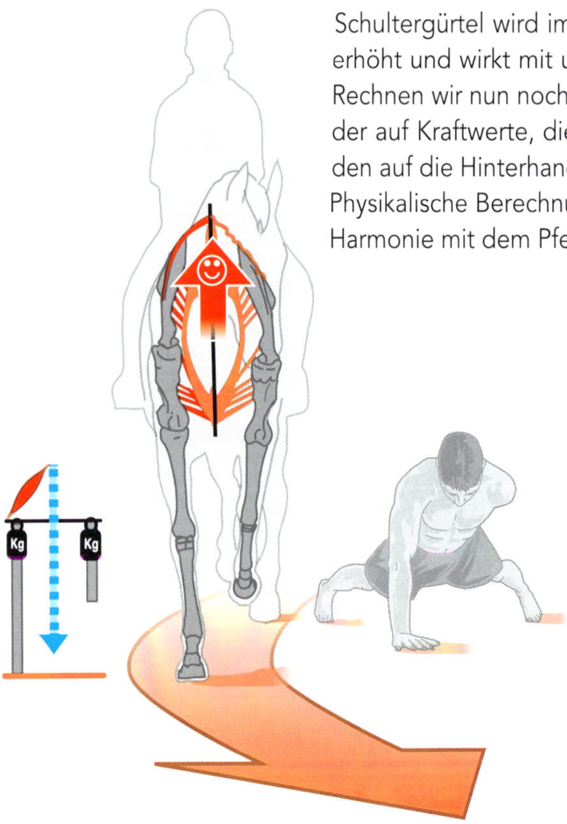

Die Halsposition vor der inneren Schulter in der Längsbiegung – die perfekte Anpassung des Pferdes an die gebogene Linie – wird in der Klassischen Reitlehre zu Recht als bedeutendes Element der Gymnastizierung des Pferdes gesehen. Weitergehende Positionen über die innere Schulter hinweg sind nicht vorgesehen und aus biomechanischer Sicht ohne gesundheitsschädigende Wirkung auch nicht realisierbar.

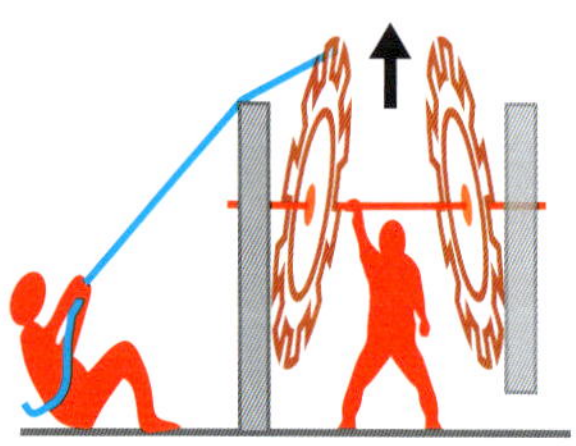

Je größer das Niveau von Stellung und Biegung, desto mehr Muskelkraft ist nötig, um das Pferd in Balance zu halten.

Die Muskelketten zur dreidimensionalen Stabilisation des VBZ

Anheben des Brustkorbes

- Großer Sägemuskel
- Der gerade sowie der auf- und absteigende Brustmuskel
- Der lange untere Halsmuskel (M. longus colli)

Drehung des Brustkorbes von vorne gesehen

- Kappenmuskel

Drehung des Brustkorbes von der Seite gesehen

- Oberhalsmuskulatur
- Gerade Bauchmuskulatur

Funktioniert diese **Muskelkette**, so entwickelt sich im Schultergürtel eine muskuläre Stabilisation gegen die Fliehkraft. Das bedeutet: Diese Muskelkette ist die Grundlage für die Fähigkeit des Pferdes, sich auf die gebogene Linie einzustellen. Dadurch bleibt das Pferd von vorne her gesehen nahezu senkrecht und die Beine bleiben **achsengerecht** unter dem Schultergelenk organisiert.
Belastende Drehbewegungen der Zehengelenke werden damit gebremst oder ganz vermieden – alles in allem also die beste Gesundheitsversicherung für Ihr Pferd.

Als Bonus kann mit dieser funktionierenden Muskelkette sogar ein durchschnittlich talentiertes Pferd vor allem in der Dressur durch einen hochklassigen Reiter erfolgreich bis in die hohen Klassen geführt werden.

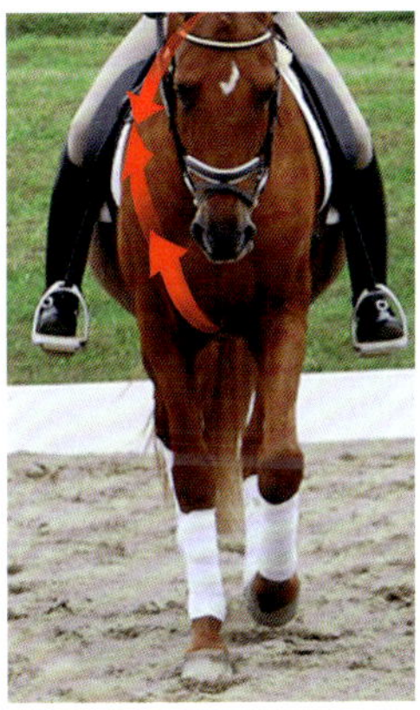

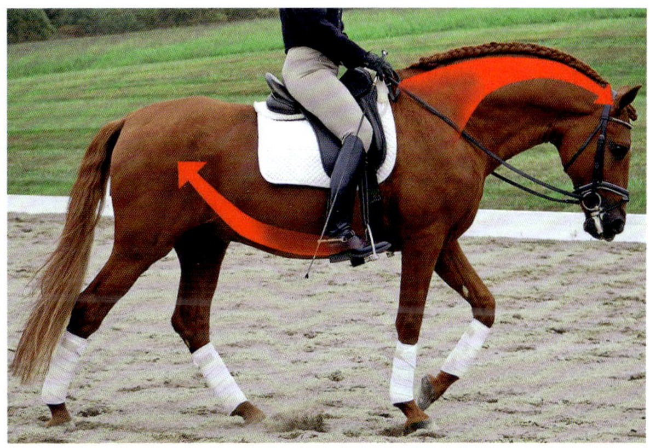

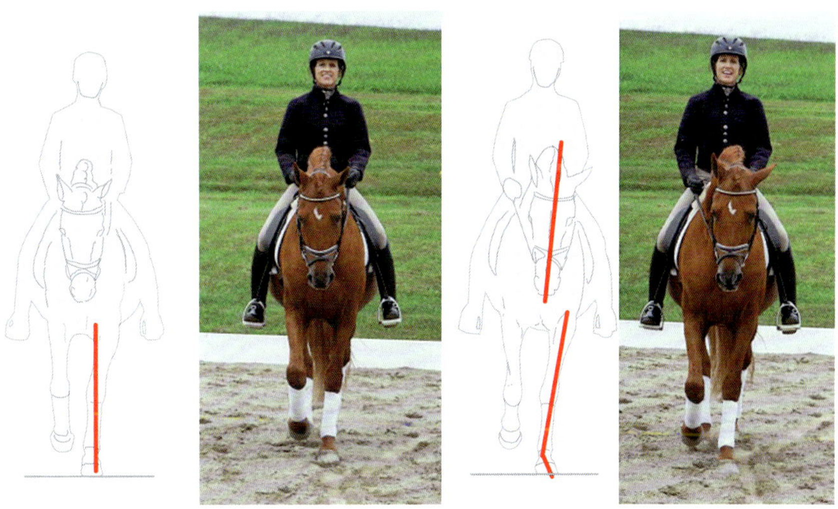

Deutlich erkennbar der Unterschied zwischen einem stabilisierten (links) und einem nicht stabilisierten Brustkorb (rechts)

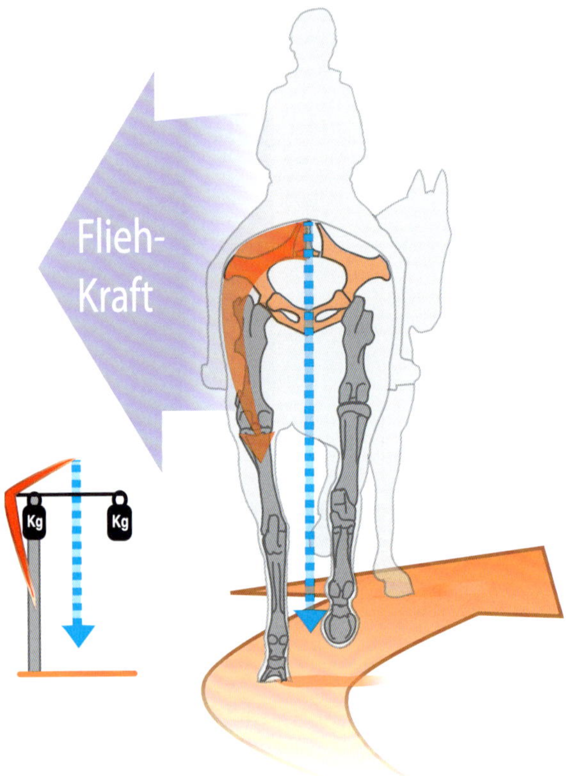

Die Balance des HBZ in korrekter Stellung und Biegung

Grundsätzlich wird die Außenseite entsprechend dem VBZ auf der gebogenen Linie durch die Fliehkraft stärker belastet. Während das innere Hinterbein durch seine Aktivität im Trab diagonal den äußeren Schultergürtel unterstützt, übernimmt das äußere Hinterbein auf der gebogenen Linie die eigentliche Arbeit der seitlichen Stabilisation. Der Hinterhand fehlt das ausgleichende Element des Halses, mit dem Pferde den Grad der Belastung im VBZ selbst variieren können. Daher sind die Anforderungen für die Hinterhand auf der gebogenen Linie im Gegensatz zur Geradeausbewegung deutlich verstärkt

Seitliche Stabilisation

In der Stützbeinphase des äußeren Hinterbeins muss die auf der gebogenen Linie wirkende Fliehkraft muskulär abgefangen werden. Die Abhängigkeit der Funktionen des HBZ in der Ansicht von hinten und von der Seite wird hier verdeutlicht. Als Beispiel soll die gebogene Linie nach rechts besprochen werden.

Die Kontrolle der Beckenstabilität beginnt mit der Stabilität durch das linke Hüftgelenk. Die diagonal stabilisierend wirkenden Muskeln verhindern das Absinken der rechten Beckenseite in der Hangbeinphase. Nur wenn das Becken in der Hangbeinphase nicht absinkt, kann das Pferd rechts deutlich unter den Schwerpunkt treten. Jetzt wird das rechte Hinterbein zum Stützbein und verhindert das Abkippen des Beckens auf der linken Seite. Auch hier gilt: Nur der stabile Beckenring auf der nun linken Hangbeinseite kann das äußere Stützbein in die Position bringen, die gesamte Hinterhand gegen die Fliehkraft zu stabilisieren. Die Aufgabe des äußeren Schenkels ist somit die Kontrolle der Drehbewegung der äußeren Beckenseite nach unten. Dadurch wird das Ausbrechen der Hinterhand verhindert, der äußere Schenkel wirkt verwahrend ein. Zum Scheitern verurteilt ist dagegen der Versuch mancher Reiter – angeregt durch eine lineare, zweidimensionale Vorstellung von der „Biegung" des Pferdekörpers –, die äußere Hinterhand nach innen zu drücken.

So erklärt sich auch, warum das Timing der Hilfengebung in Bezug auf die Stütz- und Hangbeinphase der Hinterhand viel entscheidender ist als ihre Intensität. Durch diese vor allem von der Koordination dominierten Bewegungsabläufe entwickelt auch die Hinterhand eine zusätzliche Federung im Lenden-Becken-Übergang, die die natürlich gegebene Federung der Hanken unterstützt und kontrolliert.

Aktion und Reaktion in der Hinterhand

Beim aktiven Lösungsansatz der Reitlehre geht es funktionell darum, den Beckenring durch die Aktivierung von Muskelketten dreidimensional gegen die Schwerkraft zu stabilisieren. Entscheidend ist dabei die Tatsache, dass man die Hinterhand nicht einfach selbst irgendwie verschieben oder festhalten kann. Auch das direkte, isolierte Ansteuern der Hinterbeine ist zwar ein schöner, plausibler Gedanke – aber praktisch unmöglich. Wie in Kapitel 2 beschrieben, kann das Hinterbein seine Arbeit nur leisten, wenn seine Bewegungsenergie nach vorne abgeleitet werden kann.

Die Hinterbeine agieren nicht, sie reagieren. Ein Reiter muss lernen, seine Einwirkung an der Balance des Pferdekörpers auszurichten und nicht einzelne Gliedmaßen des Pferdes beeinflussen zu wollen.

Zusammenfassung

Der Hinterhand fehlt im Vergleich zur Vorhand das Element Hals als Balancestange. Die Hinterbeine stellen dynamische Achsen dar, die sich unter dem wandernden Schwerpunkt optimal positionieren müssen. Die Kontrolle des Schwerpunkts kann allerdings nur indirekt über die Einstellung der Vorhand auf die Hinterhand erreicht werden. Die Aktion des Reiters ist die Kontrolle des Schwerpunkts, die Reaktion des Pferdes ist die Positionierung des Hinterbeins und nicht umgekehrt.

Die Muskelgruppen zur dreidimensionalen Stabilisation des HBZ

Seitliche Ansicht

- Kruppenmuskulatur des Standbeins
- Lange Hüftstrecker des Standbeins
- Schräge Bauchmuskulatur

Diagonale Ansicht

- Abspreizer des Standbeins
- Anzieher des Standbeins
- Schräge Bauchmuskulatur

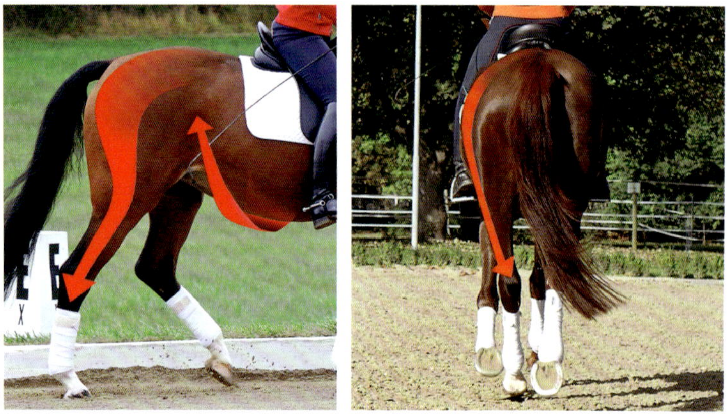

Die Muskelketten zur dreidimensionalen Stabilisation der Hinterhand

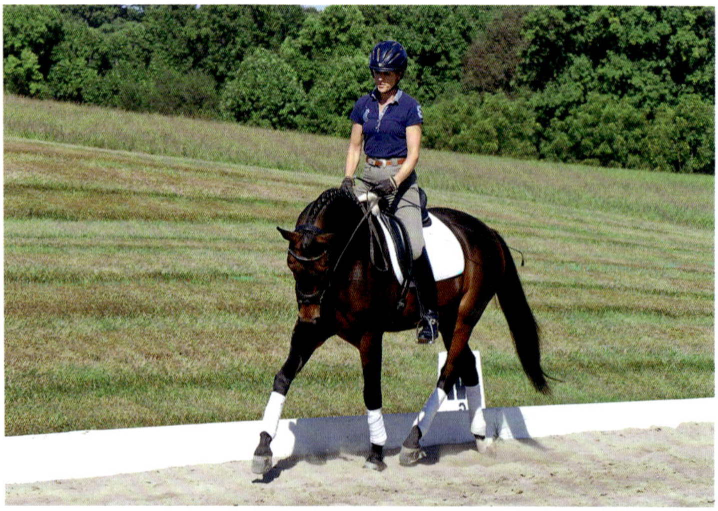

Die gebogene Linie: Die Kunst, dem Zuschauer zu vermitteln, dass es weder Fliehkraft noch Schwerkraft gibt.

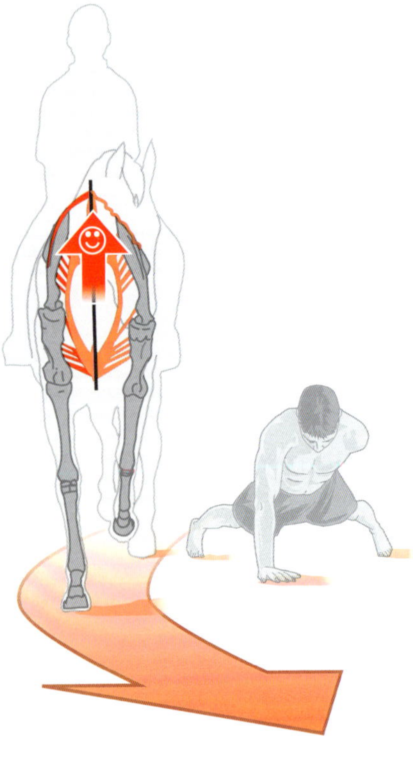

Aufbau der Muskelketten des VBZ aus funktionaler Sicht

1. Entlastung des Schultergürtels auf der gebogenen Linie, indem der Hals zur äußeren Schulter hin geführt wird (innerer Schenkel – äußerer Zügel)

2. ***Aktivierung der rumpftragenden Muskulatur*** durch die treibenden Hilfen. Ziel: Das Pferd hält auf der gebogenen Linie seinen Takt und beginnt elastischer zu gehen.

3. Aktivierung der Halsbasis durch die Verlängerung des Halses. Schenkel- und Zügelhilfen haben die Aufgabe, die Muskelketten immer wieder anzuregen und neu zu justieren, damit das Pferd lernt, sich selbst durch Muskelkraft auszubalancieren.

4. Behutsames Kontrollieren des Rumpfschwerpunktes zum äußeren Schultergürtel hin im Sinne der Geraderichtung. Je mehr Fliehkraft der äußere Schultergürtel abfangen kann, desto mehr kann der Hals nach innen auf die Kreisbahn geführt werden. Dabei geht die Bewegung des Halses immer von der Gewichtsverlagerung des Rumpfes aus. Der innere Schenkel wirkt leicht dominant zum äußeren Zügel hin. Die Oberhalsmuskulatur wird jetzt zusätzlich zum tragenden Element.

5. Bleiben alle Muskelgruppen in der richtigen Koordination aktiv, so kann die Kopf-Hals-Achse immer mehr nach oben geführt werden, ohne dass der Brustkorb dabei nach hinten unten absinkt. Das innere Hinterbein hat die Möglichkeit, diese Bewegung aktiv zu unterstützen. Die Hinterhand übernimmt quasi die Aufgabe des langen Halses, indem sie durch vermehrtes „Beitreten" des Beckens hilft, den Brustkorb in Position zu halten. Jede Störung innerhalb des Systems führt vor allem auf der gebogenen Linie zu Taktfehlern.

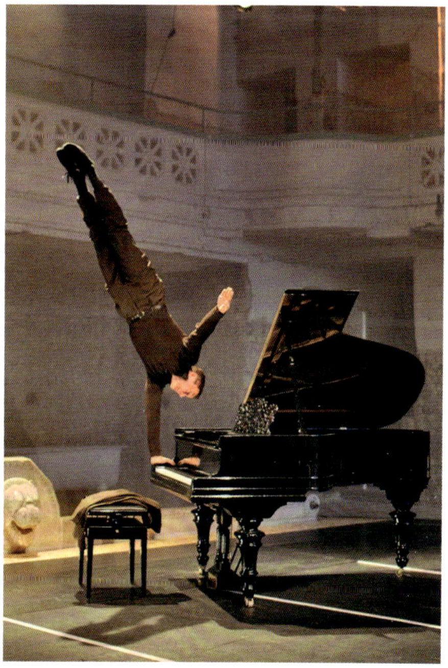

Kraftakrobatik ist die Kunst, dem Zuschauer zu vermitteln, dass es keinerlei Schwerkraft gibt.

Korrektes Training braucht Zeit

Nach einiger Zeit wird das Pferd in der Lage sein, den Hals etwas weiter nach innen zu tragen und das Drehmoment und somit die Trainingsbelastung dadurch zu erhöhen. In dem Maße, in dem sich der Schultergürtel kräftigt, wird das Pferd immer besser in der Lage sein, den Hals korrekt eingestellt in Verlängerung des Rückens auf der gebogenen Linie zu tragen.

Sobald das VBZ kontrolliert und stabilisiert werden kann, ist die Hinterhand in der Lage, durch das vermehrte Untertreten des inneren Hinterbeins die Drehbewegung diagonal zu unterstützen.

Zusammenfassung
Die gebogene Linie fordert die athletischen Fähigkeiten des vorderen Bewegungszentrums in besonderem Maße. Auf dem Weg vom nach außen hin getragenen Hals bis zur korrekten Längsbiegung des ganzen Körpers verdreifachen sich die Anforderungen an die Kraftfähigkeit des äußeren Schulter- und Beckengürtels. Takt und Losgelassenheit als Grundelemente der Ausbildungsskala und die Entwicklung der athletischen Fähigkeiten des Pferdes gehören untrennbar zusammen. Die biomechanischen Prinzipien der gebogenen Linie zeigen dies überdeutlich.

3.4 Das Zusammenspiel der Bewegungszentren auf der gebogenen Linie

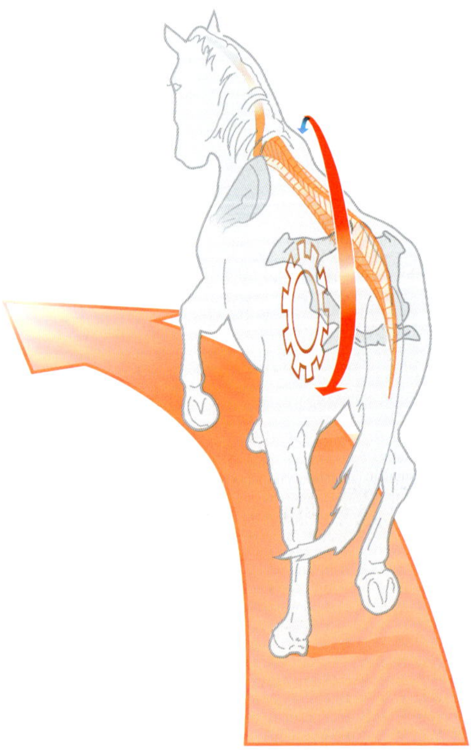

Gebogene Linien und Seitengänge sind auf die Bewegungszentren bezogen deshalb so wertvoll, weil sie die effektivste Möglichkeit darstellen, die seitlichen Muskelgruppen zu ***trainieren*** und dabei die Bewegungszentren zu synchronisieren. Das ***innere Hinterbein*** muss bei nach vorne geschlossener Muskelkette automatisch, das heißt über die diagonale Verschraubung, Energie vom äußeren Schultergürtel übernehmen.

Synchronisation als Schlüssel zur Stabilität

Erreicht werden kann das nur durch die Kontrolle des Brustkorbs und über die ***Einstellung der Vorhand auf die Hinterhand***. Als Reaktion werden die aktiv untertretenden Hinterbeine, aus der Perspektive von hinten gesehen, vermehrt nach innen zum Hüftgelenk hin treten. Die Spur der Hinterhand des Pferdes wird dadurch auch in der Bewegung auf gerader Linie enger.

Die Synchronisation der Bewegungszentren

Aufbau der Muskelgruppen von VBZ und HBZ aus funktionaler Sicht

Das Grundelement zur seitlichen Stabilisation ist die gebogene Linie. Hier werden die Muskelgruppen der An- und Abspreizer der Vorhand und der Hinterhand durch die Fliehkraft angesprochen und durch die korrekte Hilfengebung gesteuert. Das wichtigste Element ihrer Kontrolle ist der auf allen Ebenen ausbalancierte Sitz des Reiters. Nur aus der sicheren Oberkörperbalance des Reiters heraus kann die weitere Hilfengebung mit Schenkeln und Zügeln entwickelt werden.

Für die Kontrolle des VBZ ist eher der Impuls vom inneren Schenkel zum äußeren Zügel zuständig, die sogenannte diagonale Hilfengebung. Die Kontrolle des HBZ erfolgt vorrangig durch den äußeren Schenkel.
Funktional gesehen werden diese Hilfen immer nur zusammen und korrekt synchronisiert ihre Wirkung entfalten können und niemals einzeln. Aus diesem Rahmen heraus entwickeln sich die Seitengänge, die diese nun voraktivierten Muskelgruppen durch die seitliche Schwerpunktverschiebung vermehrt in der Bewegung des An- und Abspreizens ansprechen und trainieren.

- Je besser Koordination und Kraft geschult sind, desto korrekter kann der gesamte Pferdekörper sich in seiner Längsachse auf die gebogene Linie einstellen.
- Je besser und korrekter die gebogene Linie geritten wird, desto intensiver wirkt die Trainingsbelastung auf die Muskelschlingen und desto mehr trägt sie zur weiteren Entwicklung der Athletik des Pferdes bei.
- Je besser Koordination und Kraft geschult sind, desto kontrollierter, korrekter und enger kann die gebogene Linie geritten werden
- **Wird ein Pferd ohne diese athletischen Fähigkeiten auf der gebogenen Linie geritten, so entwickeln sich langfristig unausweichlich Belastungsschäden.**

Für das Zusammenspiel der Bewegungszentren gilt:

Die Arbeit der Muskulatur kann man nicht erzwingen, sie muss sich langsam, aber stetig entwickeln. Das stellt an den Reiter die Herausforderung einer ständigen Kontrolle der Bewegungszentren im Sinne der Balance des Pferdes, um Ausweichbewegungen abzufangen. Die richtige Dosis dieser Kontrolle bestimmt dabei den Trainingsfortschritt. Der Hals dient immer nur als Balancestange zur Be- oder Entlastung der Muskelketten. Er ist niemals der Auslöser der Bewegung auf der gebogenen Linie. Die **diagonale Hilfengebung** des Reiters ist als Stabilisation von Brustkorb und Becken in der dritten Dimension zu verstehen – nicht zum zweidimensionalen (Ver-)Biegen des Pferdes.

3.5 Den passenden Sattel finden

An der Entwicklung der korrekten Muskulatur des Pferdes hat der Sattel einen entscheidenden Anteil: Er muss die dafür nötigen Bewegungen im Pferdekörper zulassen. Gleichzeitig muss er dem Reiter die Möglichkeit bieten, sich selbst optimal auszubalancieren und mit seiner Hilfengebung auf das Pferd einzuwirken. Den richtigen Sattel zu finden und anzupassen erfordert ein komplexes Knowhow. Insbesondere bei Pferden mit problematischer Sattellage muss unbedingt Fachwissen aus unterschiedlichen Richtungen zusammengetragen werden, um ein optimales Ergebnis zu erreichen.

Der Sattler und die Oberlinie des Pferdes

Wie dargestellt, hat die Organisation der Bewegungszentren einen direkten Einfluss auf die äußere Form des Pferdes in allen drei Dimensionen. Bei der Sattelanpassung stellt sich daher die Frage: Auf welche Oberlinie soll der Sattel eigentlich angepasst werden, wenn sich diese in Bewegung und unter dem Einfluss der Schwerkraft und der Fliehkraft beständig verändert?
Die Antwort darauf kann, vor allem bei Problempferden, in der Regel nicht vom Sattler alleine, sondern nur im Team gegeben werden.

Wünschenswertes Vorgehen bei Sattelproblemen

Tierarzt: Röntgenologische Darstellung der Wirbelsäule vom Widerrist bis zum Becken. Dadurch können Problemzonen dargestellt und nicht veränderbare Bewegungseinschränkungen sichtbar gemacht werden. Gleichzeitig klärt der Tierarzt mögliche schon bestehende, entzündliche und/oder schmerzhafte Prozesse im Pferd ab. Auch eine Lahmheitsdiagnostik der Gliedmaßen kann bei einer Beurteilung der Sattelsituation Sinn machen, da nicht wenige Verkrampfungen des Rumpfes ihre Ursache in Schmerzprozessen der Gliedmaßen haben. Gegebenenfalls therapeutische Maßnahmen vor der Anpassung des Sattels.

Physiotherapeut: Funktionsdiagnostik zur Feststellung des Verhältnisses zwischen Mobilität und Stabilität des gesamten Bewegungsapparates des Pferdes. Gegebenenfalls mobilisierender oder stabilisierender Aufbau der Wirbelsäulendynamik des Pferdes vor der Sattelanpassung.

Ausbilder: Beurteilung des Ausbildungsstandes von Pferd und Reiter im Sinne der Fähigkeit zur aktiv-dynamischen Stabilisation gegen die Schwerkraft und gegen die Fliehkraft.

SATTLER: Aus all diesen Informationen muss der Sattler die richtigen Schlüsse ziehen und gegebenenfalls ein individuelles Konzept entwickeln, um möglicherweise das Pferd in seinem Aufbau hin zu einer funktional korrekt stabilisierten Oberlinie zu unterstützen. Vergessen darf er dabei nicht die Anpassung des Sattels an den Reiter, was die Sitzgröße, aber auch individuelle Längenverhältnisse zwischen Unterschenkel, Oberschenkel und Oberkörper des Reiters angeht.

Sattelanpassung ist Teamwork!

Passt – passt nicht

Diese Frage ist aus den oben genannten Zusammenhängen gar nicht so leicht zu beurteilen. So kann ein Sattel, der allen diesen Kriterien entspricht, zu Beginn durchaus Schwierigkeiten bereiten, da sich Pferd und Reiter auf eine neue koordinative Situation einstellen müssen. Der Sattel soll die korrekten Bewegungsabläufe ermöglichen und dann funktionieren, wenn diese in groben Zügen erreicht werden können. Oder anders herum, wenn ein Sattel sich zu Beginn perfekt anfühlt, dem Pferd aber keine Möglichkeit gibt, seine Oberlinie in eine positive Richtung zu entwickeln, so kann das gute Gefühl zu Beginn trügerisch sein.

Die Entscheidung darüber, ob ein Sattel passt oder nicht, kann man auch nicht einfach einem Messsystem überlassen. So hat die Universität Zürich beispielsweise in Messreihen nachgewiesen, dass das Bild der Druckverteilung eines Sattels in erheblichem Maße von den technischen Fähigkeiten des Reiters abhängt.

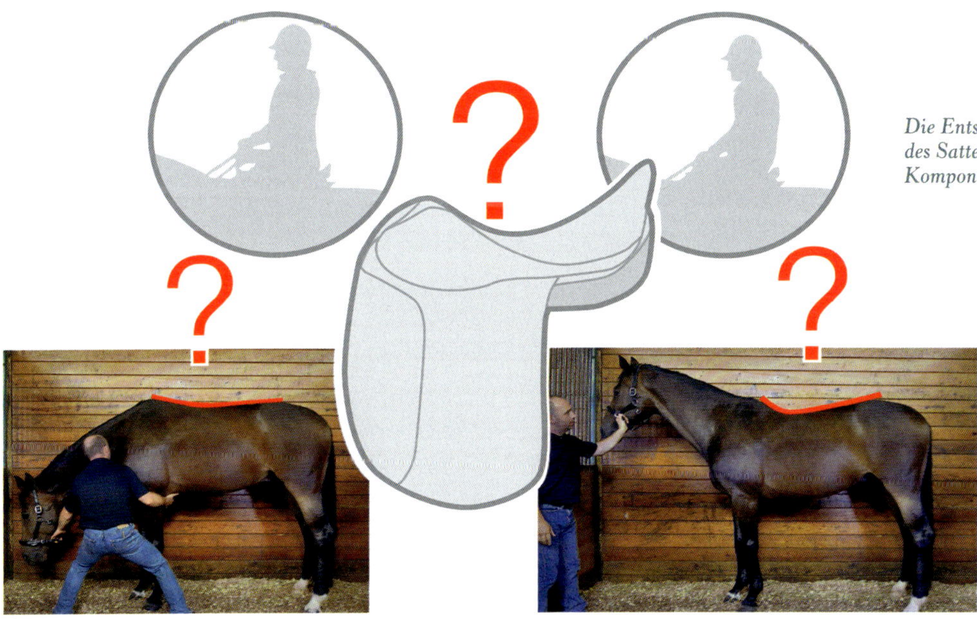

Die Entscheidung über die Form des Sattels beinhaltet mehrere Komponenten.

Maßsattel

Leider gibt es keine Komponenten, die den Begriff ***Maßsattel*** allgemeingültig definieren. So kann der Sattler ein Pferd mit durchhängendem und verdrehtem Rücken im Stand perfekt vermessen und einen für diese Linie perfekten Sattelbaum eins zu eins als Abbild dieser Messung herstellen. Wenn der Reiter in der Box auf seinem Pferd sitzen und Zeitung lesen will, hat er einen perfekten Maßsattel. Was aber, wenn das Pferd beginnt, sich zu bewegen? Was wird aus dieser Oberlinie? Letztendlich ist die Anfertigung eines guten Sattels immer noch eine hohe Handwerkskunst. Diese ist weder in Bezug auf die Anpassung mit Geräten noch in der Funktion mit dem Einbau von Stoßdämpfern oder Ähnlichem zu ersetzen. Das bedeutet nicht, dass es keine Entwicklung im Sattelbau geben kann. Allerdings ist leider auch nicht jede Neuentwicklung ein Fortschritt.

Das Team

Sattelanpassung ist Teamwork, so steht es weiter oben geschrieben. So sollte es auch sein. Leider gibt es in der heutigen berufspolitischen Situation vor allem viele Therapeuten, die ihr Wissen in einigen wenigen Wochenenden erhalten haben. Sie schließen sich mangels Erfahrung und umfangreicher Ausbildung schnell mit einem Sattler zusammen, der scheinbar für alles eine Lösung hat. Oder umgekehrt, der Sattelverkäufer sucht sich einen Therapeuten, der die Mängel seiner Sättel regelmäßig immer wieder kurzfristig ***heraustherapiert***. Teamwork im eigentlichen Sinne sollte bedeuten, dass sich die ***Berufsgruppen*** untereinander unterhalten und zusammenarbeiten können, unabhängig von den individuellen Personen. Sicher hat jeder Therapeut ***seine*** Tierärzte, Sattler, Hufschmiede und Ausbilder, mit denen er seit Jahren vertrauensvoll zusammenarbeitet – allerdings idealerweise nicht nur einen, sondern von jeder Berufsgruppe mehrere. Wenn sich durch einen Patienten neue Kontakte ergeben, sollte jeder zunächst das Gespräch suchen, um die Gedankengänge des anderen zu verstehen, solange es eine fachliche Gesprächsgrundlage gibt.

3.6 Das schiefe Pferd

Natürlich ist jedes Pferd schief, genauso wie jeder Mensch, jeder Hund, jede Katze und jede Maus. Absolute Symmetrie ist in der Natur nicht vorgesehen. Stellen Sie sich nur den Bauch des Pferdes von innen vor: rechts Blinddarm und Leber, links die Milz. Das ist das Gegenteil von Gleichgewicht.
Betrachten Sie ein menschliches Porträt, so werden Sie niemals einen Kopf sehen, dessen Augenlinie absolut horizontal ausgerichtet ist. Lassen Sie sich fotografieren und sitzen etwas steif vor dem Fotografen, so wird er Sie auffordern, den Kopf leicht zu neigen, damit das Bild natürlicher aussieht.

Vor Jahren wurde ich gebeten, bei einer Story mitzumachen, bei der aufgrund eines Fotos beurteilt werden sollte, welche Blockaden der Wirbelsäule die jeweiligen Pferde wohl haben. Meine Anmerkung war, dass diese Beurteilung anhand von Fotos unseriös ist und den Lesern eine falsche Vorstellung einer tatsächlichen Gelenkblockade gibt. Das Ergebnis war, dass ich aus dem „Expertengremium" aussortiert wurde, meine Anmerkung wurde natürlich auch nicht abgedruckt.

Die Überreaktion vonseiten der Pferdebesitzer, bei jeder Abweichung von der absoluten Symmetrie bei einem stehenden Pferd gleich einen Therapeuten anzurufen, wird durch solche journalistischen Initiativen natürlich gefördert. Hilfreich ist das allenfalls für die Anzeigenabteilung der Zeitschrift, in der sich inzwischen unzählige dieser Therapeuten tummeln, die Pferde ganz alleine im Stehen wieder geraderichten können.

Das optisch symmetrische Pferd

Es gibt nur eine Situation, in der ich mir auf einem Bild ein nahezu symmetrisches Pferd im Stand vorstellen kann. Es ist ein Pferd nach einer perfekten ganzen Parade, die ein Richter mindestens mit einer 8 bewertet. Dieses Pferd steht in Muskelketten aktiv geschlossen gleichmäßig auf seinen vier Beinen.
Auch in der Bewegung ist die Symmetrie gleichzusetzen mit der Bewegungsqualität innerhalb der versammelten Lektionen. Alles, was in der Dressur ab Klasse M geritten wird, sollte in seiner Grobform symmetrisch sein und dann bis im Grand Prix zur Vollkommenheit entwickelt werden.

Die Natur kennt keine perfekte Symmetrie

Betrachtet man einen rechten und linken Oberschenkelknochen desselben Pferdes, sind niemals zwei spiegelbildlich gleiche Objekte zu sehen. Man wird weder zwei symmetrische Knochen noch spiegelbildliche Sehnen oder Bänder noch einen gleichmäßig gefüllten Bauchraum finden.

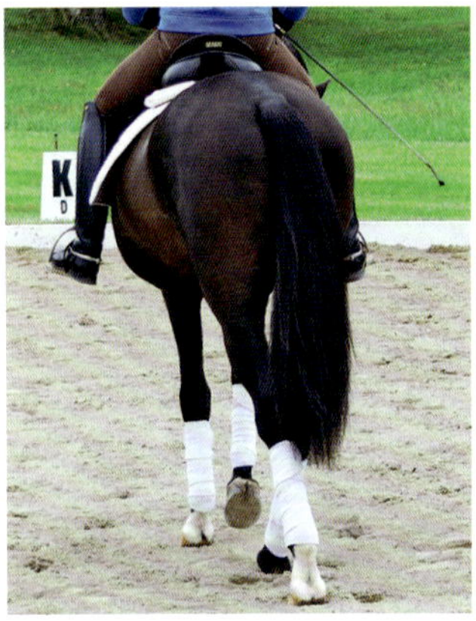

Blockiert, instabil oder normaler Bewegungsablauf? Auf einem Foto nicht zu erkennen.

Wenn ein von Natur aus unsymmetrisches System ins Schwingen kommt, wie soll dann das Lebewesen **gleichmäßig geradeaus** gehen können?
Was passiert, wenn ein unausgebildetes Pferd im Renngalopp flüchtet? Es wird mit seinem (in der Regel rechten) Hinterbein schieben und mit seinem (in der Regel linken) Hinterbein stützen. Es wird sicher nicht auf der halben Strecke der Flucht einen fliegenden Wechsel einschieben, um diese Aufgaben zu wechseln und beide Beine gleichmäßig zu belasten!

Beispiel Zebra
Zu Zeiten des Naturforschers Grzimek, als es noch keine zuverlässigen Narkotika gab, hat man Zebras in Afrika gefangen, indem man mit dem Jeep in voller Fahrt seitlich an sie herangefahren ist, den Schweif gegriffen und den Wagen dann langsam abgebremst hat. Das ging natürlich nur, weil Zebras wie Pferde auf einer leicht gebogenen Linie, aber niemals in engen Kurven flüchten. Die leicht gebogene Linie kommt daher, dass das eine Hinterbein mehr schiebt und das andere mehr stützt.

Schiefe bedeutet eine dominante Diagonale

Was macht dann beim Pferd den Unterschied zwischen den beiden Seiten aus? Es gibt unterschiedliche Erklärungsmodelle, von denen noch keines vollständig wissenschaftlich als einzige Ursache herausgearbeitet werden konnte. Dieses Phänomen kann durch mechanische Ursachen wie die unterschiedliche Füllung des Bauchraumes automatisch entstehen, sich durch eine Prägung durch das Mutterverhalten entwickeln oder auf Gehirnebene genetisch festgelegt sein, um die Herde auf der Flucht „gleichzurichten".
Keinesfalls ist es sinnvoll, die **natürliche Schiefe** mit der Händigkeit des Menschen gleichzusetzen. Beim Menschen bezieht sich dieser Begriff auf die Hand als Greiforgan. Alle Ausbildungsprinzipien, die darauf abzielen, das Pferd in diesem Sinne koordinativ umzuprogrammieren, sind demnach zumindest fragwürdig. Auch der Vergleich mit dem Spiel- und Standbein beim Menschen „hinkt" im wahrsten Sinne des Wortes. Selbst bei einem Fußballer mit einem sehr dominanten Spielbein kann man dieses beim Laufen nicht erkennen.
Die eine Bewegung entspricht eben einer bewussten ***Zielmotorik***, die andere einem ***rhythmischen Bewegungsablauf***. Pferde kennen in ihren Bewegungsabläufen keine Zielmotorik, sondern nur rhythmische Bewegungsabläufe. Dabei gibt es durchaus ein dominantes Stützbein, nicht aber ein dominantes Hangbein für die zielgerichtete Motorik. Ein Pferd lernt, um eine Traversale auszuführen, eben nicht, die Beine zu kreuzen, sondern führt seinen ***rhythmischen Bewegungsablauf*** mit einer Verschiebung des Schwerpunktes fort.

Die Denk- und Lenkrichtung des Ausbilders muss sich daher auf das jeweilige Stützbein zur Kraftübertragung richten.

„Biegen" bedeutet nicht biegen

Der Fachbegriff „Biegen" aus der Reitersprache bedeutet also die ***sinnvolle muskuläre Stabilisation*** der Bewegungszentren auf der ***gebogenen Linie.***

Die „Längsbiegung" im Sinn dressurmäßiger Ausbildung ist ein komplexes, dreidimensionales Bewegungsmuster im Pferdekörper. Es ist abhängig von der gegenläufigen Stabilisation der Drehbewegung von Brustkorb und Becken gegen die Schwerkraft. Dann – und nur dann – kann das Pferd sich auf die gebogene Linie einstellen.

Die Formulierung, „das Pferd biegt sich um den inneren Schenkel" ist ein fachspezifischer Ausdruck, der bei unerfahrenen Reitern leider leicht dazu führen kann, ihn allzu wörtlich zu nehmen. Dieses Bild führt in der Regel dazu, am inneren Zügel zu ziehen, das Pferd mit dem inneren Sporen in der Mitte zu fixieren und mit dem äußeren Sporen die Hinterhand nach innen zu drücken.

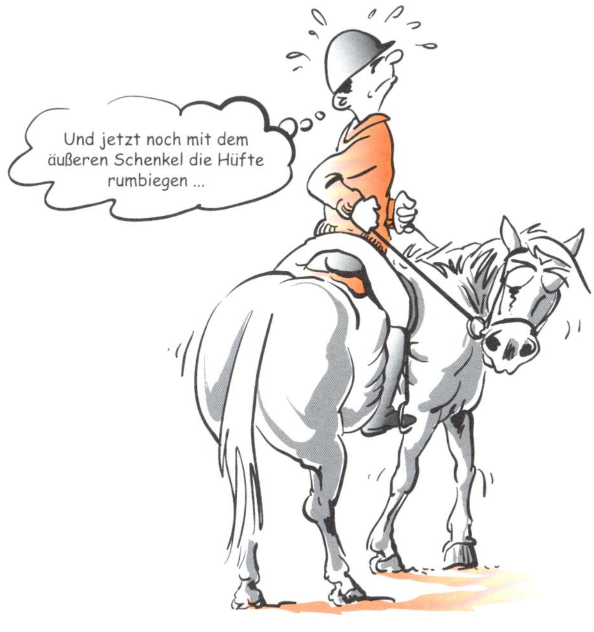

„Kurz – lang" der Hinterbeine im Schritt – Ursachenforschung

Im Schritt treten Pferde gelegentlich ohne erkennbare oder vom Tierarzt diagnostizierbare Ursache mit einem Hinterbein deutlich kürzer als mit dem anderen. Auch hier gibt es vor allem aus Therapeutensicht sehr unterschiedliche Ansätze. Der fragwürdigste, wenn wir die Funktion der Hinterhand betrachten, ist das Dehnen der Muskulatur des kurz tretenden Beines.

Warum? Versuchen Sie einmal selbst, die Fußfolge des Pferdes im Schritt auf allen Vieren nachzumachen, dann wird es Ihnen schnell klar werden. Sie werden spüren, dass es leicht ist, eine Fußfolge für das Reiterabzeichen auswendig zu lernen, sie selbst aktiv nachzumachen ungleich schwieriger. Lehrreich für das Verständnis ist es allemal.

Analysieren wir die Fußfolge, so fällt die Situation der ***lateralen Zweibeinstütze*** ins Auge. Das bedeutet, das Pferd hat für einen kurzen Moment beide linken Beine auf dem Boden und beide rechten Beine in der Luft (und umgekehrt). Das ist eine ziemlich „unsinnige" Situation, die schon im ***Schritt*** ein hohes Maß an ***Koordination und Kraft*** verlangt, wenn das Pferd seinen Takt halten soll. Die Situation ist extrem instabil, weil das Pferd diese Position im Stehen niemals halten könnte, und mit dem Krabbeln des Menschen in Cross-Koordination nicht vergleichbar. Ist in diesem Beispiel die linke Seite des Pferdes nicht in der Lage, diese Anforderungen an die Stabilisierung zu erfüllen, so wird das rechte Hinterbein als Reaktion auf die schwache linke Seite ***schneller den Bodenkontakt*** suchen.

Zur Lösung des Problems muss also nicht das rechte Hinterbein beweglich gemacht werden, wie es kurz gedacht vielleicht plausibel wäre. Vielmehr muss sich der Reiter auf den langen und mühsamen Weg der ***Stabilisation des linken Hinterbeins*** *machen.*

Geraderichten durch Stabilisation

Grundsätzlich gilt: ***„Hilfe, mein Pferd ist schief!"*** ist zu Beginn und im Verlauf der Ausbildung völlig deplatziert. Es ist eine absolut normale Situation, die nur durch langfristige, korrekte stabilisierende ***Gymnastizierung*** verbessert werden kann und in der vollendeten Entwicklung der Versammlung nicht mehr zu finden sein sollte.

Warum aber schon wieder stabilisieren? Ich kann die feste Seite doch auch einfach beweglicher machen. Im ersten Moment klingt das plausibel, im zweiten macht es aber keinen Sinn mehr. Warum?

Wir haben gelernt, dass sich das Pferd in seinem natürlichen Bewegungsablauf nach unten passiv stabilisiert. Da es auf Knochen- und Bandebene keine Symmetrie gibt, kann das Ergebnis nur eine ungleiche Verdrehung sein. Jede Korrektur auf dieser Ebene kann kurzfristig scheinbar funktionieren, am Ende wird sie irgendwo wieder schief enden. Die einzige Möglichkeit, das System dauerhaft zu kontrollieren, ist die vom Reiter gesteuerte ***aktive Stabilisation*** gegen die Schwerkraft durch die ***Muskulatur***. Man nennt das in Fachkreisen auch „Reiten".

Das bedeutet: Ein Chiropraktiker kann renken, ein Physiotherapeut kann dehnen, ein Akupunkteur kann nadeln und ein Tierarzt kann spritzen. Wenn der Reiter nicht reitet, wird die natürliche Schiefe des Pferdes nicht korrigiert werden können.

Beispiel aus der Sicht des Pferdes

Ich werde von meinem Reiter auf einen Kreisbogen geführt und soll dort traben und galoppieren. Ich will alles gut und richtig machen und balanciere mich aus, indem ich meinen Hals nach außen nehme. Der Reiter versucht nun immer wieder, mich dazu zu bringen, den Kopf nach innen zu nehmen. Aber wie um Himmels willen soll das denn gehen? Immer, wenn ich den Kopf nach innen nehme, falle ich auf das innere Bein. Ich kann das einfach nicht halten. Das ist so anstrengend für meinen äußeren Schultergürtel. Dann mach' ich einen Taktfehler und das ist auch nicht recht. Geradeaus ist das alles ja halbwegs machbar, aber vor jeder Ecke muss ich mich verkrampfen, um nicht völlig aus dem Konzept zu kommen. Endlich fängt der Reiter an, am inneren Zügel zu ziehen. Das fühlt sich zwar nicht gut an, aber wenigstens habe ich jetzt etwas, an dem ich mich festhalten kann. Mein Unterhals wird schön stark und ich spiele mit dem Reiter ein wenig Fingerhakeln. Nicht wirklich lustig, aber es funktioniert wenigstens für eine Weile. Nach einiger Zeit allerdings wird es ernst, je stärker ich werde, desto mehr zieht der Typ da innen rum. Langsam beginnt das wehzutun. Jetzt ist der Spaß vorbei, er hat mir irgendwelche Lederriemen eingeschnallt, gegen die ich auch bei aller Kraft keine Chance mehr habe. Mir tut jetzt so das Genick weh, dass ich aufgebe. Dann falle ich doch lieber von einem Vorderbein auf das andere, die sind beide noch jung genug.

Alles verstanden? Wenn ein Pferd sich auf einer Seite fest macht, so ist das kein Fehler des Pferdes, sondern seine, aus seiner Sicht, kurzfristig richtige Lösung für einen Fehler im Ausbildungskonzept. Und genau so muss das Problem auch korrigiert werden.
Sind Sie in Phase zwei angekommen, in der sich das Pferd schon festgemacht hat, kann einer der oben genannten Therapeuten durchaus helfen, das System wieder in den Ursprungszustand der Beweglichkeit zurückzubringen. Findet der zweite therapeutische Schritt, nämlich die korrekte reiterliche Arbeit, nicht statt, so beginnt ein Ping-Pong-Spiel, bei dem am Ende der Therapeut wirtschaftlich gewinnt, das Pferd gesundheitlich verliert und Sie der Dumme sind, der das Ganze bezahlt und am Ende kein Pferd mehr hat.

Beispiel Bodenarbeit im Schritt
Eine andere beliebte Lösungsvariante wäre die Bodenarbeit im Schritt. Das Pferd wird über Wochen und Monate über farbige Stangen und um bunte Hütchen geführt. So lange, bis es den Kopf und Hals im Schritt zu allen Seiten optimal bewegt. Man reitet im Schritt, alles wunderbar. Sobald das Pferd antrabt, ist die schöne Welt wieder in Unordnung. Das Pferd ist so fest wie vorher.

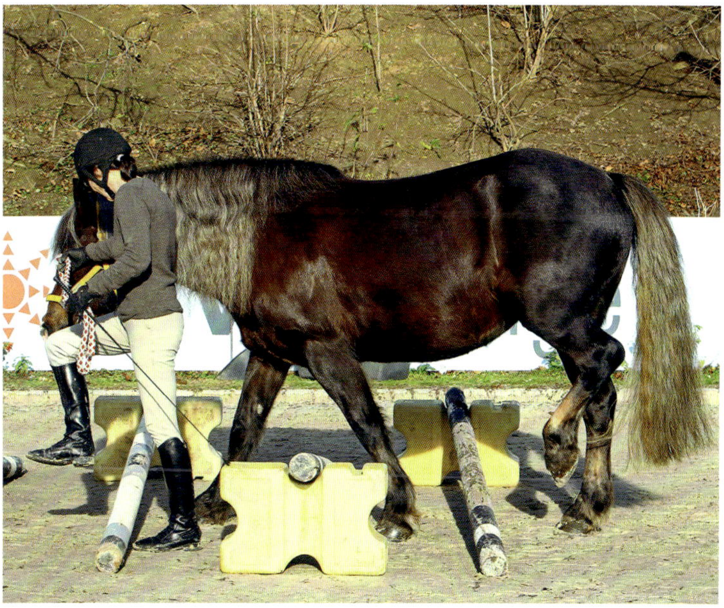

Der Grund dafür ist, dass man im Schritt die Muskulatur für die schwunghaften Gangarten Trab und Galopp zwar ***vorbereiten*** aber nicht ***trainieren*** kann. Die Koordination zwischen Nerven und Muskulatur unterscheidet sich massiv zwischen der schwunglosen Gangart Schritt und den schwunghaften Gangarten Trab und Galopp. Die Bodenarbeit im Schritt hat bei speziellen Zielvorgaben natürlich ihre Berechtigung. Sie ist z.B. zu Beginn der Korrektur eines fehlerhaft gerittenen Pferdes wunderbar geeignet. Das muskuläre Aufbautraining für die schwunghaften Gangarten in Bezug auf die ***Korrektur*** der ***natürlichen Schiefe*** kann sie jedoch nicht leisten.

Zusammenfassung

Die gebogene Linie stellt eine hohe Anforderung an die athletischen Fähigkeiten des Pferdes. Man kann sie, korrekt ausgeführt, optimal nutzen, um diese athletischen Fähigkeiten zu entwickeln und damit das Pferd vor Schädigungen zu schützen.

Probleme auf der gebogenen Linie haben ihren Ursprung in den allermeisten Fällen in der mangelhaften Stabilität im Sinne der Entwicklung von Koordination und Kraft des Pferdes und sind nicht primär ein Problem von Beweglichkeit. Demnach muss die Korrektur beim Aufwölben und Stabilisieren des Schultergürtels mit der Unterstützung der Hinterhand ansetzen und nicht beim „Verbiegen" des Halses. Reaktionen des Pferdes wie „Festmachen im Hals oder in der Rippe", „Ausweichen über die Schulter" oder „Verdrehen (Verwerfen) im Genick" sind als normale Reaktionen des Pferdes auf eine mangelhafte Athletik und nicht als Fehler des Pferdes zu werten.

Die Schlüsselbewegung der gebogenen Linie ist die aktive Stabilisation der gegenläufigen Drehung von Brustkorb und Becken gegen die Schwerkraft. Der Zug zum äußeren Zügel hin sowie das aktive Untertreten des inneren Hinterbeines unterstützen diese Aufgabe.

Die Grundeigenschaft des Pferdes, sich korrekt auf die gebogene Linie einstellen zu können, sich also im Sinne der Reitlehre zu biegen, ist Stabilität und nicht Beweglichkeit.

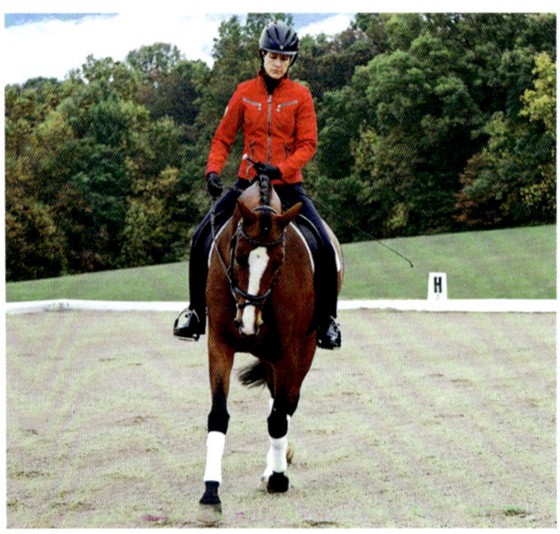

Die Kontrolle des äußeren Schultergürtels auf der gebogenen Linie

Die gebogene Linie ist eine der wichtigsten kräftigenden Elemente der Ausbildung des Reitpferdes. Interessant für die Ausbildung ist dabei immer die Kontrolle des äußeren Schulter- bzw. Beckengürtels in der Standbeinphase. Die Arbeit in den diagonalen Fußfolgen ist ihre logische Fortführung.

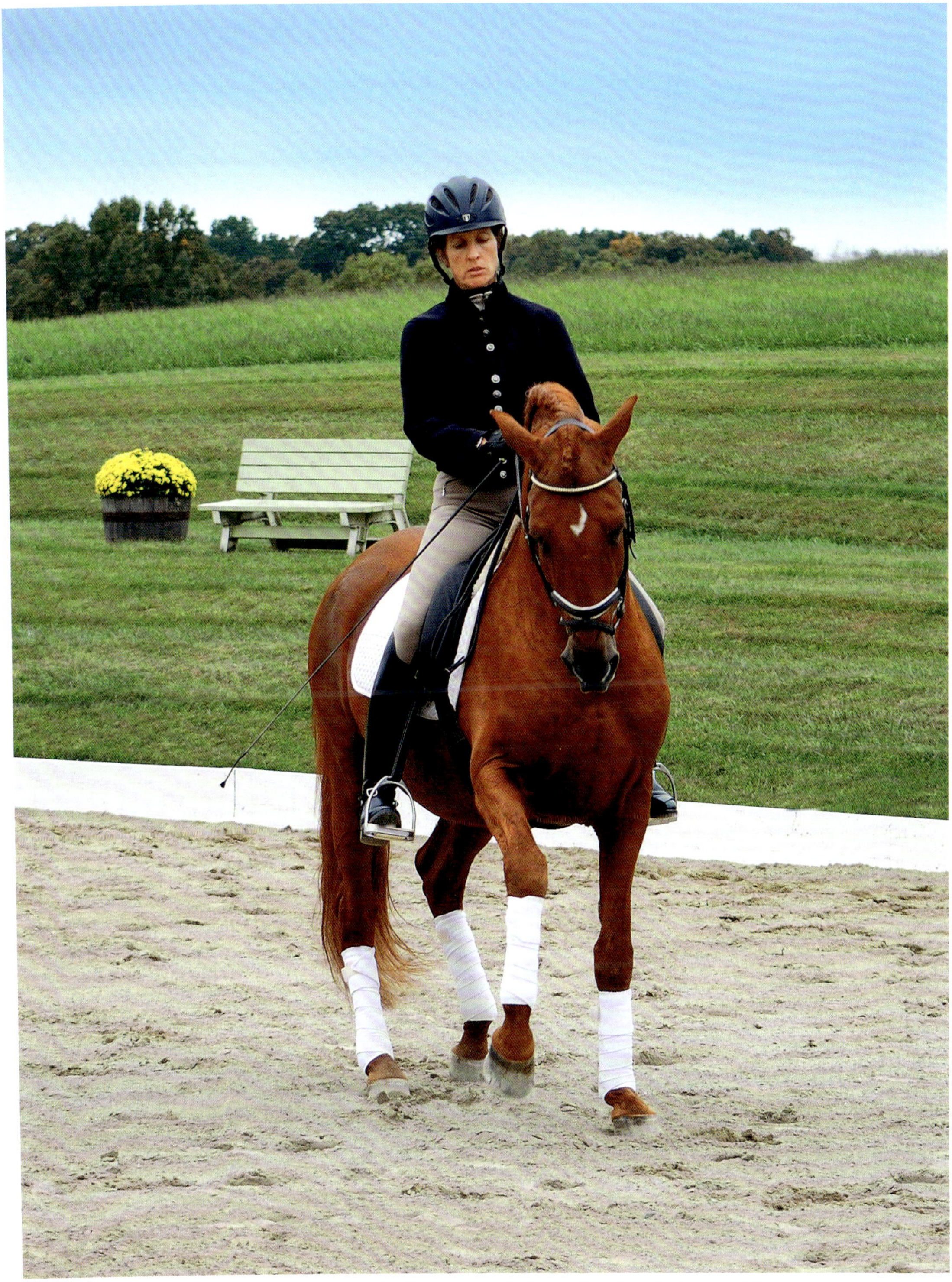

Diagonale Stützbeinphase in der Pirouette im Galopp in korrekter Stellung und Biegung

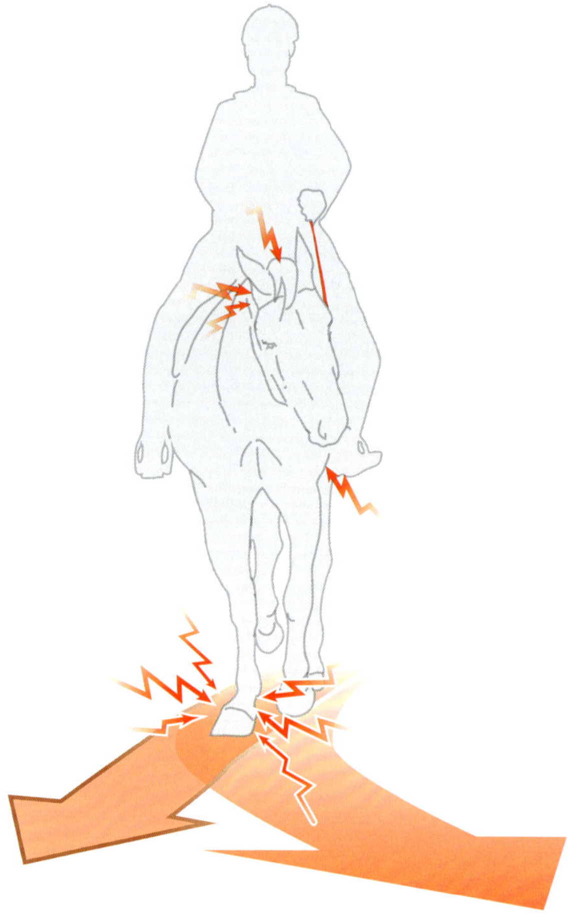

Belastungssituation durch Festmachen am inneren Zügel

3.7 Fehlerhafte Bewegungsabläufe und ihre Folgen

VBZ – Ausweichmechanismen

Die gebogene Line ist nicht im natürlichen Bewegungsrepertoire des Pferdes enthalten. Wird diese Linie dem Pferd vom Reiter abverlangt, bevor es durch die nötige Ausbildung und Gymnastizierung darauf vorbereitet wurde, flüchtet es sich unweigerlich in Ausweichbewegungen, die jeder Reiter kennt. Deren biomechanischen Ursachen werden im Folgenden dargestellt.

Festmachen am inneren Zügel

Beim Festmachen reagiert das Pferd auf die Schwäche des äußeren Schultergürtels, indem es die innere Hand des Reiters als Stütze sucht. Jetzt hat es einen Fixpunkt, gegen den es sich mit der äußeren Unterhalsmuskulatur festhalten kann. Die Verkrampfung der Unterhalsmuskulatur führt zur Blockierung des gesamten

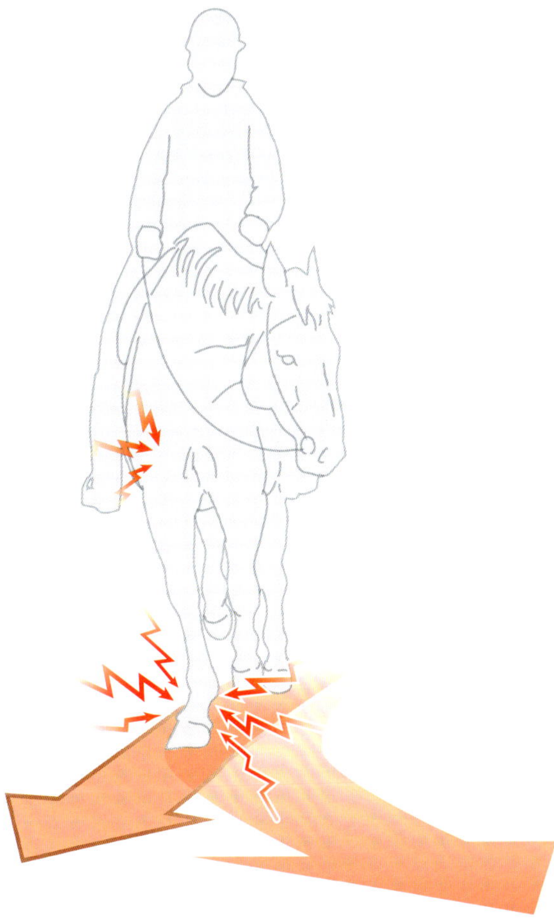

Belastungssituation durch Ausweichen über die äußere Schulter

Schultergürtels, und die korrekten Muskelschlingen haben keine Möglichkeit, sich zu entwickeln.

Ausweichen über die äußere Schulter

Dabei hängt sich das Pferd passiv in die Bandsysteme der äußeren Vordergliedmaßen, um sich der stabilisierenden Arbeit des äußeren Schultergürtels zu entziehen. Durch die Verdrehung des Brustkorbes bis zum Bewegungsende werden die Hebel für die Muskulatur so ungünstig, dass sie keine Möglichkeit mehr hat, den Brustkorb aus eigner Kraft anzuheben. Gleichzeitig wird in dieser negativen Situation der Kapsel-Band-Apparat des Schultergelenks stark belastet.

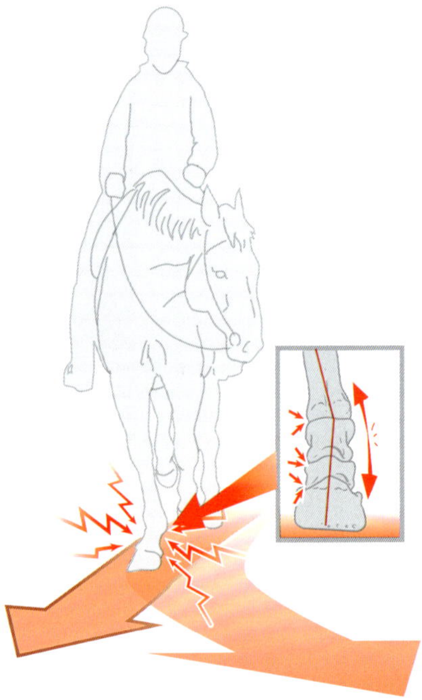

Die Verdrehung der Beinachsen führt zu einer Druckbelastung der äußeren Gelenkanteile und Zugbelastung der inneren Band- und Sehnenstrukturen.

VBZ – Überlastungsmechanismen – ohne Spannung

Durch die instabile Beinachse kommt es zu einer ungünstigen Verdrehung der Zehengelenke. Dabei werden die Gelenke selbst, die inneren Anteile der Fesselträger, die äußeren und inneren Bandsysteme sowie die Sehnen hohen Scher- und Drehbewegungen ausgesetzt.

Dazugehörige Krankheitsbilder

- Entzündung von Hufgelenk und Hufrolle
- Entzündungen der Sehnenscheiden
- Schädigung der Fesselträger
- Veränderung des Ringbandes
- Entzündungen und Veränderungen der vorderen und mittleren Brustwirbelsäule

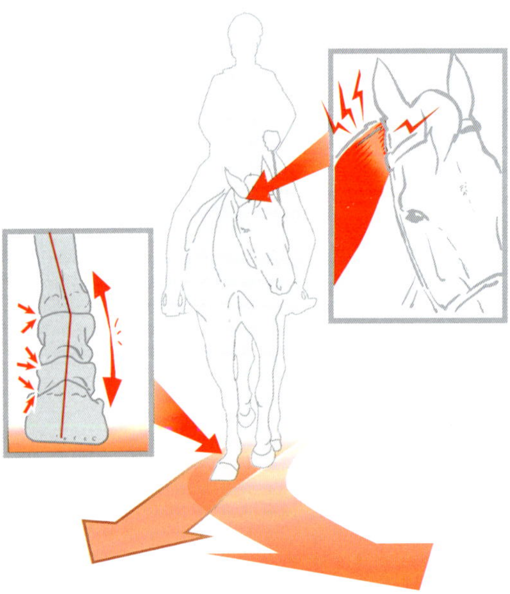

Der Widerstand des Pferdes auf der gebogenen Linie („er macht sich innen fest") wird durch die verhärtete Muskulatur direkt auf das Genick, die Halsbasis und die Vorderbeine abgeleitet.

VBZ – Überlastungsmechanismen – negative Spannung

Aus dieser Perspektive wird deutlich, welche Strukturen belastet werden, wenn der Reiter versucht, sein Pferd mit der Kraft von Zügel und Schenkel zu verbiegen. Neben den sichtbaren Wunden, die von den Sporen verursacht werden, sind es vor allem das Genick und auch hier die Zehengelenke, in denen sich die Kraftlinien gegenläufig treffen und Überlastungsreaktionen verursachen.

Dazugehörige Krankheitsbilder

- Probleme im Kiefergelenk und Genick
- Veränderungen und Entzündungen der oberen und/oder unteren Halswirbelsäule
- Schäden an Dornfortsätzen (Kissing Spines) und kleinen Wirbelgelenken der vorderen, mittleren und hinteren Brustwirbelsäule
- Verhärtete und entzündete Rückenmuskeln
- Schädigung des Hufrollensystems
- Fesselträger- und Sehnenschäden
- Entzündungen der Zehengelenke
- Immer wiederkehrende Gelenkblockierungen, vor allem im Genick und an der Halsbasis

VBZ – abweichende Beinachse

Wie in den vorherigen Abschnitten ausführlich dargelegt, kann man die Beinachsen nicht ohne Zusammenhang mit der muskulären Verbindung zum Rumpf betrachten. In der Regel ist die Abweichung der Achse der Gliedmaßen eine Reaktion auf eine muskuläre Schwäche in diesem Bereich.

Das Bein tritt von seiner Achse weg nach innen. Je nach Hufform wird dieses gekippt oder plan auffußen. Der Fesselkopf kann in beiden Fällen nicht in Richtung des Zentrums des Hufes absinken. Er muss zwangsläufig eine Drehbewegung durchführen. Ein Teil der Bewegungsenergie wird in diese ***Drehbewegung*** geleitet und belastet ***die äußeren Gelenkanteile***, ***den Hufrollenkomplex und die inneren Bandsysteme***. Der Rest der Energie katapultiert den Huf in der Hangbeinphase in einer peitschenartigen Bewegung nach außen. Durch die hohe Geschwindigkeit werden dabei in den Zehengelenken ebenfalls extreme Belastungen im ***Bandsystem*** erzeugt.

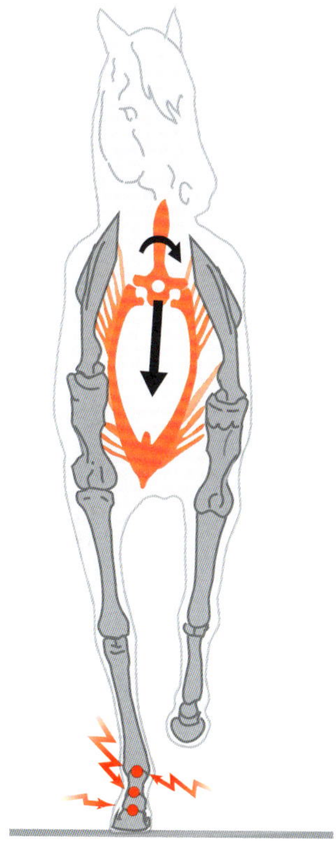

Egal ob instabil oder verkrampft: Ohne die losgelassen arbeitende Muskulatur des Schultergürtels können die Vorderbeine nicht achsengerecht auffußen.

Sichtbare Zeichen

- Ungleiche Hufform
- Fehlstellung der Hufe
- Ungleiche Abweichungen der Beinachsen
- Bodenenge und/oder zehenweite Stellung

Bewegungskonzept

- Häufiges Stolpern
- Streifen der Fesselköpfe
- Durchtrittigkeit
- Ein- oder beidseitiges „Schmieden"

Dazugehörige Krankeitsbilder

- Entzündung von Hufgelenk und Hufrolle
- Einseitige Fesselträgerentzündung
- Einseitige Gleichbeinentzündung
- Entzündungen der seitlichen Bänder der Zehengelenke
- Veränderung des Ringbandes

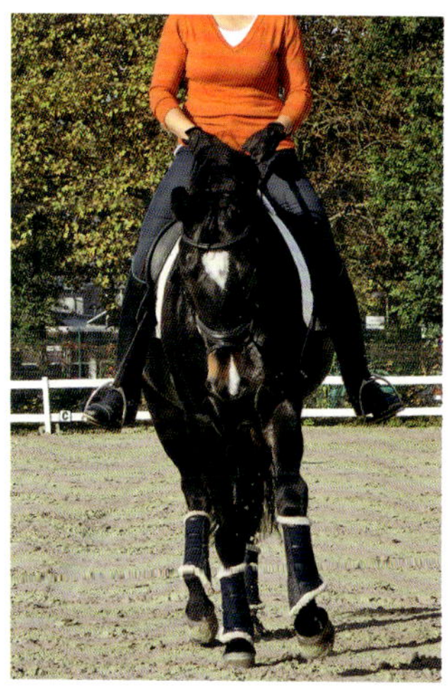

Instabile Beinachse in der Geradeaus-Bewegung

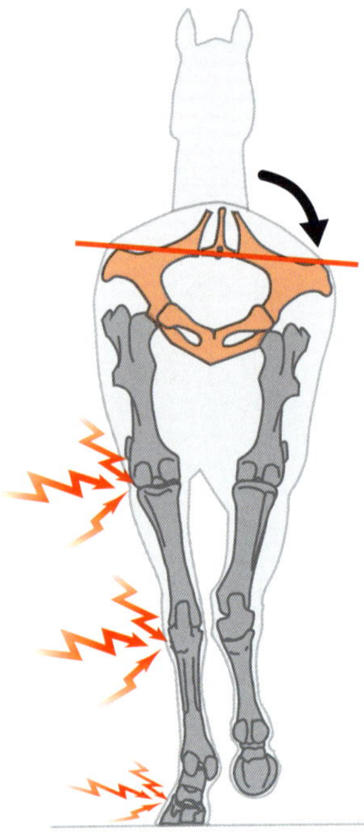

Der Mechanismus des instabilen Beckens

HBZ Ausweichmechanismen – ohne Spannung

Ist die Bewegung des Pferdes nicht muskulär abgesichert, schwingt der Bauch im hängenden System verstärkt nach rechts und links. Dies hat eine seitliche Verdrehung des Beckens zur Folge. Die Beinachsen folgen diesen Drehbewegungen und es entsteht Stress. Die Ursache des sogenannten „schiefen Beckens" ist häufig eine einseitige Instabilität der Hinterhand.

Krankheitsbilder (Röntgen, Szintigrafie)

- Entzündung und Veränderung der Dornfortsätze
- Entzündungen und/oder immer wiederkehrende Blockierungen der kleinen Gelenke der Wirbelsäule und des ISG
- „Lockere Kniebänder"
- Spat (oft Weichteilspat)
- Belastungsreaktionen der Zehengelenke (eher Sehnen und Bänder)

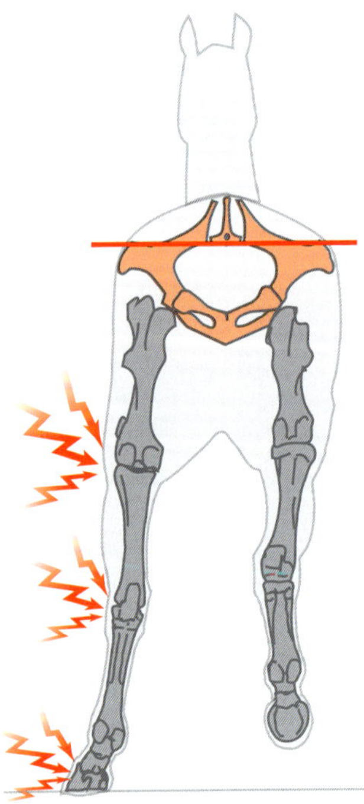

Folgen einer verkrampften Muskelkette im Beckengürtel

HBZ Ausweichmechanismen – negative Spannung

Verkrampft sich die äußere Kruppenmuskulatur durch eine Überforderung vor allem auf der gebogenen Linie und in den Seitengängen, beginnen diese Pferde in der Regel ***hinten breit*** zu treten. Vor allem bei noch nicht ausgereiften jungen Dressurpferden ist diese ***breite Spur*** immer wieder zu sehen und muss von dem Richter unbedingt als deutlicher Fehler gewertet werden.

Krankheitsbilder (Röntgen, Szintigrafie)

- Entzündung der Dornfortsätze
- Entzündungen und/oder immer wiederkehrende Blockierungen der kleinen Gelenke der Wirbelsäule und des ISG
- Reizung der Kniebänder
- Spat
- Veränderungen am Ringband

HBZ – abweichende Beinachsen

Das Abweichen der Beinachse sowohl nach innen als auch nach außen hat massive Auswirkungen auf die Gelenke und Weichteile der Hinterbeine. Die Folge ist in beiden Fällen eine schnelle Rechts-links-Bewegung des Sprunggelenks, das dadurch hohen Drehbelastungen ausgesetzt wird. So entsteht meist Spat im Knorpel oder den Weichteilen. Nach oben hin wird das Knie unphysiologisch verdreht, wodurch es dort zu einer Belastung der Kniebänder kommt. Nach unten hin wird die Drehbewegung wiederum in die Zehengelenke abgeleitet. Zugbelastung der inneren Strukturen (Fesselträger, Gleichbeine, Bänder) und Druckbelastung der äußeren Strukturen sind die Folge. Der Hufrollenkomplex im Zentrum wird in beiden Fällen gleichermaßen überlastet.

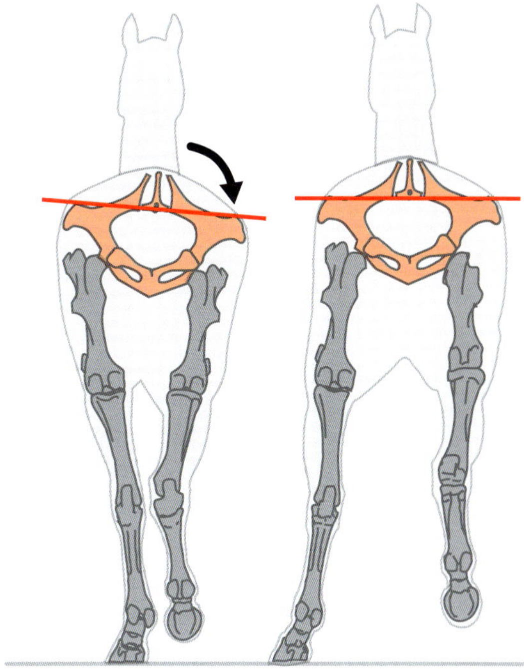

Abweichungen der Beinachsen haben immer massive Folgen für die Gesundheit und sind unter diesem Gesichtspunkt unbedingt zu beachten.

Sichtbare Zeichen

- Ungleiche Hufform
- Fehlstellung der Hufe
- Abweichungen der Beinachsen
- Kuhhessige Stellung

Bewegungskonzept

- Häufiges Stolpern
- Streifen der Fesselköpfe
- Durchtrittigkeit

Dazugehörige Krankheitsbilder

- Entzündung von Hufgelenk und Hufrolle
- Einseitige Fesselträgerentzündung
- Einseitige Gleichbeinentzündung
- Entzündungen der seitlichen Bänder der Zehengelenke
- Veränderung des Ringbandes
- Kniebandproblematik

Sie sehen auch hier, wie falsches aktives und falsches passives Reiten nahezu die gleichen Krankheitsbilder erzeugen.

Der Hufschmied und die Beinachsen

Wie dargestellt, können abweichende Beinachsen zu fehlerhaftem Auffußen und langfristig zu Verformungen der Hufkapsel führen. Beide Bilder können allerdings auch durch genetisch vorgegebene oder aufzuchtsbedingte Probleme innerhalb der Hufkapsel entstehen und dann muskuläre Defizite und Reaktionen auslösen. Es ist also durchaus nicht immer sofort zu bestimmen, welche Abweichung der Auslöser und welche die Reaktion ist. Grundsätzlich müssen alle an der Therapie des verformten Hufes Beteiligten also zwingend zusammenarbeiten, um ein langfristig stabiles Ergebnis zu erzielen: Tierarzt, Hufschmied, Physiotherapeut und Trainer.

Funktionale Beurteilung der Beinachsen der Vorderbeine im Einbein- und Zweibeinstand

Diese Form der Beurteilung gibt wichtige Informationen, wie sich das Pferd koordinativ über dem jeweiligen Standbein organisiert. Sie dient als Ergänzung zur Beurteilung in Bewegung, soll diese aber auf keinen Fall ersetzen. Man kann damit strukturelle (durch die Hufform bedingte) und funktionale (durch die Stabilität der Beinachsen bedingte) Abweichungen in der Bewegung differenzieren.

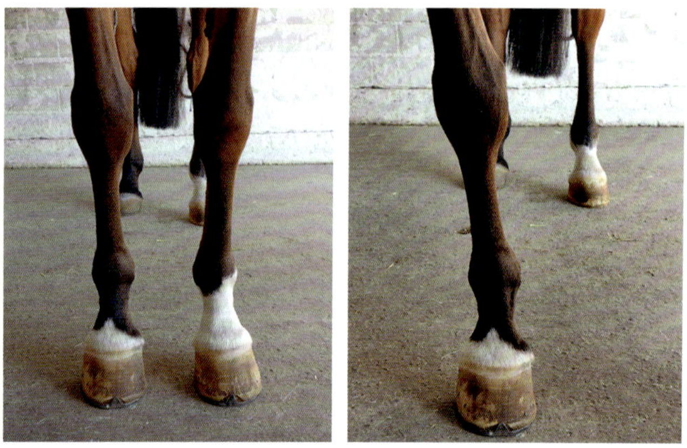

Korrekte Hufform und Beinachse im Zweibeinstand mit deutlicher Abweichung im Einbeinstand. Dies entspricht einer funktionalen Instabilität der Beinachse rechts, die durch korrektes Aufbautraining verbessert werden kann.

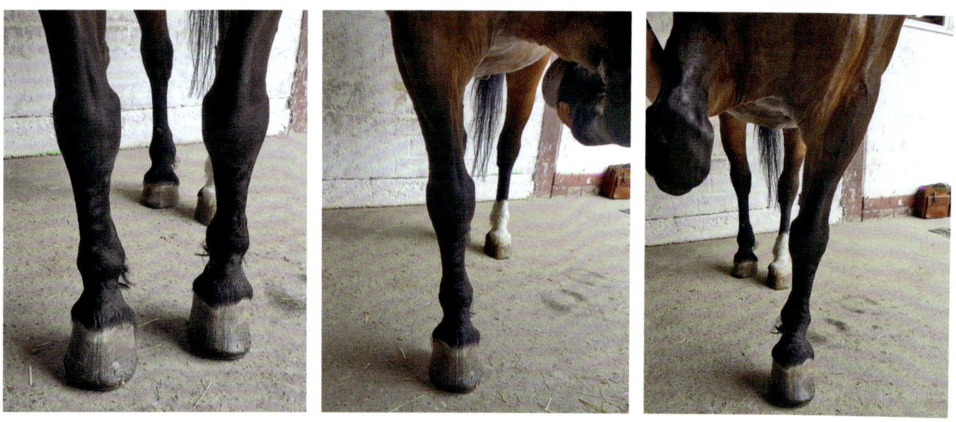

Strukturell veränderte Hufform und Beinachse im Zweibeinstand. Rechts funktional stabilisiert, links zusätzlich funktional instabil.

Wünschenswertes Vorgehen:

Tierarzt: Röntgenbild stellt die tatsächliche Situation zwischen Hufkapsel und Gelenkflächen dar. Gleichzeitig erhält der Hufschmied Informationen über die Sohlendicke. Dadurch wird der Spielraum bestimmt, den der Schmied zur Korrektur der Hufkapsel hat. Zusätzlich kann der Tierarzt entzündliche Prozesse und/oder chronische Veränderungen der Gelenkflächen abklären.

Physiotherapeut: Funktionsanalyse, um das Verhältnis zwischen Beweglichkeit und Stabilität in Bezug auf die Beinachse darzustellen.

Trainer: Beurteilung des Ausbildungsstandes von Pferd und Reiter in Bezug auf die Fähigkeit, das Pferd auf der gebogenen Linie zu stabilisieren.

Hufschmied: Beurteilung der Hufkapsel in Bezug auf Form und Qualität im Stand und in Bewegung.

Nachdem diese Grundlagen von jeder Berufsgruppe abgeklärt wurden, wird ein gemeinsames Konzept entwickelt, das individuell auf die Gegebenheiten abgestimmt wird. Der gesamte Aufwand ist sicher zu Beginn etwas größer. Langfristig ist es bei komplexen Problemen aber die einzig vernünftige Möglichkeit, eine Problematik dauerhaft in den Griff zu bekommen. Am Ende ist dieses Vorgehen immer schneller und kostengünstiger, als wenn jeder der Beteiligten nach dem Prinzip „Versuch und Irrtum" vorgeht.

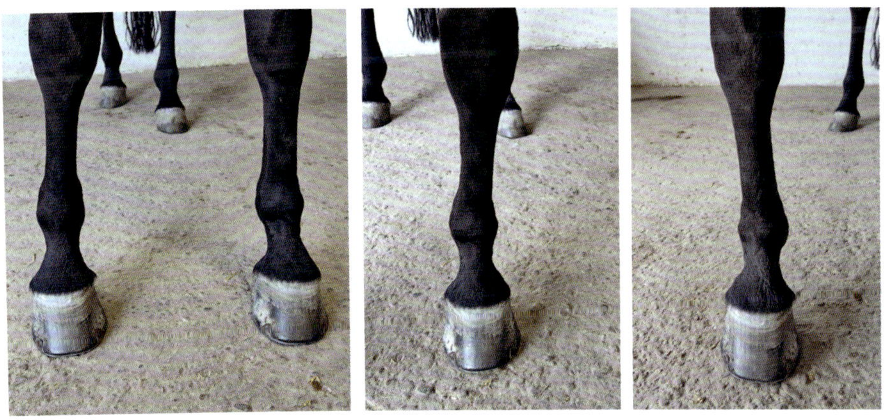

Strukturell veränderte Hufkapsel. Anpassung der Beinachse im Zweibein- und Einbeinstand. Funktional stabilisiert.

4 Positive Spannung in der Ausbildung

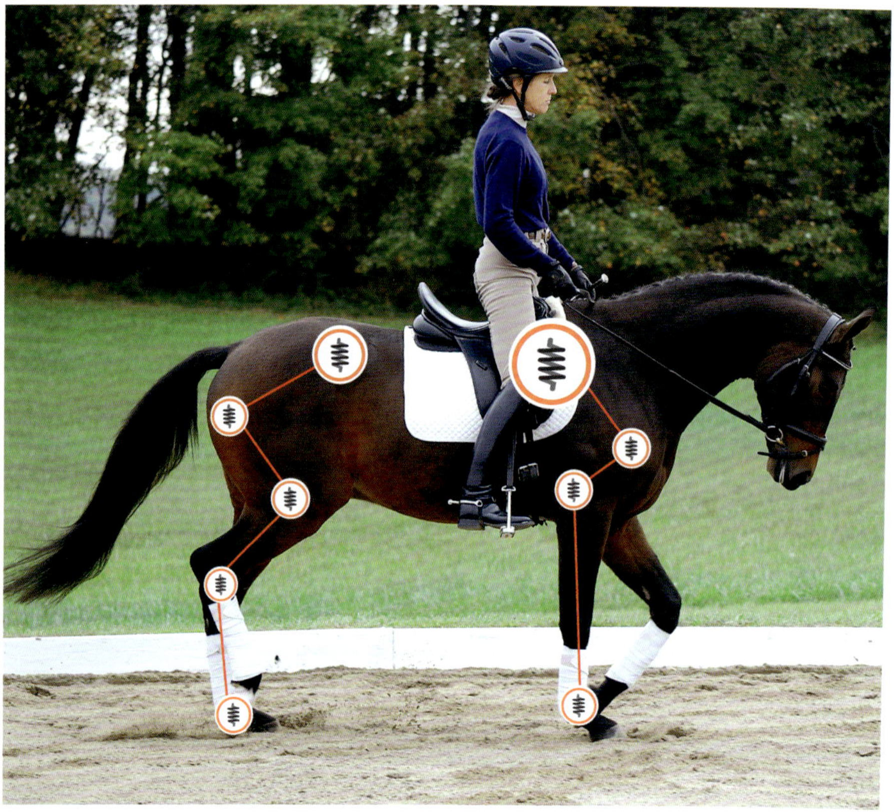

Das Aufnehmen der Bewegungsenergie in der Stützbeinphase

Die Grundaussagen dieses Buches bis hierhin sind:

- Das schwungvolle, korrekte Gehen auf einer geraden oder gebogenen Linie ist abhängig von kräftigen, funktionierenden Muskelketten und somit von der Entwicklung einer positiven Körperspannung.
- Positive Spannung bedeutet die Entwicklung einer zusätzlichen muskulären Feder im vorderen und hinteren Bewegungszentrum.
- Im Ausbildungsverlauf des Sportpferdes bedeutet die Entwicklung der Versammlungsfähigkeit neben der Schulung der Lektionen vor allem die Anpassung des Spannungsniveaus dieser Federung durch die Anwendung der schon geschulten Lektionen.

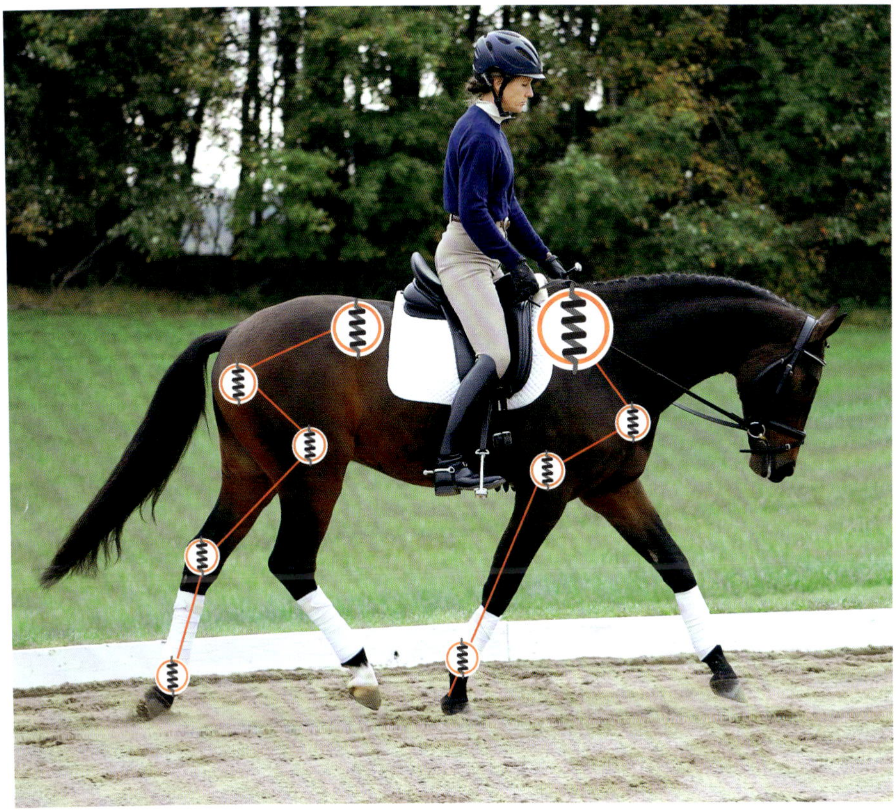

Das Herausfedern der gespeicherten Bewegungsenergie in die Schwebephase hinein

Die Anpassung der Federungssysteme

Je mehr Bewegungsenergie aus den Katapulten der Beine entwickelt wird, desto leistungsfähiger müssen die Federungen im Rumpf entwickelt werden. Mit einem einfachen Vergleich aus der Automobilwelt lässt sich diese Herausforderung so beschreiben: Das Pferd bekommt seinen Motor mit der maximalen PS-Zahl bei der Geburt schon eingebaut. Getriebe und Kupplung zur kontrollierten Übertragung dieser Kraft müssen allerdings erst über die Jahre der Ausbildung aufgebaut werden.

Der Zusammenhang zwischen den Prinzipien der klassischen Ausbildung des Reitpferdes und ihrem Einfluss auf die Entwicklung der aktiven Rumpffedern soll im folgenden Kapitel aufgezeigt werden.

Ausbildung bedeutet Verantwortung

Zugegeben, es ist sehr verlockend, auf einem jungen Dressurpferd zu sitzen, das alles anbietet, was es an Gummi und Katapultfunktion zur Verfügung hat. Der Reiter kann verführt werden, dieses Talent immer wieder abzurufen und seine Grenzen zu testen. Oder gar innerhalb dieses unfertigen Systems Lektionen zu entwickeln, die erst sehr viel später im Laufe einer systematischen Ausbildung vorgesehen sind. Ebenso verlockend wie bei einem Springpferd, das – ausschließlich aus dem richtigen Rhythmus und Grundtempo heraus – geradezu über dem Sprung explodiert. Diese Pferde wollen dem Reiter gefallen, sie wollen ihre Leistungsfähigkeit zeigen und ausleben. Sie sind das Produkt der überragenden Zuchtauswahl der letzten Jahrzehnte.

Aber im gleichen Steigungswinkel wie die Leistungsfähigkeit der Pferde steigt auch die Verantwortung des Ausbilders dafür, mit diesen Systemen umzugehen. Das Verständnis für einen sinnvollen und leistungsorientierten Trainingsaufbau muss mit der Leistungsfähigkeit eines Pferdes wachsen.

Um die Zusammenhänge zu verdeutlichen, wird das Modell der Bewegungszentren noch einmal in Bewegung und Dynamik dargestellt. Dabei wird die Federung der Beine kurzfristig gedanklich von der Federung des Rumpfes getrennt, um die Mechanismen der Ausbildung zu verdeutlichen.

4.1 Die Ausbildungsskala in der Sprache der Bewegungszentren

Die Skala der Ausbildung ist die Leitlinie der Arbeit mit einem Pferd. Nicht nur in der Grundausbildung. Sie gilt für Pferde in jedem Alter und jeder Ausbildungsstufe, auch wenn die letzten drei Komponenten nicht immer erreicht werden können.

Takt

Das Pferd bewegt sich in seiner natürlichen Haltung. Die einzelnen Komponenten der Bewegungszentren sind in ihrer Kraftfähigkeit unterschiedlich und noch nicht miteinander gekoppelt. Damit das Pferd einen gleichmäßigen Takt finden kann, steht zunächst die Entwicklung von Vertrauen und Zwanglosigkeit an erster Stelle. Der Fluchtreflex muss durch die Entwicklung von positiver Spannung ersetzt werden. Das Pferd soll auf vier unterschiedlich gespannten Federn einen gleichmäßigen Takt finden. Das geht nur, wenn zwei grundsätzliche Elemente der Bewegung erreicht werden: das richtige Grundtempo und die richtige Balance der Bewegungszentren über den Beinachsen. Richtig ist in diesem Fall genau das, was zu dem individuell richtigen Takt des Pferdes führt. Das bedeutet zum einen, dass sich das Pferd in seiner Balance zunächst auf die unterschiedlich gespannten Federn der Beinachsen einstellen darf. Sein Exterieur bestimmt dabei die Position der Bewegungszentren und des Halses als Balancestange. Sein individuelles Tempo ist abhängig von der genetisch vorgegebenen Grundspannung des Bindegewebes und der in der Aufzucht entwickelten Muskulatur. Sind alle Komponenten optimal aufeinander abgestimmt, so entsteht automatisch der korrekte Takt. Das bedeutet konkret: Ist der rechte Schultergürtel etwas schwächer als der linke, so wird das Pferd seinen Hals als Balancestange benutzen und ihn leicht zu diesem schwachen Schultergürtel hin positionieren. Ist der linke Beckengürtel etwas schwächer als der rechte, so wird das Pferd mit dem rechten Becken etwas weiter absinken oder mit dem linken Bein etwas mehr nach außen fußen. Genau mit diesen Veränderungen kann das junge Pferd seinen Takt finden und darf dabei nicht gestört werden. Unterstützung bekommt es ganz zu Beginn nur im Sinne der Förderung der inneren und äußeren Losgelassenheit durch die Unterstützung des richtigen Grundtempos.

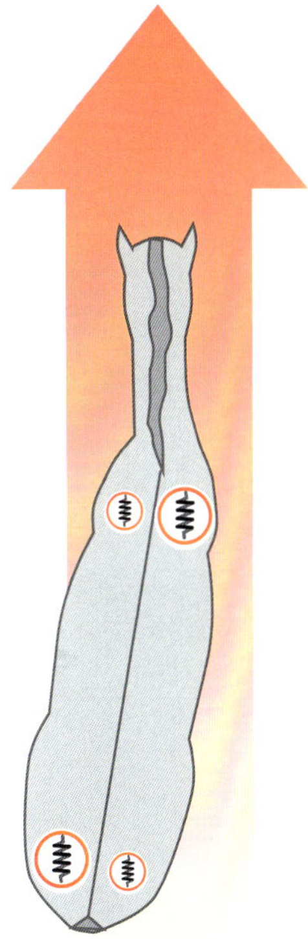

Unterschiedlich ausgeprägte Beinfedern werden durch Balancereaktionen von Hals und Hinterbeinen ausgeglichen.

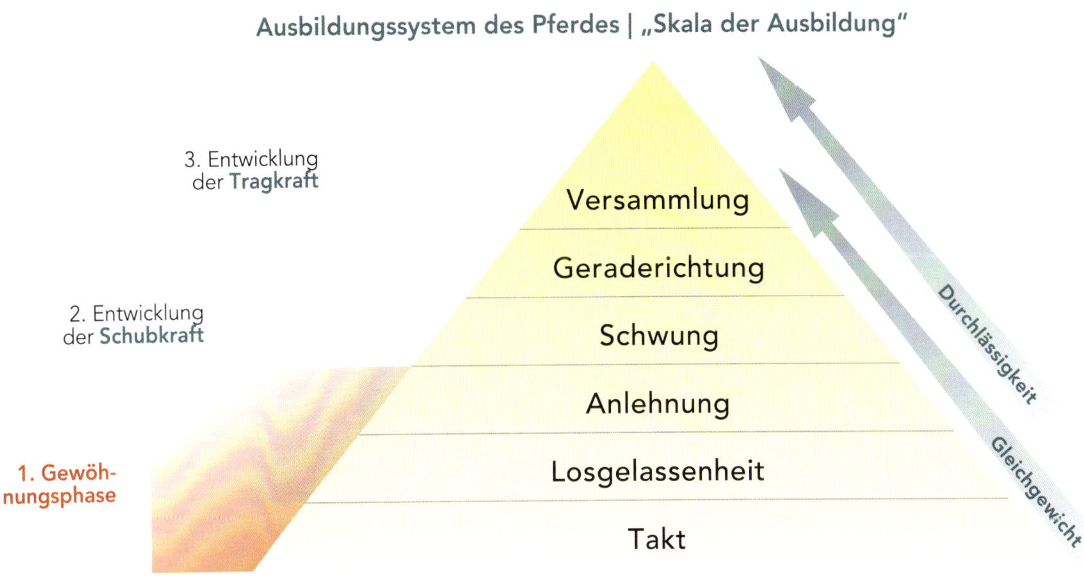

Mit fortschreitender Verbesserung von Takt, Losgelassenheit, Anlehnung, Schwung, Geraderichtung und Versammlung werden Gleichgewicht und Durchlässigkeit immer weiter verfeinert.

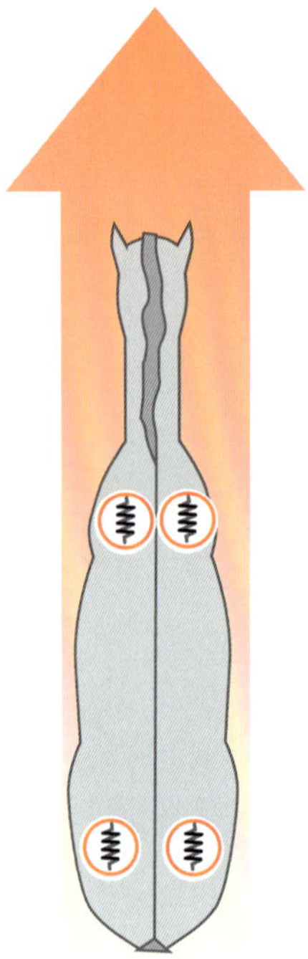

Mit den ausgeglichenen Beinfedern kann das Pferd beginnen, sich geradezurichten

Losgelassenheit

Hat das Pferd seinen Takt gefunden, ist ein Tritt scheinbar wie der andere. So kann es beginnen, auf den Einfluss des Reiters zu reagieren. Losgelassenheit bedeutet rhythmisches An- und Abspannen von Muskulatur innerhalb eines Bewegungszyklus. Der Reiter beginnt, diesen Rhythmus im Sinne der Entwicklung von positiver Spannung zu formen. Dabei wird er bei Pferden, die ihren Takt durch eine eher hohe Grundspannung organisieren, die Entspannungsphase fördern und die Anspannungsphase durch Ruhe und Gleichmaß dämpfen. Bei Pferden, die ihren Takt eher in einem niedrigen Tonus organisieren, wird er die Anspannungsphase durch Aktivierung und Motivation fördern und die Entspannungsphase weiterhin akzeptieren. Die Intensität seiner Einwirkung kann der Ausbilder so lange forcieren, wie der Takt des Pferdes dabei erhalten bleibt.

Anlehnung

Hat der Ausbilder die aktiven Muskelketten im Sinne der Losgelassenheit unter Kontrolle, kann er beginnen, die Bewegungszentren im Sinne der Ausbildung in ihrer Position zu verändern. Das bedeutet, das VBZ beginnt sich zwischen den Schulterblättern anzuheben und wird dabei vom HBZ unterstützt. Der Impuls des vorwärtstreibenden Schenkels löst das Anheben des Brustkorbes und damit die Dehnungsbereitschaft des Halses zum Gebiss hin aus. Der Hals ist in diesem Sinne nicht der aktive Teil, der sich entspannt nach vorne dehnt und den Brustkorb mitnimmt. Diese fehlerhafte Annahme ist aus meiner Sicht eines der grundlegenden Missverständnisse vieler Reiter unserer Zeit.

Anlehnung beginnt damit, dass die reiterlichen Hilfen das Pferd dazu animieren, den Widerrist zwischen den Schulterblättern des Pferdes aktiv nach vorne oben anzuheben. Das Becken unterstützt diesen Bewegungsablauf durch eine Drehung nach hinten, mit der es den Spannungsbogen schließt. Als Reaktion auf diesen Bewegungsablauf beginnt sich der Hals an das Gebiss heranzudehnen.

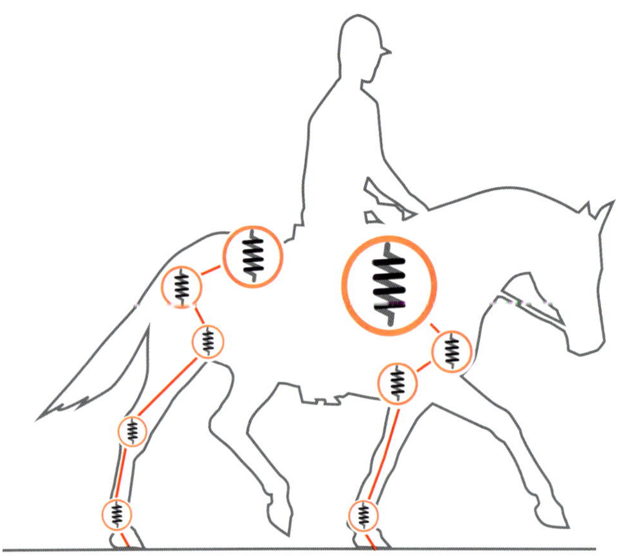

Durch die Aktivierung der neuen zusätzlichen Federung zwischen Rumpf und Gliedmaßen beginnt die Entwicklung vom Pferd zum Reitpferd.

Ist diese Stufe der Ausbildung erreicht, so ist das Pferd im Sinne der funktionellen Anatomie vom Pferd zum Reitpferd „umgeschult". Es hat damit weder die Fähigkeit, sich gleichmäßig nach rechts und links zu biegen, noch ist es in der Lage, eine halbe Parade vollständig korrekt zu verarbeiten. Es kennt diese Bewegungsabläufe aber in ihren Grundzügen und ist vor allem in der Lage, sich auf allen vier Gliedmaßen gegen die Schwerkraft abzufedern – wenn auch noch nicht gleichmäßig. Für die Gesunderhaltung eines Freizeitpferdes ist dies allerdings ausreichend, wenn die Anforderungen dementsprechend angepasst werden. Dieses Pferd sollte eine E-Dressur mit einer Wertnote zwischen 7 und 8 absolvieren können. Würden diese Anforderungen allerdings an manch ein M- oder S-Dressurpferd gestellt, wäre der Erkenntnisgewinn wohl eher vernichtend. Klar ist allerdings, dass in einem solchen Fall die Grundausbildung deutliche Defizite aufweist, die langfristig mit Leistungseinbußen und Verletzungen bezahlt werden.

Schwung

Ab diesem Punkt der Ausbildungsskala beginnt die sportlich orientierte Ausbildung des Reitpferdes. Die Bewegungszentren übernehmen mehr positive Spannung als für die reine Gesunderhaltung nötig. Das Pferd beginnt sich in seiner Muskulatur deutlich auszuformen. Die Unterlinie wird straffer, die Oberlinie wird voller. Das VBZ öffnet sich immer weiter und faltet sich auf. Das HBZ schließt sich immer mehr. Die Bewegungszentren nehmen die Bewegungsenergie durch ihre gegenläufige Drehung vermehrt auf und geben sie kontrolliert nach dem Willen des Reiters in mehr Vorwärtsbewegung oder beginnende Lastaufnahme durch die Hinterhand wieder ab. Die Erhaltung der Punkte Takt und Losgelassenheit garantiert dabei, dass die Balance im Pferd nicht negativ verändert wird.

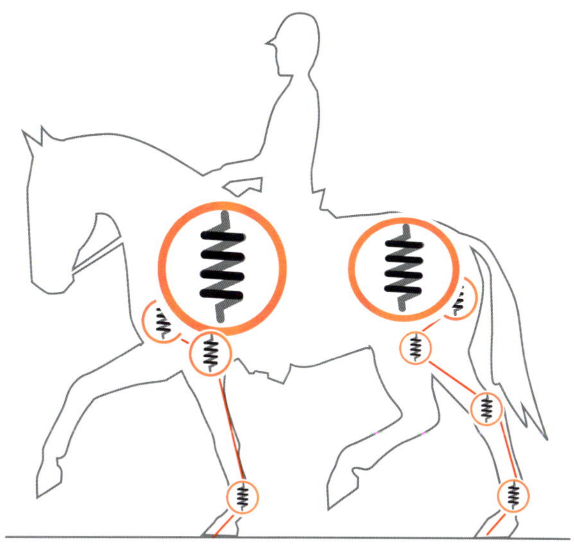

Die weitere Entwicklung der Rumpffedern und ihr Zusammenspiel miteinander charakterisieren die Weiterentwicklung des Reitpferdes hin zum Sportpferd.

Geraderichten

Am Ende ist das Geraderichten eine der wichtigsten und interessantesten Komponenten in der Ausbildung des Pferdes. Die Kraftfähigkeit und positive Spannung der einzelnen Muskelketten zwischen Rumpf und Gliedmaßen werden dabei aus funktioneller Sicht durch die Verschiebung des Schwerpunktes zur Seite gezielt angesprochen. Der Autoingenieur würde das als adaptive Fahrwerksanpassung bezeichnen. Übersetzt ist das die Anpassung des Stoßdämpfers an die Kurvengeschwindigkeit.

Ist ein Pferd rechts fest, so ist in der Regel der linke Schultergürtel schwächer als der rechte. Das Pferd führt den Hals auf der gebogenen Linie rechts zum linken Schultergürtel hin. Dadurch verringert sich das Drehmoment auf der schwächeren Seite und die Muskulatur kann in Losgelassenheit gearbeitet werden. Zum Lösen der Problematik des Sich-fest-Machens am inneren (rechten) Zügel ist also eine Kräftigung des linken Schultergürtels mit der Unterstützung des rechten Hinterbeins nötig.

Das logische Lösungskonzept wäre somit, auf der rechten Hand den Hals so einzustellen, dass das Pferd den Spannungsbogen innerer Schenkel – äußerer Zügel gerade noch halten kann. Der Kopf ist dabei durch eine nach außen weisende Zügelhilfe etwa zwischen dem äußeren Schultergelenk und dem Brustbein positioniert. Wichtig dabei ist die Unterscheidung zwischen Stellung und Biegung. Die Stellung im Genick muss erhalten bleiben, die gleichmäßige Biegung von Hals und Rücken wird dabei im Bereich der Halsbasis zur Entwicklung der Muskelschlingen im Brustkorb unterbrochen. Das geht grundsätzlich nur mit einer gewissen Grundkraft, die durch die vorhergehenden Punkte der Ausbildungsskala erarbeitet sein muss. Ist die nicht vorhanden – alles zurück auf Anfang (Takt, Losgelassenheit, Anlehnung); alles andere macht keinen Sinn.

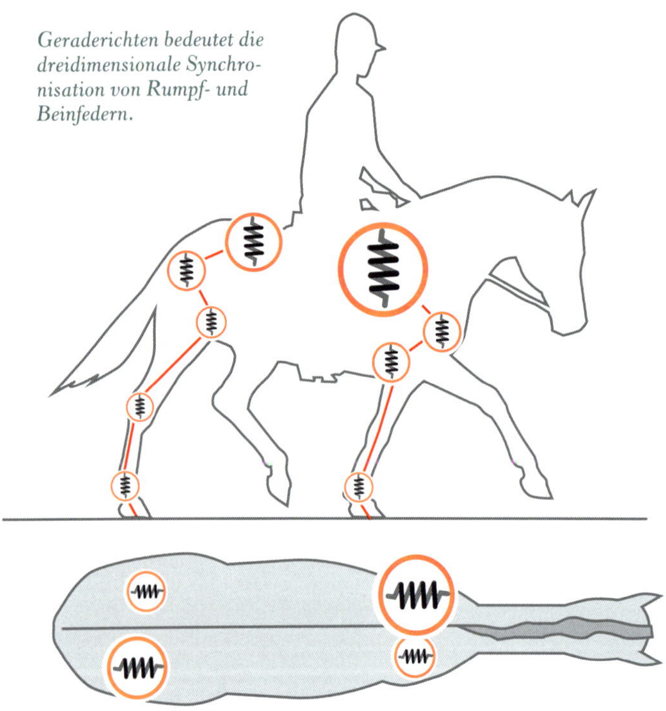

Geraderichten bedeutet die dreidimensionale Synchronisation von Rumpf- und Beinfedern.

Auf den Dressursport bezogen muss also klar sein, dass seitliche Unterschiede bis etwa zur Klasse M durchaus normal und kein Fehler sind. Das Pferd ist durch seinen Ausbildungsstand noch nicht in der Lage, genügend Spannkraft aufzubauen, um beide Diagonalen gleichmäßig abzufedern. Werden diese dann scheinbar korrekten Bewegungsabläufe allerdings durch Krafteinwirkung erzwun- gen, so wird jeder Trainingseffekt im Keim erstickt und das Pferd entwickelt sich bei steigenden Anforderungen der Lektionen notenmäßig (und in seiner körperlichen Entwicklung) immer weiter zurück.

Von einem Pferd unterhalb eines mittleren Ausbildungsniveaus (Klasse M) kann man keine gleichmäßige Biegung nach rechts und links erwarten. Etwa ab dieser Klasse muss man sie jedoch zumindest in einer befriedigenden Form erreicht haben, sonst ist in der Ausbildung etwas schiefgelaufen. Grundsätzlich unterstreichen kann ich das Zitat von Michael Putz: „Geraderichten, eine lebenslange Herausforderung".

Versammlung

Die Versammlung als Vollendung der Ausbildung des Reitpferdes bringt – funktional gesehen – die verstärkte Umlenkung der Bewegungsenergie der Hinterhand in Richtung der Tragekraft. Die Schwungentwicklung wird weiter ausgebaut, allerdings durch die Änderung des Beckenwinkels verstärkt in die Bewegungsrichtung Lastaufnahme gelenkt. Die konsequente dreidimensionale Kräftigung des Systems, ohne dabei die Balance in eine Richtung negativ zu verändern, ist dabei die Kernaufgabe des Ausbilders. Die individuellen Voraussetzungen des Pferdes spielen dabei die wichtigste Rolle in Bezug auf das Resultat. Die Differenzierung zwischen Schenkelgänger und Rückengänger findet allerdings nicht erst in der Entwicklung der Versammlung statt. Die Grundlagen dafür werden schon viel früher gelegt, in der korrekten Positionierung der Bewegungszentren bei der Entwicklung der Anlehnung.

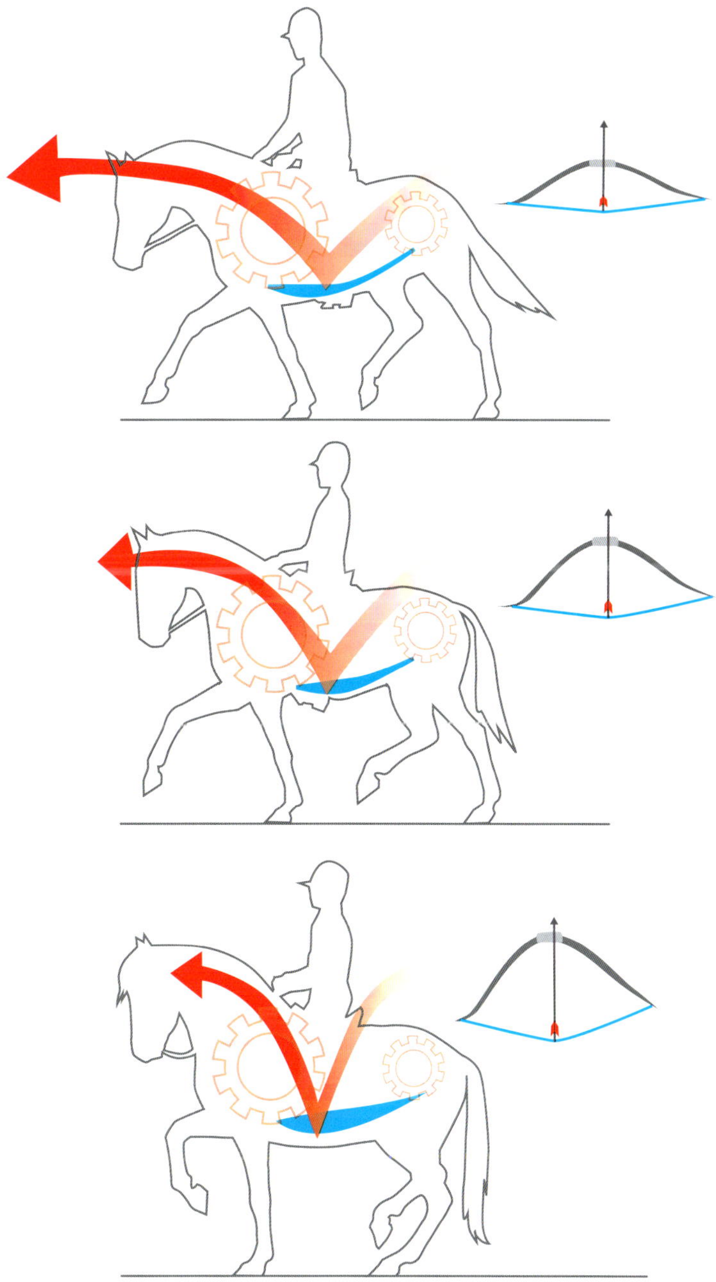

Die Entwicklung der Versammlung bedeutet die konsequente Vollendung der Entwicklung von positiver Spannung im Pferd.

4.2 Dressurmäßige Ausbildung – die Logik der Lektionen

Jede einzelne Lektion hat einen speziellen gymnastizierenden Effekt. Die vielen möglichen Einzellektionen bilden zusammen ein logisches System. Immer wird das Pferd durch die eine Lektion weiter athletisch geformt; gleichzeitig werden Grundlagen für neue Lektionen gelegt. Dabei muss der Reiter verstehen, was die Schlüsselbewegung der einzelnen Lektion darstellt und welchen Zweck sie verfolgt.

Die Qualität entscheidet

Eine Lektion kann erst dann einen gymnastizierenden Wert entfalten, wenn sie in ihrer Grundausführung mindestens ziemlich gut geritten werden kann. Dies bedeutet in der Sprache der Notengebung eine 7,0. Für das Training heißt das: Wenn die Zirkellinie in ihrer technischen Ausführung nicht mit einer 7 bewertet wird, hat sie keinen kräftigenden Effekt für die Muskelschlingen der Bewegungszentren – der Reiter reitet einfach nur im Kreis herum. Ohne diesen gymnastizierenden Effekt wird das Pferd aber nicht auf die Seitengänge vorbereitet. Daraus folgt wiederum: Das Pferd wird zwar die Beine kreuzen und schräg durch die Halle traben, die seitlich stabilisierenden Muskelketten werden damit aber nicht erreicht. Ohne diese seitliche Stabilität kann das Pferd beispielsweise den fliegenden Wechsel nicht gerade durchspringen. Es wird sich zwar irgendwie in der Schwebephase vom Rechts- zum Linksgalopp werfen; mit einem korrekt gerittenen fliegenden Wechsel hat dieses Umspringen aber nichts zu tun. So kann diese Kette immer weitergeführt werden.

Erkannt werden kann dieser negative Mechanismus am besten, wenn man sich die Benotungskurve eines Dressurpferdes im Laufe seines Lebens anschaut. Viele beginnen in den Dressurpferdeprüfungen mit einer 8 oder gar einer 9. Im Laufe der Ausbildung geht es dann notenmäßig bei steigenden Anforderungen immer weiter bergab: L-Dressur 7,8 / M-Dressur – 7,0 / S-Dressur – 62 Prozent / St. Georg 58 Prozent. Um dem zu begegnen, ist es zwingend erforderlich, die scheinbar einfachen Lektionen der täglichen Arbeit mit mindestens der gleichen Sorgfalt zu reiten wie die scheinbar schwierigen zu üben. Oder anders herum: Je sorgfältiger die Grundlagen aufgebaut werden, desto leichter werden dem Pferd die schwierigeren Lektionen fallen, weil es athletisch darauf vorbereitet ist.

Gibt es Probleme in einer Lektion der höheren Versammlung, so macht es immer Sinn, die Lektionen des niedrigeren Niveaus genau auf ihre Qualität hin zu überprüfen.

„Auf dem Zirkel geritten" oder im Kreis herum

In der Zeitschrift der Persönlichen Mitglieder der Deutschen Reiterlichen Vereinigung e.V. (FN), den „PM-News", vom Oktober 2013 war ein Artikel von Reitmeister Hubertus Schmidt zu lesen, in dem er auf die Bedeutung und Wichtigkeit der Zirkellinie im Ausbildungsverlauf des Reitpferdes eingeht. Dabei stellt er u.a. fest, dass es ***„Grand Prix-Pferde gibt, die nicht in der Lage sind, eine Zirkellinie korrekt auszuführen"***. Die Gründe dafür und die Wichtigkeit, solche Defizite unbedingt zu korrigieren, werde ich im Folgenden erklären.

Die Lektion ***auf dem Zirkel geritten*** führt das Pferd auf die gebogene Linie. Wie zuvor dargelegt wurde, vergrößert sich das zu stabilisierende Drehmoment und damit die Beanspruchung des äußeren Schultergürtels deutlich. Er hat etwa das Zwei- bis Dreifache mehr an Belastung zu organisieren als der innere Schultergürtel. Takt und Losgelassenheit können nur erhalten bleiben, wenn sich das Pferd über dem äußeren Schultergürtel aktiv ausbalancieren kann.
Der Reiter muss dazu das innere Hinterbein zur Unterstützung aktivieren (HBZ bleibt stabil) und damit die positive Spannung zwischen innerem Schenkel und äußerem Zügel erhalten. Der Brustkorb des Pferdes wird so in Position gehalten und daran gehindert, nach innen wegzukippen. Werden alle diese Komponenten erreicht, so steigt die Trainingsbelastung der aktiven Muskelketten. Sie werden kräftiger und somit auf die Seitengänge vorbereitet. Wird eine der Komponenten nicht erreicht, so geht das Pferd zwar auf einer halbwegs runden Kreislinie, die Lektion „Auf dem Zirkel geritten" wird aber nicht durchgeführt. Eine solche Kreislinie hat keinen gymnastizierenden Effekt.

Je enger die Kreislinie, desto größer werden die zu stabilisierenden Kräfte. Bei der 8-Meter-Volte steigen die athletischen Anforderungen noch einmal um etwa die Hälfte des Gewichtes der Vorhand an. Das Limit für die Qualität und die häufigste Fehlerursache auf der gebogenen Linie sind somit mangelnde Athletik und nicht fehlende Beweglichkeit.

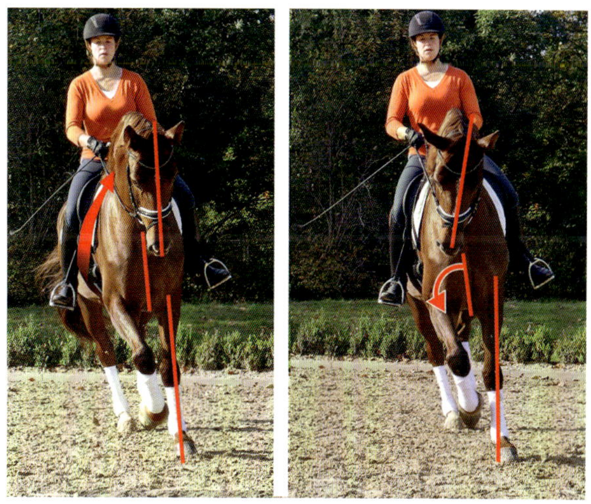

Auf dem linken Foto stabilisiert der Impuls vom inneren Schenkel zum äußeren Zügel das Pferd auf der gebogenen Linie gegen die Drehbewegung im Rumpf. Auf dem rechen Foto führt die Reiterin den Hals des Pferdes mehr zur inneren Schulter – das Pferd verwirft sich und macht sich im Genick fest.

„Traversale" oder quer durch die Halle

In der Traversale müssen beide Bewegungszentren gegenläufig aufgespannt sein. In dieser Situation beginnt der Reiter mit seiner Hilfengebung, den Schwerpunkt des Pferdes vom Zentrum her seitlich zu verlagern. Die Gliedmaßen reagieren auf diese Schwerpunktverlagerung, indem sie beginnen, diagonal zu fußen. Dabei steht in der Entwicklung der Lektion zunächst nicht das Kreuzen der Beine im Vordergrund. Vielmehr wird das Pferd im Sinne der dreidimensionalen Stabilisation auf die gebogene Linie eingestellt und in dieser Position geradeaus weitergeritten (Travers): Stimmen diese Voraussetzungen, so reagieren die Beine auf die Schwerpunktverlagerung mit einer kreuzenden Bewegung und die Lektion „Traversale" kann ihren gymnastizierenden Effekt erfüllen. Die seitlich stabilisierenden Muskelketten werden angesprochen und für die Förderung der Geraderichtung gekräftigt. Ohne diese korrekte Positionierung von VBZ und HBZ laufen die Pferde zielsicher mit gekreuzten Beinen schräg durch die Reitbahn. Sinn und Zweck sind dabei aber nur das Erreichen der Bahnpunkte und das Kreuzen der Beine, nicht die Entwicklung von athletischen Fähigkeiten.

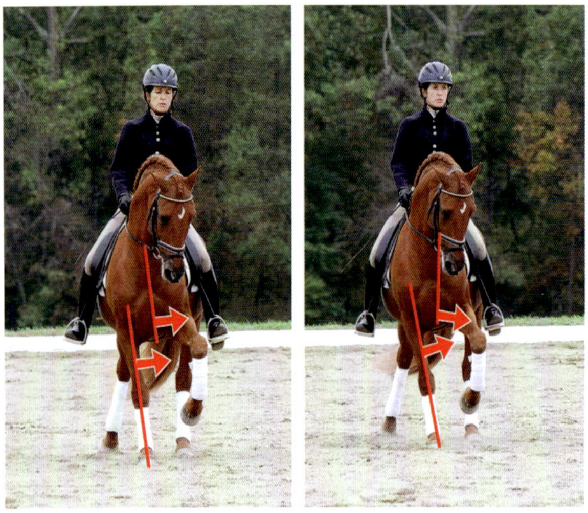

Nur an den feinen Details der Beinachsen kann auf den Fotos das stabilisierte Pferd links vom nicht genügend stabilisierten rechts unterschieden werden.

Piaffieren oder auf der Stelle traben

Auf der Stelle traben können Pferde immer, wenn sie genügend aufgeregt sind oder imponieren möchten. Die korrekte Entwicklung der Lektion Piaffe unter dem Reiter bedeutet aber etwas ganz anderes. Funktional gesehen wird der Gedanke der Entwicklung der Versammlung einfach weitergeführt. Das vordere und das hintere Bewegungszentrum spannen sich immer weiter auf, der Beckenwinkel ändert sich weiter in Richtung Aufrichtung des Beckens. Dadurch wird die Bewegungsenergie in der Stützbeinphase immer mehr senkrecht in das Trampolin hineingefedert, sodass am Ende nahezu keine Vorwärtsbewegung, sondern nur noch eine Vorwärtstendenz übrig bleibt.

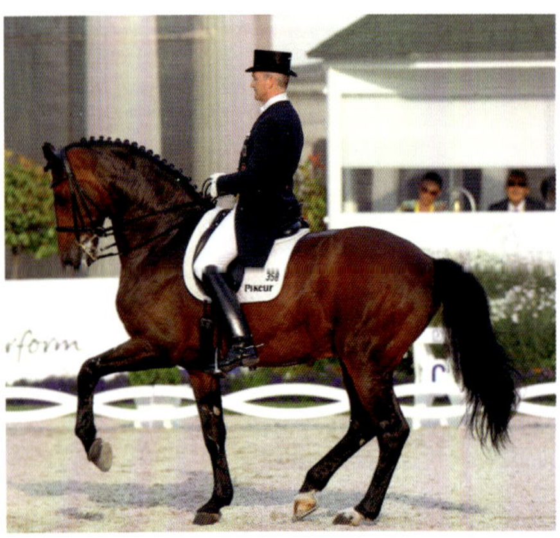

Eine Piaffe mit korrekt aufgespannten Bewegungszentren. Die Vorwärtstendenz bleibt erhalten.

Galopp-Pirouette oder sich herumwerfen im Galopp

Das gleiche Prinzip gilt für die Entwicklung der Pirouette im Galopp. Das Pferd entwickelt auf dem Wege dahin seine maximale Versammlungsfähigkeit. Die zwei Phasen im Galopp, nämlich die Entwicklung der Bergauf-Bewegung durch die Vorhand und ihre Erhaltung durch die Hinterhand, werden maximal gefordert. Das vordere Bewegungszentrum muss sich nun ohne Schwung aus der Vorwärtsbewegung selbst aus eigener Kraft nach oben federn. Danach kann die Hinterhand unter den Schwerpunkt springen und die Bewegungsenergie wird durch die Muskelgruppen des hinteren Bewegungszentrums aufgenommen und abgebremst. Das ist Athletik pur.

Zu Recht gilt die Galopp-Pirouette als wichtigster Prüfstein der schweren Dressurklasse S.

Kadenz oder gespannte Tritte

Die Ausbildung des Dressurpferdes ist die Grundlage für jede andere Disziplin und orientiert sich genau an dem oben aufgezeigten Konzept der Ausbildungsskala. Die Entwicklung der Kadenz ist dabei ein zentrales Element. Als „taktmäßiges, erhabengetragenes und dabei flüssiges Treten in den abgekürzten und Schulgangarten" von Oberst Waldemar Seunig definiert, kann sie im Trab die Entwicklung der dreidimensionalen Stabilität gegen die Schwerkraft besonders gut veranschaulichen. Bei der Auswahl eines Dressurpferdes gilt das Erfahrungswissen: Schritt und Galopp muss es haben, den Trab kann man entwickeln. Der Trab ist somit am besten formbar. Einfach formuliert geht es bei der Entwicklung der Kadenz um die

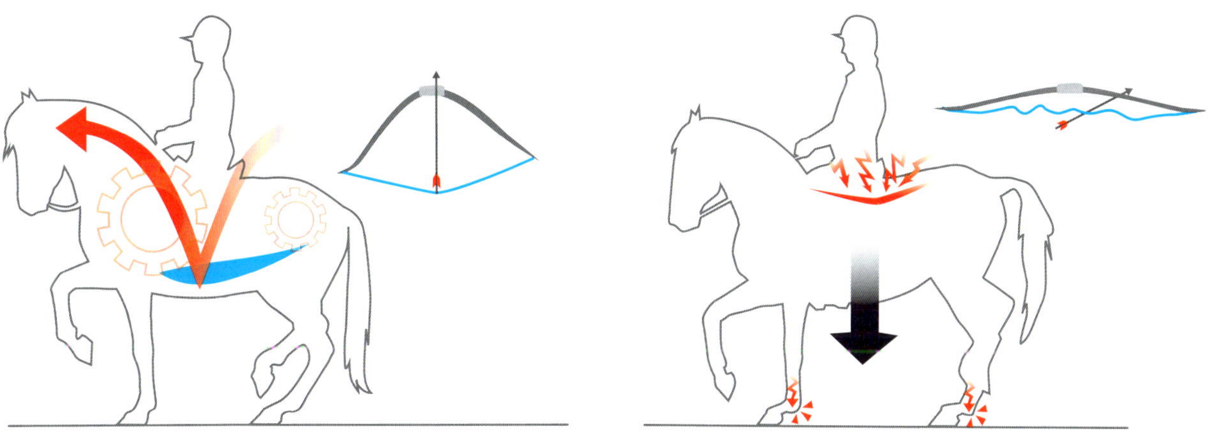

Entwicklung der Piaffe und das Auf-der-Stelle-Traben im Vergleich

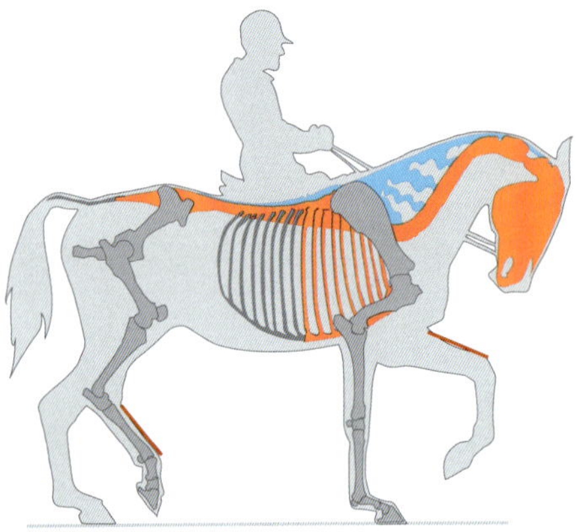

An der gebrochenen Parallelität zwischen hinterem Röhrbein und Unterarm erkennt man die fehlende Qualität der Kadenz.

Verlangsamung der Stützbeinphase bei gleichzeitiger Vergrößerung des Raumgriffs in der Hangbeinphase. Zu erreichen ist das nur, wenn in der langsameren Stützbeinphase Brustkorb und Becken so wenig wie möglich nach unten absinken, also durch die Muskelketten der Rumpffedern in Position gehalten werden. Nur dann hat das Hangbein den Raum und die Zeit, mit mehr Bewegungsausmaß in einer längeren Zeiteinheit nach vorne geführt zu werden.

Im Gegensatz dazu werden bei den „gespannten Tritten" die Hinterbeine gegen das nach unten kippende Becken nach oben gerissen und die Vorderbeine als Gegenbewegung zum nach hinten kippenden Brustkorb von unten nach oben geschleudert. Beide Bewegungsabläufe zusammen führen zu einer Brechung der ***Parallelität*** zwischen dem Unterarm der Vorhand und dem Röhrbein der Hinterhand im Trab. Es entsteht dadurch zwar eine verstärkte Beinaktion, allerdings in einem falschen Raum-Zeit-Verhältnis.

Zusammenfassung

Die klassische Lehre der Dressurausbildung besagt, dass die Bewegungsabläufe der einzelnen Lektionen wie Piaffe, Passage oder Traversale alle im Bewegungsrepertoire des Wildpferdes vorhanden sind. Das stimmt – allerdings in einem anderen, passiv stabilisierten System. Viele junge Pferde können auf der Stelle traben, wenn sie aufgeregt sind. Eine Piaffe im reitsportlichen Sinn ist aber mehr als Auf-der-Stelle-Traben. Ausgeprägte Seitwärtsbewegungen gehören zum Droh- bzw. Imponiergehabe von Pferden. Travers, Renvers oder Schulterherein sind aber mehr als Schrägtraben. Eine Lektion kann nur dann ihren gymnastizierenden Effekt entwickeln, wenn sie in der aktiv stabilisierten Position der Bewegungszentren durchgeführt wird. Zur Kontrolle dieser Position stehen die Begriffe am bzw. vor dem Schenkel, Dehnungsbereitschaft, Takt und Losgelassenheit. Ist eine dieser Grundbedingungen nicht erfüllt, so hat die Lektion keinen trainingsrelevanten Effekt. Erkennbar ist der Unterschied in der Dynamik und Ausprägung der individuellen Kadenz eines losgelassenen Pferdes.

4.3 Prinzipien und Methoden der dressurmäßigen Arbeit

Die „halbe Parade"

Am Beispiel der halben Parade wird das Prinzip der Entwicklung der Bergauf-Bewegung am deutlichsten. Die halbe Parade ist aus funktioneller Sicht die universelle Trainingsmethode innerhalb der Ausbildung des Reitpferdes. Betrachtet man ihre Wirkrichtung im Zusammenspiel der Hilfengebung im Galopp, so werden exakt die Positionsveränderungen der beiden Bewegungszentren sichtbar, wie sie in den vorherigen Kapiteln beschrieben wurden.
Die vermehrt treibenden Hilfen von Sitz und Schenkel werden die rumpftragende Muskulatur dazu animieren, das VBZ nach vorne oben anzuheben. Das Vorderbein entwickelt dadurch die Fähigkeit der Kraftübertragung nach vorne oben. Der Winkel des Pferdekörpers ändert sich im Sinne der Bergauf-Bewegung. Daraus ergibt sich zur Erhaltung der Balance automatisch die Dehnungsbereitschaft des Halses zum Gebiss hin. Ist die Bewegungsenergie korrekt in diese Richtung hin unterwegs, so kann sie durch die verhaltende Zügelhilfe aufgenommen und über das nun aufgespannte VBZ nach hinten in Richtung des HBZ wirken. Dieses ist nun – durch die Entlastung der Vorhand im Sinne einer aktiven Federung – in der Lage, durch die Drehung nach hinten selbst mehr Körperspannung aufzunehmen. Das Pferd schließt die hintere Muskelkette und springt weiter unter den Schwerpunkt.

Der Unterschied in der Denkweise gegenüber dem üblichen Verständnis für die Verbesserung des Galoppsprungs durch die halbe Parade liegt in der Tatsache, dass die Vorhand sich durch die Entwicklung der aktiven Federung zunächst selbst entlastet, die Längsachse des Pferdekörpers vorne anhebt und der Hinterhand damit Zeit und Raum gibt, vermehrt unter den Schwerpunkt zu springen, um den Bewegungsablauf zu vollenden.

Die vier Phasen der halben Parade

1. *Erhöhen der positiven Körperspannung des Reiters – Nach-vorne-Drehen des VBZ durch treibende Gewichts- und Schenkelhilfen*
2. *Anheben des VBZ durch verhaltende Gewichts- und Zügelhilfen*
3. *Schließen des HBZ durch treibende Gewichts- und Schenkelhilfen – Erhöhen der positiven Körperspannung des Pferdes*
4. *Überprüfung der korrekten Selbsthaltung des Pferdes durch nachgebende Zügelhilfen*

Mit diesen Bildern der Bewegungsentwicklung des Pferdes werden auch alle anderen Komponenten der Reitlehre im Sinne der aktiven Stabilisation und der Entwicklung von positiver Spannung besser begreifbar.

Cavaletti als methodisches Hilfsmittel

Cavalettiarbeit ist ein wunderbares Mittel zur Gymnastizierung von Pferden auf jedem Ausbildungsniveau. Das Bodenrick stellt dabei eine Bewegungsaufgabe mit hohem optischem Reiz dar, der das Pferd dazu animiert, den Brustkorb anzuheben und damit Platz für das fleißig untertretende Hinterbein zu schaffen. Es dehnt sich dadurch vermehrt an den Zügel heran und optimiert seine Körperspannung im Sinne der Entwicklung von Kadenz. Die muskuläre Beanspruchung vor allem der rumpftragenden Muskulatur wird deutlich erhöht.

So weit die Theorie. Leider ist aber auch das Traben über Cavaletti nicht grundsätzlich gut für den Rücken, wie es oft propagiert wird. Es kann genauso dazu führen, dass das Pferd den Rücken festhält und die Beine verstärkt nach oben reißt. Nur das Traben im richtigen Takt und Tempo, in psychischer und in physischer Losgelassenheit – wobei der Ausbilder die einzelnen Komponenten immer wieder der aktuellen Situation anpasst – ist tatsächlich trainingsrelevant.

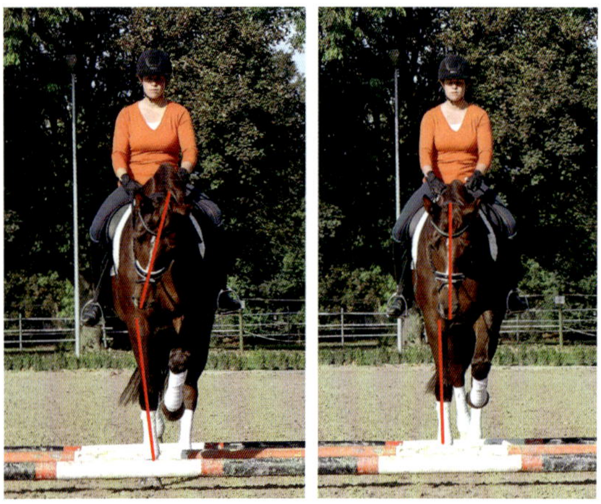

Selbst im Schritt wird deutlich, wie sich die positive Körperspannung in den Muskelketten des Schultergürtels (auf dem linken Foto) auf das das Anheben des Vorderbeines auswirkt.

Die Arbeit mit Bodenricks ist ein methodisches Hilfsmittel, das zu einer Verbesserung der Kadenz des Pferdes führen kann, wenn es methodisch richtig eingesetzt wird. Das Ziel ist dann nicht das Traben über Stangen, das automatisch zu einem losgelassenen Rücken führt. Das Ziel ist die Entwicklung von mehr Kadenz durch den Einsatz des Hilfsmittels Bodenrick, die nach deren Überwinden möglichst lange erhalten werden sollte.

Das mag kleinlich klingen, aber genau diese feinen Unterschiede gilt es herauszuarbeiten, wenn die Gründe für gesundheitliche Probleme beim Pferd erkannt werden sollen.

Einwirkung oder Befehl?

Die Grundlage der feinen Steuerung des Pferdes ist die Losgelassenheit. Nur ein sich rhythmisch an- und abspannender Muskel kann auf differenzierte Impulse, die Einwirkung des Reiters, reagieren. Jede reiterliche Hilfe ist somit abhängig von der aktiv stabilisierten Grundposition der Bewegungszentren.

Ist das System dagegen im dauerhaften Fluchtmodus oder aber dauerhaft schlaff durchhängend, sind alle Kommunikationswege für einen harmonischen Bewegungsdialog zwischen Reiter und Pferd abgeschnitten. Jede korrekte reiterliche Einwirkung wird unmöglich. In dieser passiven Stabilisierung kann das Pferd nicht auf differenzierte Hilfen reagieren! Steuern kann man das Pferd in diesem Bewegungsmodus nur mit Befehlen oder indem man es beruhigt und ihm Kunststückchen beibringt.

Ohne korrekt aufgespannte Bewegungszentren sind alle Kommunikationswege für einen harmonischen Bewegungsdialog zwischen Reiter und Pferd gekappt.

Befehle werden durch die pure Kraft des Reiters, scharfe Zäumungen und Sporen und/oder Zwangszügel, (Hilfszügel, die Kopf und Hals des Pferdes mit Hebelwirkung in eine vorgegebene Haltung zwingen) realisiert. Im Notfall bei einem durchgehenden Pferd oder bei wiederholtem, unbegründetem Ungehorsam kann ein Befehl nötig oder sogar lebenswichtig sein. In der regulären Ausbildung hat er nichts zu suchen.

4.4 Die Entwicklung positiver Spannung beim Springpferd

Betrachtet man den Bewegungsablauf des Springpferdes bewegungsanalytisch, so bestätigt sich die Forderung der Reitlehre nach einer umfassenden dressurmäßigen Ausbildung. Und nicht nur das – die Analyse zeigt auf, dass diese Ausbildung eine zwingende Notwendigkeit ist, ohne die ein Springpferd selten ohne Belastungsschäden alt werden kann. Diese Erkenntnisse sollen helfen, die unglaubliche Bereitschaft, die uns vor allem die hoch talentierten jungen Springpferde schenken, in die richtige Richtung zu leiten.

In der Regel denkt der Springreiter vom Boden in die Höhe von 1,40 Meter, 1,50 Meter oder 1,60 Meter. Die nötige Sprungkraft zur Überwindung dieser Höhen entwickelt sich dabei hauptsächlich aus der Muskulatur der Hinterhand. Also muss kompromisslos die Hinterhand gekräftigt werden. Doch ist das tatsächlich der Weg für das junge Springpferd? Die Kraftentwicklung aus den Katapultsystemen der Beine wurde in Kapitel 3 bereits besprochen. Die Tatsache, dass junge Springpferde schon vierjährig über Höhen von 1,60 Meter und mehr springen, ist bekannt. Ich möchte Ihnen nun den Weg der Entwicklung eines Sprungablaufes aufzeigen, der auch über die Höhe eines Olympiaparcours keine Überlastungsschäden beim Pferd erzeugen kann.

Die tatsächliche Sprunghöhe

Misst man vom Boden bis zum Brustkorb des Pferdes, so beträgt diese Distanz beim Warmblutpferd je nach Stockmaß etwa 90 Zentimeter. Um ein Hindernis von dieser Höhe zu überwinden, muss das Pferd die Beine nur anziehen, ohne den Schwerpunkt überhaupt anzuheben. Die Entwicklung der Bergauf-Galoppade durch die dressurmäßige Ausbildung hebt den Körperschwerpunkt des Pferdes etwa um 20 Zentimeter an. Macht zusammen 1,10 Meter. Die Anforderungen eines A-Springens bedeuten also ausschließlich, ein korrekt gymnastiziertes Pferd über Hindernisse zu galoppieren. Eine Belastung im Sinne der Sprunghöhe gibt es noch nicht, wenn von Anfang an die Federungen der Vorhand und der Hinterhand aktiv aufgebaut wurden. Ab jetzt kann der korrekte Sprungablauf eines Pferdes entwickelt werden.

Die vier Phasen des Sprungablaufs

1. Phase – Katapult der Vorderbeine

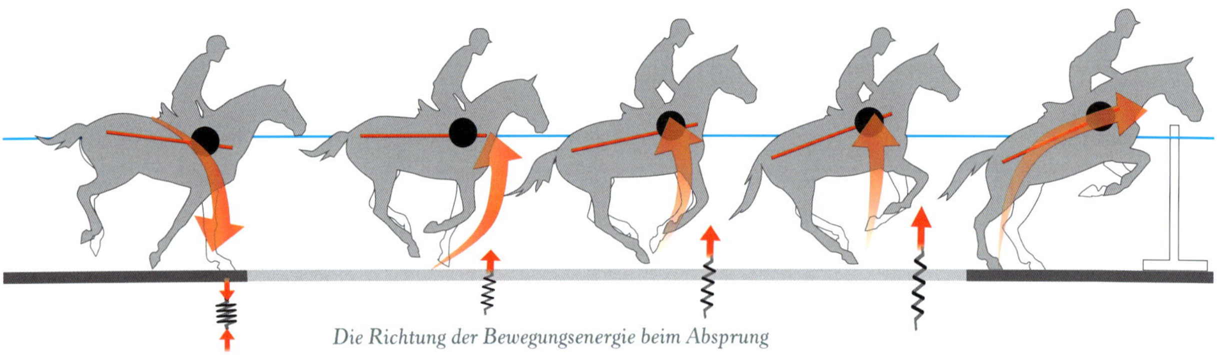

Die Richtung der Bewegungsenergie beim Absprung

In der ersten Absprungphase lenkt das VBZ die Bewegungsenergie der Vorwärtsbewegung um und katapultiert damit die Vorhand des Pferdes nach oben. Das Pferd bringt damit seine Körperlängsachse in Richtung der Senkrechten. Je höher der angepeilte Sprung, desto steiler wird der Winkel durch das Anheben des VBZ. Während dieser Phase sind die Hinterbeine komplett in der Luft und können diesen Bewegungsablauf nicht unterstützen. In dieser Phase entsteht schon die Bascule des Pferdes, wenn der Widerrist durch die muskuläre Feder des Schultergürtels zwischen den Vorderbeinen nach oben katapultiert wird.

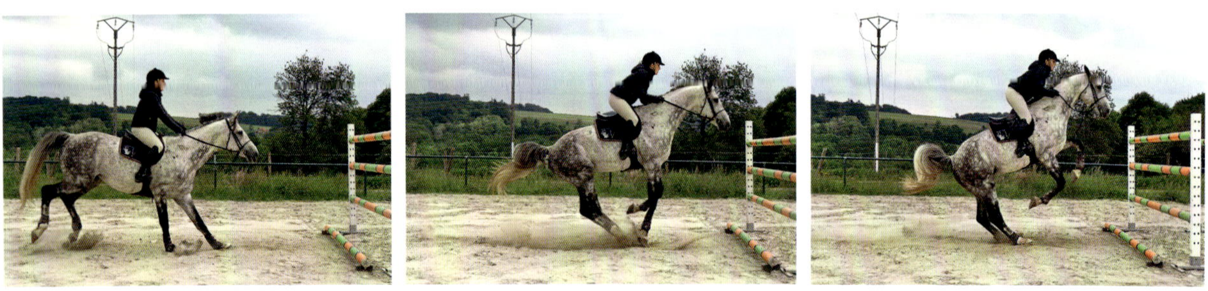

Das Katapult der Vorderbeine hebt die Vorhand an, definiert den Absprungwinkel und somit auch die Sprunghöhe.

2. Phase – Katapult der Hinterbeine

Erst wenn die Körperlängsachse angehoben ist, kommen die Hinterbeine und Rückenmuskeln ins Spiel. Die langen Rückenmuskeln versteifen die gesamte Längsachse, um sie abzusichern, und die Hinterbeine katapultieren das Pferd nach vorne oben über das Hindernis. Dabei muss der Körperschwerpunkt – je nach Größe des Pferdes und des angelegten Steigungswinkels – nur noch wenig, etwa 20 bis 30 Zentimeter, angehoben werden. Der von der Vorhand angelegte Steigungswinkel ist es, der die Sprunghöhe bestimmt. Die Hinterhand kann diesen vorhandenen Winkel nur noch um wenige Winkelgrade verändern, um die Sprunghöhe zu vollenden. Gleichzeitig bestimmt sie alleine die Weite der Flugkurve.

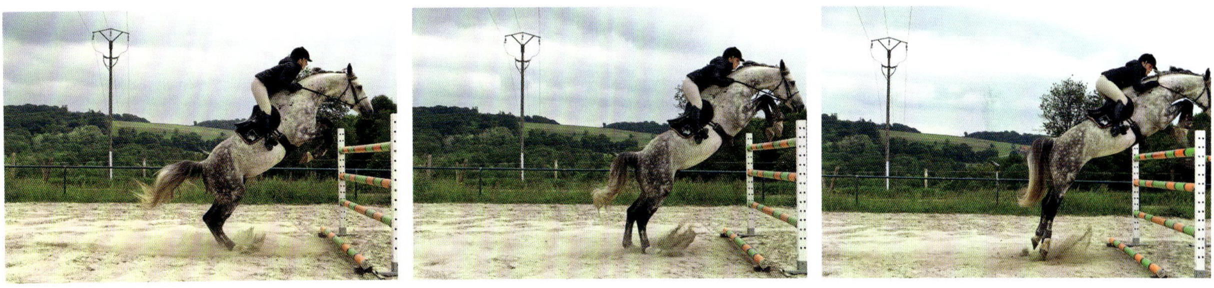

Die Hinterbeine katapultieren das Pferd im vorgegebenen Winkel weiter nach vorne oben.

3. Phase – Flugphase

Je nach Bascule des Pferdes entsteht in der Flugphase eine mehr oder weniger harmonische Flugkurve, die von ihrem höchsten Punkt bis zum Kontakt der Vorderbeine mit dem Boden deutlich länger dauert als vom letzten Kontakt der Hinterbeine bis zum höchsten Punkt. Das Pferd macht also physikalisch gesehen einen Tiefsprung. Der Grund liegt ganz einfach darin, dass das Pferd mit ausgestreckten Vorderbeinen aufgrund seiner Konstruktion etwa 40 Zentimeter kürzer ist als mit ausgestreckten Hinterbeinen. Gehen wir davon aus, dass die Winkel der Körperachse und die Geschwindigkeit der Bewegung von Absprung und Landung etwa gleich sind, so muss das VBZ zum Abfedern der Bewegung etwa die doppelte Leistung erbringen wie das HBZ für den Absprung.

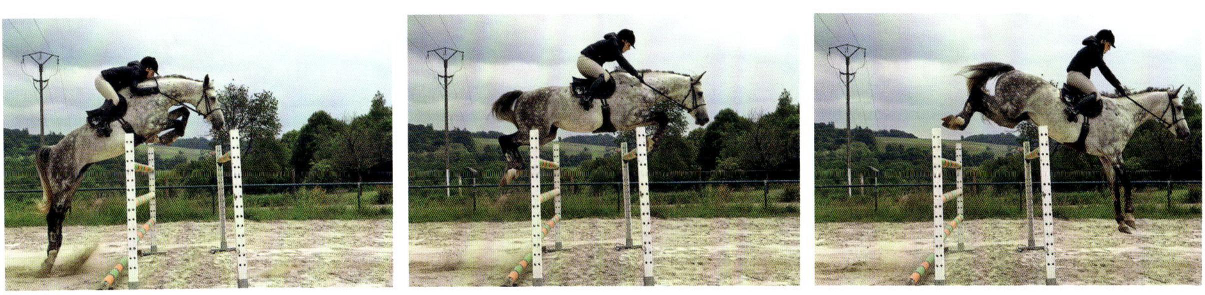

Durch den Längenunterschied zwischen Hinterhand und Vorhand in der ausgestreckten Position macht das Pferd physikalisch gesehen einen Tiefsprung.

4. Phase – Landung

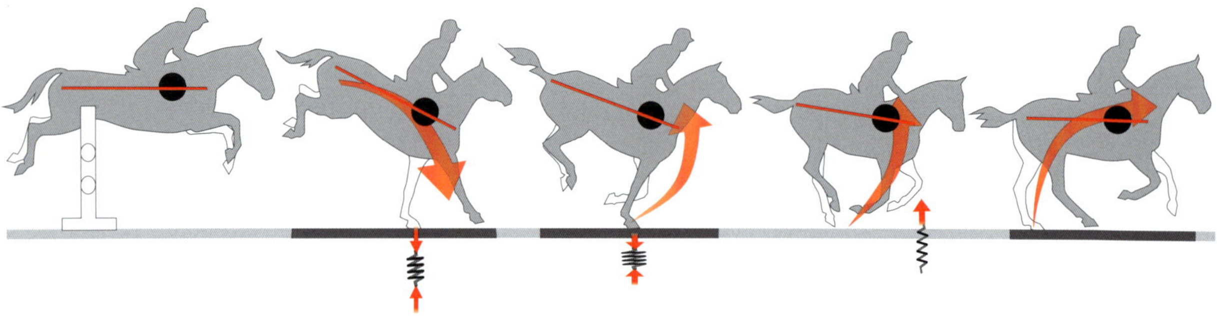

Die Richtung der Bewegungsenergie bei der Landung

Hier muss nun diese doppelte Bewegungsenergie von der Schultergürtelmuskulatur abgefangen und wieder in Vorwärtsbewegung umgewandelt werden. Wie schon aufgezeigt, kann diese Arbeit wiederum entweder von aktiven Muskelschlingen oder aber vom passiven Sehnen- und Bindegewebe geleistet werden.

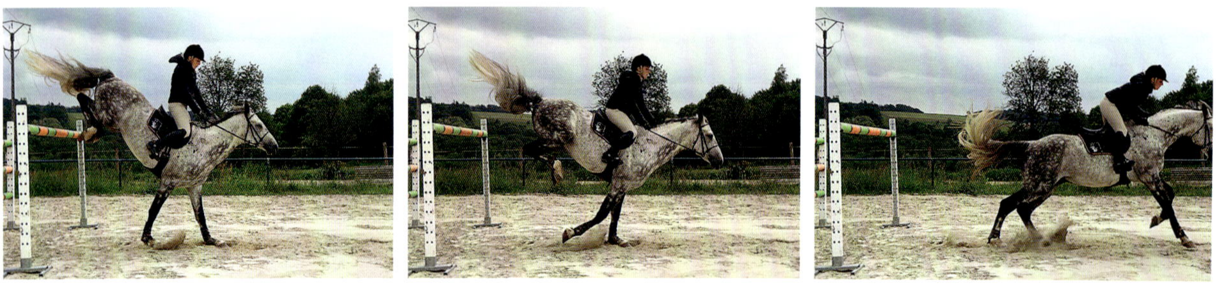

In der ersten Landephase ist die Vorhand alleine mit der Bewegungsenergie der Flugphase belastet und muss sie wieder in Vorwärtsbewegung umwandeln.

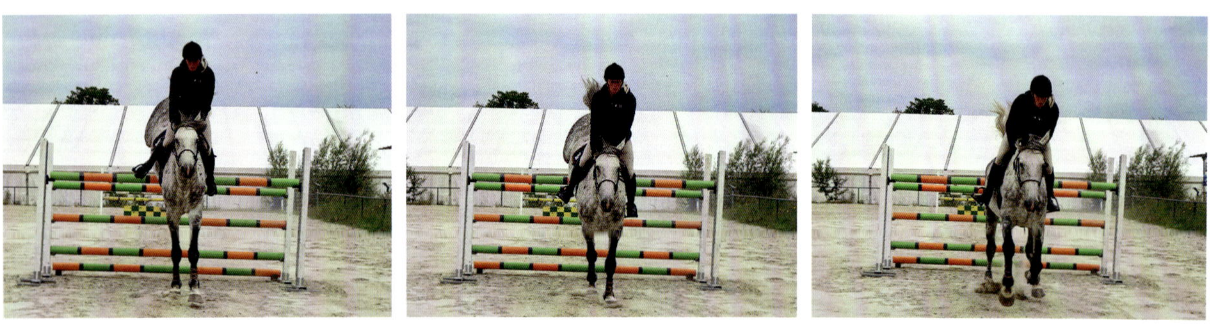

Die Dynamik der Vorhand bei der Landung von vorne gesehen

Die Landung entscheidet

Wie schon gesagt, muss das Pferd etwa das Doppelte der Leistung der Hinterhand erbringen, um das System muskulär stabil zu halten. Da die Vorhand aufgrund ihrer Konstruktion aber weniger leistungsfähig ist, sind Überlastungsreaktionen bei nicht korrekt ausgebildeten Springpferden eher die Regel als die Ausnahme. Das Ergebnis sind Pferde, die im Laufe der Jahre von vier- bis etwa neunjährig immer mehr von ihrer Leistungsfähigkeit verlieren. Die schleichende Überlastung des Schultergürtels durch die Landung führt nach einiger Zeit dazu, dass das Pferd in der ersten Absprungphase die Vorhand nicht mehr genügend anheben kann. Die Federung im Schultergürtel wird langsam unelastisch. Das Pferd kommt nicht mehr so gut zurück und fußt weniger explosiv ab. Gleichzeitig wird das Pferd verletzungsanfällig in den Strukturen der Fesselträger, der Beugesehnen, der Hufgelenke der Vorhand und der Gelenke der Wirbelsäule – also genau in jenen Strukturen, die als passive Stoßdämpfer bei der Landung funktionieren. Mit diesem negativen System kann ein talentiertes Pferd immer noch Parcours von 1,30 Meter oder 1,40 Meter gewinnen. Mit medikamentöser Hilfe, bei der die belasteten Strukturen schmerzfrei gemacht werden und gleichzeitig der Druck auf das Pferd durch übertriebene Körperspannung erhöht wird, auch noch höher. Nötig wären diese Manipulationen bei korrekter dressurmäßiger Arbeit allerdings nicht.

Zusammenfassung

Diese Überlegungen führen zu folgenden, klar begründbaren Erkenntnissen: Die Gründe für das hohe Talent eines Springpferdes liegen in der Mischung von verschiedenen Eigenschaften. Die elastischen Strukturen der Katapulte von Vor- und Hinterhand müssen ihre gespeicherte Bewegungsenergie nahezu verlustfrei wieder in Bewegung umwandeln. Das Pferd muss vorsichtig genug sein, um seine Vorhand möglichst explosiv nach oben zu katapultieren. Das Pferd braucht möglichst stabile Beinachsen, um mit der Energie aus der Hinterhand seinen Körperschwerpunkt nach vorne oben zu katapultieren. Das Pferd braucht Mut, um nach den ersten Versuchen dieses Gefühl, in die Tiefe zu springen, zu tolerieren.

Alle diese Eigenschaften sind mehr oder weniger genetisch fixiert und führen zusammen dazu, dass das Pferd sehr früh sehr hoch springen kann.

Lösungsansatz Dressurarbeit

Wie aber sollte man dann mit diesen leistungswilligen, talentierten Pferden umgehen, um sie langfristig im Sport behalten zu können? Zunächst sind sie es ja selbst, die diese Höhen anbieten und furchtlos mit einem guten Gefühl für den Reiter meistern. Die Antwort liegt in der Aussage von einem der alten Meister, die ihrem eigenen Reitgefühl noch zu hundert Prozent vertraut haben:

„Springreiten ist Dressurreiten über Hindernisse."

Wer diesem Prinzip folgt, kann nicht mehr viel falsch machen. Das Pferd steht an den Hilfen, wird kontrolliert und ausbalanciert im korrekten Grundtempo an den Sprung herangeritten. Der Sprungablauf entwickelt sich dann aus dem Pferd heraus ohne große Hilfe des Reiters selbst. Er ist hauptsächlich für die technischen und taktischen Feinheiten des Parcours zuständig. Nach der Landung findet das Pferd seine Balance schon zum ersten Galoppsprung hin selbst wieder. Wer diesem Reitgefühl folgt, wird selbst feststellen, dass die Qualität der Landung die Sprunghöhe bestimmen muss. Dies wiederum ist abhängig von der Sprungtechnik des Pferdes, also, wie es sich von der ersten Absprungphase bis zur Landung basculiert.

Bascule – über den Rücken springen

Das Pferd soll über den Rücken springen. Damit ist exakt das Herausfedern des Brustkorbes zwischen den Schulterblättern in der ersten Absprungphase gemeint. Viele Reiter denken, das Pferd würde sich über dem Sprung im Rücken selbst, also in der Wirbelsäule rund machen. Das ist aber keineswegs der Fall. Die Wirbelsäule wird von der ersten bis zur zweiten Absprungphase vom Becken her angebeugt, danach bleibt sie in ihrer gestreckten Position bis zur Landung fixiert. Der Brustkorb bleibt im Idealfall in seiner angehobenen Position zwischen den Schulterblättern. Diese Distanz hat das Pferd in der Landephase für seinen muskulären Stoßdämpfer der Vorhand zur Verfügung. Bascule bedeutet somit die Bewegung des Brustkorbes zwischen den Schulterblättern nach oben. Mit diesem Bewegungsablauf wird der Absprungswinkel des Pferdes über die Muskulatur des Schultergürtels eingestellt. Bei einem Pferd, das nicht basculiert, wird der Ab- sprungswinkel ausschließlich über die Katapultwirkung der Sehnen realisiert. In der Landung wird das Sehnen-Bändersystem im Schultergürtel einer starken Belastung ausgesetzt. Ein Pferd, das über den Rücken springt, ist somit nicht grundsätzlich leistungsfähiger, in der Regel ist es aber länger leistungsfähig und technisch feiner zu reiten.

Die Qualität der Landung zum Maßstab der Ausbildung eines Springpferdes zu machen zahlt sich am Ende im Parcours aus: Pferde mit zusätzlicher muskulärer Federung im Schultergürtel landen nicht nur besser, sondern können schneller ausbalanciert weitergaloppieren. So können entscheidende Sekundenbruchteile eingespart werden.

Zusammenfassung

Die maximale Federungsleistung und somit das Limit für die Sprunghöhe wie auch für die Stoßdämpfung liegen im System der Vorhand. Wird das Springpferd von Beginn an dressurmäßig korrekt auf die entsprechenden Flugkurven eingestellt, sind die eigentlichen Anforderungen technischer Natur. Der Reiter muss in der Lage sein, die Federung der Vorhand in ihrer Elastizität auf unterschiedliche Geschwindigkeiten, Abstände und Winkel beim Absprung einzustellen. Dies kann nur dadurch realisiert werden, dass das Pferd zu jedem Zeitpunkt vor und nach dem Sprung korrekt an den Hilfen steht und diese auch annimmt. Nur dadurch kann der optimale Rhythmus zwischen der ersten und zweiten Absprungphase, also zwischen Vor- und Hinterhand beim Absprung, koordiniert werden. Für ein Pferd, das korrekt dressurmäßig und somit athletisch ausgebildet wurde, gibt es im Springsport dann keine Maximalbelastung, die automatisch chronische Überlastungsschäden verursacht. Aus tierschutzrelevanter Sicht brauchen wir also keine Statements gegen den Sport, sondern für die korrekte Ausbildung des Reitpferdes, egal in welcher Disziplin.

Ein dressurmäßig und somit athletisch korrekt entwickeltes Pferd hat bei der Überwindung eines Hindernisses von 1,60 Meter weniger negative Belastung in Sehnen, Bändern und Gelenken als ein schlecht ausgebildetes Pferd im Arbeitsgalopp durch den Wald.

Ein Beispiel:

Goldfever unter Ludger Beerbaum, eines der erfolgreichsten Springpferde aller Zeiten, lief über zehn Jahre im Sport auf höchstem internationalem Niveau und genießt heute seinen Lebensabend auf einer Weide in Frankreich. Sein großes Kapital waren neben seiner außergewöhnlichen Veranlagung als Springpferd vor allem seine hohe Grundrittigkeit und dressurmäßige Ausbildung, auf die sein Reiter Ludger Beerbaum immer allergrößten Wert gelegt hat.

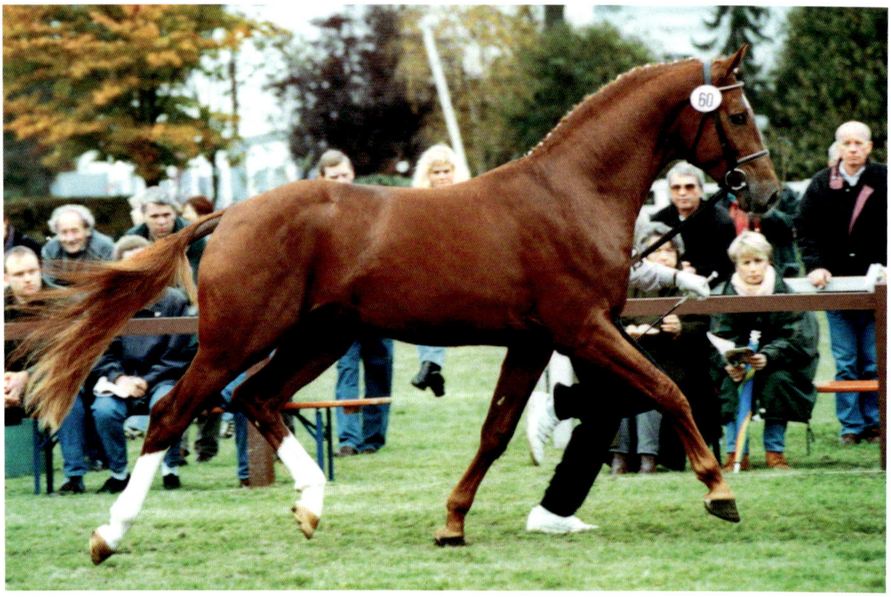

Zweieinhalbjährig war Goldfever als Junghengst wohlproportioniert. Er befand sich aber noch deutlich im Wachstum.

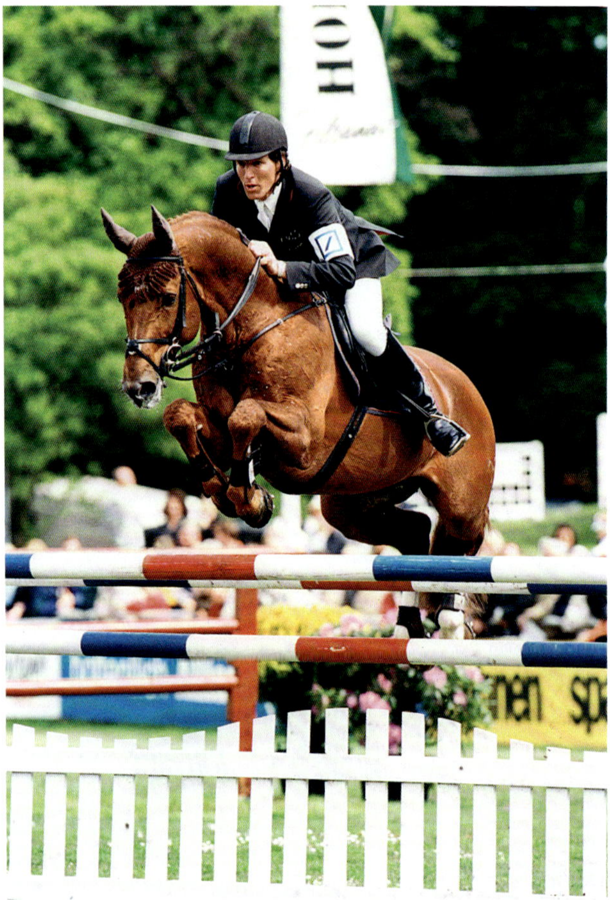

Goldfever 1999 mit acht Jahren

2008	2. Platz Großer Preis von Göteborg (SWE)
2007	1. Platz CHI Donaueschingen
2005	3. Platz Nationenpreis beim CSIO***** in Rom
2005	2. Platz Großer Preis beim CSI-W in Vigo/Spanien
2004	4. Platz Großer Preis (Riders Tour-Wertung) beim CSI**** in München
2004	1. Platz Riders-Tour Team-Wertung beim CSI**** in Hannover
2004	2. Platz Großer Preis (Riders Tour-Wertung) beim CSN in Münster
2004	1. Platz Großer Preis (Riders Tour-Wertung) beim CSI in Donaueschingen
2004	1. Platz Nationenpreis beim CSIO***** in La Baule/Frankreich
2004	1. Platz Großer Preis in Vigo/Spanien
2004	1. Platz Großer Preis beim CSI***** in Zürich
2003	4. Platz German Master in Stuttgart
2003	1. Platz Großer Preis beim CHIO in Aachen
2003	8. Platz Weltcup-Finale in Las Vegas
2002	1. Platz Großer Preis beim CSIO in Calgary
2002	1. Platz Großer Preis beim CHIO in Aachen
2002	1. Platz Nationenpreis beim CSIO in Luzern
2001	1. Platz Großer Preis beim CSI-A in Cannes

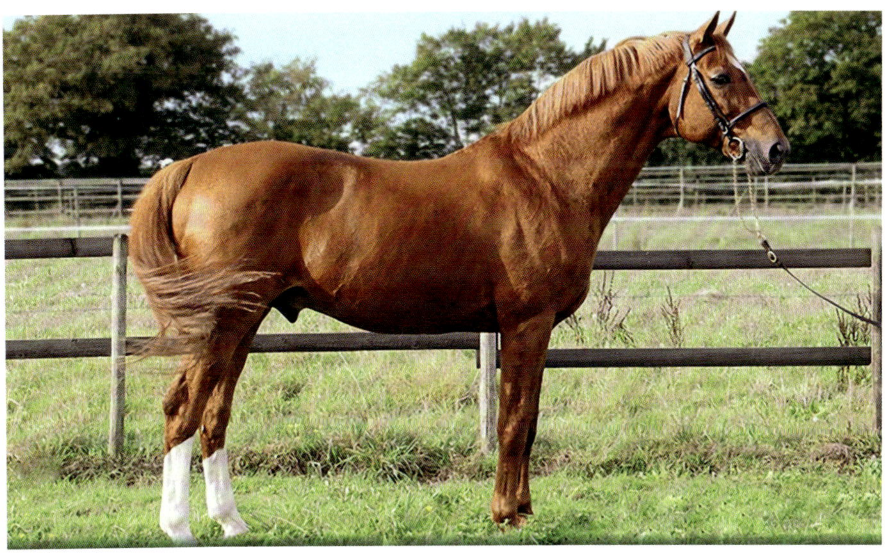

Goldfever im Alter von 23 Jahren auf der Weide

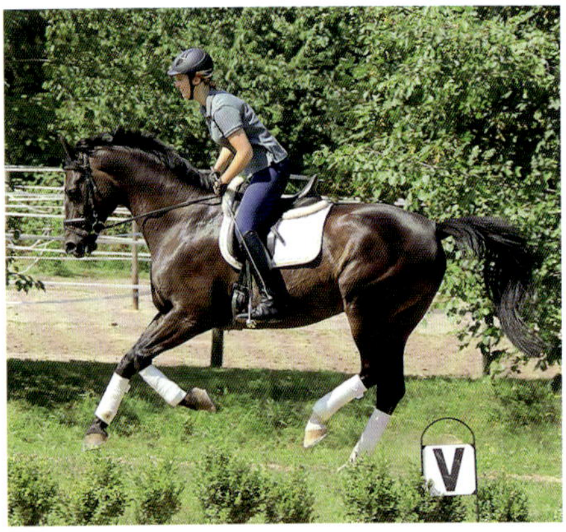

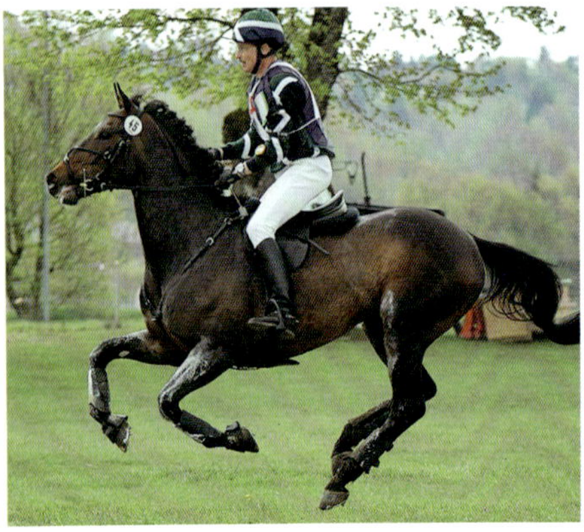

Die Dynamik eines Dressurpferdes (oben) und eines Vielseitigkeitspferdes im Vergleich. Auch hier macht eindeutig das vordere Bewegungszentrum den Unterschied.

4.5 Die Entwicklung positiver Spannung beim Vielseitigkeitspferd

Führt man die Eigenschaften des Dressurpferdes und des Springpferdes zusammen, so führt dieser Weg automatisch zum Vielseitigkeitspferd. Zwischen der Krone des Reitsports und „Die können alles, aber nichts richtig" liegt die Analyse einer eigenständigen Disziplin.

Betrachtet man ihre Entwicklung in den letzten Jahrzehnten, so kann man die größten Veränderungen der Anforderungen innerhalb aller reitsportlichen Disziplinen erkennen. Nicht zuletzt, weil die Unfallgefahr und die Anzahl von tödlichen Zwischenfällen immer noch zu hoch sind. Das Limit des Vielseitigkeitspferdes ist und bleibt dabei die Tempohärte auf der Geländestrecke. Diese Tempohärte erfordert in der Sprache der Bewegungszentren eine sehr straffe Federung. Mechanisch gesehen bedeutet das einen kurzen Federweg, der maximal viel Bewegungsenergie verarbeiten kann. Nur damit kann die erforderliche Stabilität bergauf, bergab und über die Hindernisse erreicht werden. Reduziert werden müssen dabei die Kadenz des Dressurpferdes und die Bascule des Springpferdes. Beides bedeutet für die Verarbeitung der Bewegungsenergie einen eher langen und elastischen Federweg.

Veränderung der Anforderungen

Nimmt man diese Erkenntnis und analysiert damit die Veränderung der Anforderungen an das Vielseitigkeitspferd der letzten Jahre, so fällt eines sofort auf: Vor 20 Jahren war das Limit, ein Championat zu gewinnen, eindeutig die Geländestrecke. Selbst aus einer Position unter den ersten 20 in der Dressur und ein bis zwei Springfehlern konnte man noch gewinnen. Heute ist man ab dem 5. Platz in der Dressur aus den Medaillenrängen heraus. Das führte zusammen mit dem Streichen der Rennbahnprüfung zu einer Tendenz, die Vielseitigkeitspferde vom Vollbluttyp mehr hin

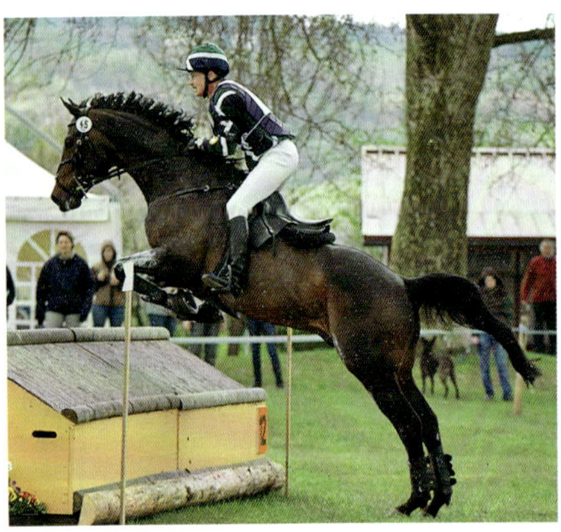

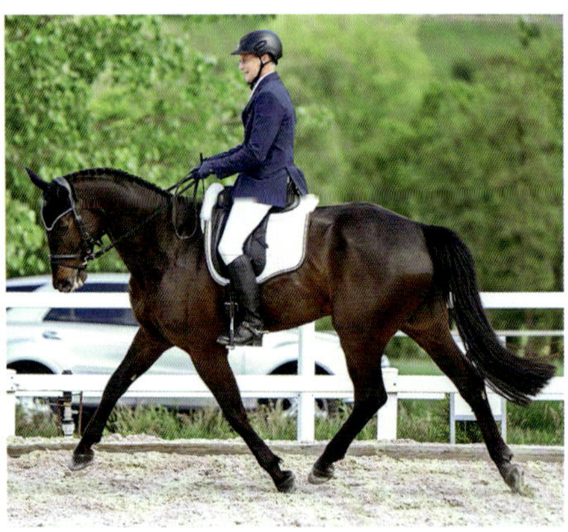

Ein im modernen Typ stehendes Vielseitigkeitspferd stellt den Ausbilder auch vor neue Herausforderungen im Bereich seiner athletischen Ausbildung.

zum Reitpferdetyp (50 % Vollblutanteil) zu züchten und auszuwählen. Tempohärte wird dadurch bei der Pferdeauswahl gegen mehr Elastizität ausgetauscht. Dadurch sieht man natürlich deutlich schönere Bilder auf dem Dressur- und Springplatz. Die Verantwortung für die Technik und das Training der Tempohärte auf der Geländestrecke wird aber dadurch umso höher.

Anpassung des Trainings

Oberste Priorität in der Vielseitigkeit hat schon immer die Gesundheit von Pferd und Reiter. Das war so, das ist so und das wird immer so bleiben. Keine andere reitsportliche Disziplin ist so von Kameradschaft zwischen Pferd und Reiter, aber auch zwischen den Reitern untereinander geprägt. Umso wichtiger ist es, die Trainingsgestaltung immer wieder den veränderten Anforderungen des Sports anzupassen. Früher waren es eher überforderte Reiter, die mit blutgeprägten kämpferischen Pferden die negativen Statistiken füllten. Heute sind es aus meiner Sicht eher Pferde, deren Verhältnis zwischen Elastizität und Tempohärte bei einer kleinen Unaufmerksamkeit von Pferd oder Reiter schneller zu einem Unfall führen kann.

Bei allen sicher berechtigten technischen Anforderungen und der hohen Qualität der Reiter müssen aus dieser Argumentation heraus bei Auswahl der Pferde unbedingt die Härte und Stabilität der Federungssysteme oberste Priorität behalten. Dies gilt auch im Management des Vielseitigkeitspferdes. Gerade aus therapeutischer Sicht muss der Schwerpunkt eindeutig auf Stabilität und nicht auf Beweglichkeit gelegt werden.

Die Federung des Vielseitigkeitspferdes

Die Federung des Vielseitigkeitspferdes ist keine Mischung zwischen Dressur- und Springpferd. Sie muss dem Vielseitigkeitssport als eigenständige Disziplin angepasst werden. Das bedeutet einen sehr geringen Federweg bei maximaler Festigkeit. Nur aus dieser Stabilität heraus kann ein Pferd in hohem Tempo auch ohne direkte reiterliche Hilfe eigenständig auf Bodenunebenheit oder andere unvorhersehbare Ereignisse direkt und reflexartig reagieren.

Zusammenfassung

Das Limit des Vielseitigkeitspferdes sind die Tempohärte und Stabilität im Gelände. Dies bei der Auswahl und der Trainingsgestaltung zu berücksichtigen ist oberstes Gebot – wobei auch hier die Grundausbildung des Dressurpferdes im Sinne von Takt, Losgelassenheit und Anlehnung das Fundament der Stabilität bilden muss. Erst daraus können sich weitere technische Anforderungen an Dressur und Springen entwickeln.

4.6 Die Entwicklung positiver Spannung beim Distanzpferd

Über längeren Zeitraum traben oder galoppieren

Die Elastizität innerhalb der Muskeln, Sehnen und Fasziensysteme wird durch die Einlagerung von Wasser in den Eiweißstrukturen ermöglicht. Dies erlaubt eine gewisse Anzahl von Wiederholungen, bei denen jeweils ein wenig Wasser ausgepresst wird. Diese passive Leistungsfähigkeit ist also endlich und schon nach wenigen Minuten verbraucht (hält etwas länger als die Energie des Löwen). Wird das Pferd nun weiterbelastet, so beginnt unweigerlich eine Überlastung innerhalb der Mikrostrukturen. Sie werden verbraucht, das Pferd verliert langfristig an Leistung. Diese Form der zeitlichen Ermüdung führt demnach zu ähnlichen Verletzungsmechanismen wie die Überlastung durch maximale Reize, vor allem in den passiven Stoßdämpfersystemen wie Sehnen und Fesselträgern. Die Redewendung „Mein Pferd braucht etwa 30 Minuten, bis es locker ist" sollte Ihnen also durchaus zu denken geben.

Nach 30 Minuten ist ein Pferd nicht locker, sondern müde.

Und wenn es müde ist, beginnt die Schädigung von Sehnen und Gelenken.
Auch der Distanzsport braucht somit vor allem in der Grundausbildung des Pferdes einen deutlichen Fokus auf der dressurmäßigen Arbeit. Sich nur mit Blut- und Herz-, Kreislaufwerten zu beschäftigen, führt unweigerlich zu Belastungsschäden im Sehnen- und Skelettsystem.

Die Federung des Distanzpferdes

Auch der Distanzsport muss hier als eigenständige Disziplin betrachtet werden. Über 120 km ist es weder möglich, durchgängig im Stile eines Dressurpferdes über den Rücken zu galoppieren, noch sinnvoll, ausschließlich die bindegewebigen Strukturen zu belasten. Die Mischung aus bindegewebiger Federung und muskulärer Absicherung muss individuell auf die jeweilige Strecke abgestimmt werden. Die dressurmäßige Arbeit kann dabei durchaus getrennt von der Stärkung der bindegewebigen Strukturen durchgeführt werden, um beides dann zum Wettkampf hin zusammenzuführen.

Das Zwerchfell beim Distanzpferd

Zur Verdeutlichung der Wichtigkeit der dressurmäßigen Arbeit noch einmal die Funktion des Zwerchfells im Zusammenhang der Position der Bewegungszentren. Wenn Brustkorb und Schultergürtel gegen die Schwerkraft angehoben und positiv aufgespannt sind, hat auch das Zwerchfell seine optimale Grundspannung und kann den Körper maximal mit Sauerstoff versorgen. Diese Einstellung entspricht dem Punkt Anlehnung der Ausbildungsskala. Bis hierhin muss ein Distanzpferd perfekt ausgebildet sein. Ab jetzt kann dieses System auf Dauerleistung perfektioniert und zur Höchstleistung gebracht werden. Die Schulung in Richtung Schwung, Geraderichten und Versammlung dient allenfalls dem Ausgleich von Gebäudemängeln. Eine dressurmäßige Ausbildung in Richtung Versammlung würde den Energieverbrauch auf den langen Distanzen massiv erhöhen und langfristig zu Leistungseinbrüchen führen.

Fallbeispiel

Vizrah, 18 Jahre alt, aus Schweizer Zucht, von der Prämienstute Rishah (von Rihan Or.Ar. aus der Jezabel) und dem russischen Hengst Versal (von Naftalin aus der Pernataja), ausgebildet und geritten von Elisabeth Stöcklin, Schweiz.

Vizrah wird vielseitig eingesetzt, vor allem im Distanzsport, aber auch in der Dressur, ab und zu im Springen und neuerdings beim Ringstechen, Bogenschießen und Tentpegging.

Seinen ersten Distanzritt über 20 km bestritt er mit fünf Jahren im Sommer 1999. Seither ist er etwa 2.500 km in der Wertung gelaufen, mit durchwegs guten Resultaten, bis 120 km war er jeweils unter den ersten Zehn, auf kürzeren und mittleren Ritten unter den ersten Fünf. Unter anderem gewann er 2003 die Araber Trophy des Schweizer Araberverbandes, wurde 4. in der Schweizer Meisterschaft über 120 km in 2009, legte zwischen 2005 und 2009 dreimal die Leistungsprüfung des Schweizer Araberverbandes ab und wurde 2009 zum Araber des Jahres der WAHO Schweiz gewählt.

2012 siegte er am Ämmitaler Distanzritt über 62 km und bekam dabei den Konditionspreis (als ältestes Pferd der ganzen Veranstaltung).

In der Dressur gegen Warmblüter startet er bis GA 7 und ist meist zumindest in der vorderen Hälfte (z.B. 7. Rang Laufen 2010).

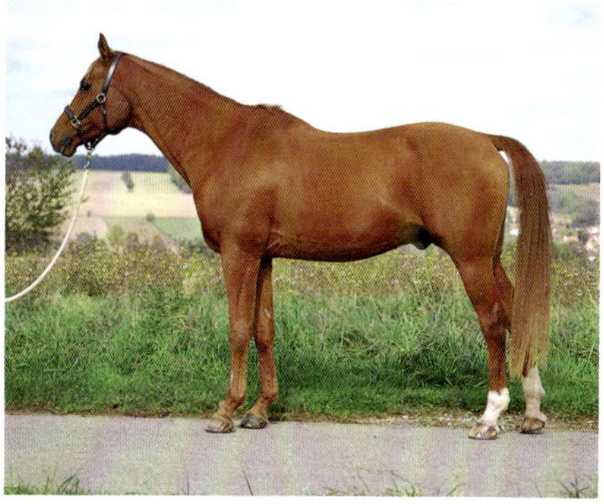

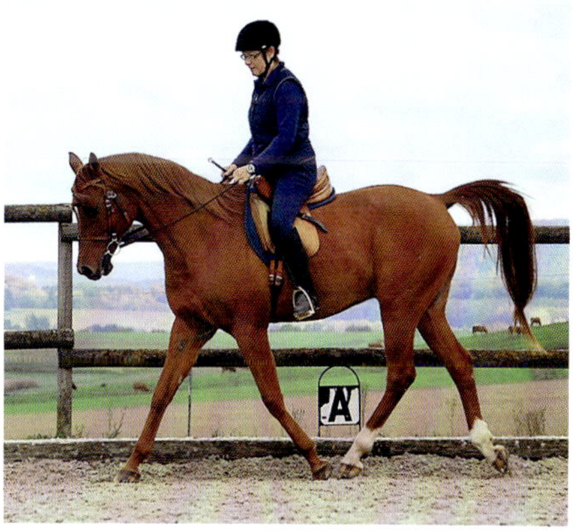

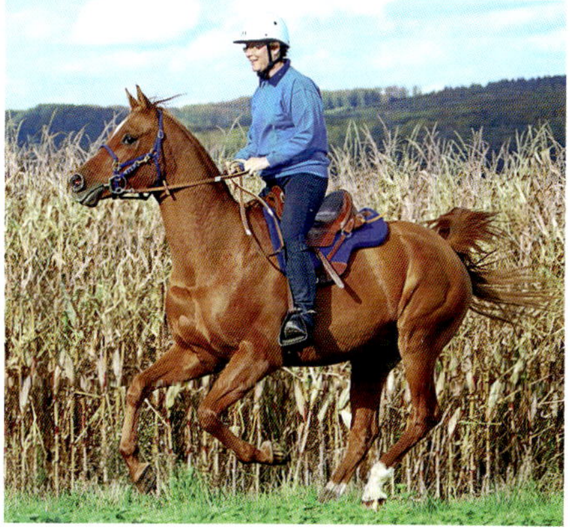

Ein Beispiel, wie der Distanzsport durch die vielseitige Ausbildung der Pferde weiterentwickelt werden kann.

4.7 Das Freizeitpferd

In keiner Sparte der Reiterei ist die unterschiedliche Interpretation der Reitweise so groß wie im Freizeitbereich. Vom ambitionierten Freizeitreiter, der seinem Pferd auch gerne Lektionen der hohen Schule beibringen möchte, bis zu demjenigen, der hauptsächlich im Schritt am langen Zügel die Seele baumeln lassen möchte.

Die Voraussetzungen entscheiden

Beides ist grundsätzlich natürlich möglich, allerdings sehr stark von den Voraussetzungen, die Pferd und Reiter mitbringen, abhängig. Im Abschnitt über die Ausbildungsskala wurde dargelegt, dass jedes Reitpferd zur Förderung seiner Gesundheit bis zum Punkt Anlehnung ausgebildet werden sollte. Dies ist bei einem durchschnittlich begabten und normal gebauten Pferd durchaus im Gelände und mit einem sehr überschaubaren Aufwand auf dem Reitplatz erreichbar. Takt, Losgelassenheit und Anlehnung sind auf guten Reitwegen oft besser zu schulen als in der Reithalle, bringen Bewegungsmotivation und Spaß für Pferd und Reiter. **Diese Komponenten sind übrigens auch für jeden Turniercrack eine Wohltat für Körper und Seele.**

Besser, als Sie denken ...

In meiner täglichen Arbeit stelle ich allerdings fest, dass sich die Freizeitreiter, die in dieser Beziehung alles richtig machen, oft selbst ihr Licht unter den Scheffel stellen. Mit einem latent schlechten Gewissen höre ich oft: „Ich bin ja nur Freizeitreiter und arbeite mein Pferd nur zwei- bis dreimal im Monat auf dem Platz." Wenn ich die Pferde beurteile, sehe ich sie oft in einem wirklich guten Zustand, für ihre Verwendung ordentlich bemuskelt und in einem guten Allgemeinzustand. Die Balance zwischen Anforderung und Entwicklung des Pferdes ist absolut gegeben.

... aber nicht immer

Leider gibt es auch die Gegenbeispiele, wo Pferde, die beispielsweise aufgrund ihres Exterieurs oder Interieurs für eine solche Verwendung nicht geeignet sind, den ganzen Tag auf einem Minipaddock verbringen – „sie sind ja immer draußen und bewegen sich" – und dann ohne jegliche Vorbereitung ab und zu am Wochenende drei bis vier Stunden Ausritte ertragen müssen. Oder diejenigen Reiter, die sich von Außenstehenden, Zeitschriften und Stallkollegen erklären lassen, dass ein Pferd „ohne Seitengänge auf Dauer nicht überleben kann". So verunsichert, beginnen sie dann ohne die Entwicklung der Grundlagen an diesen Lektionen herumzuprobieren. Oft mit der Unterstützung von selbst ernannten Ausbildern, die mit dieser Verunsicherung ihr Geld verdienen. Nicht selten sehen solche Pferde, nach vielen schönen Jahren im Gelände, nach einigen Monaten in einem solchen Programm zum ersten Mal in ihrem Leben einen Tierarzt.

Zusammenfassung

Auch Freizeitpferde sollten ein gewisses Maß an guter Grundausbildung erhalten. Nicht nur zur Kontrolle und Unfallverhütung, sondern auch zur Gesunderhaltung. Bei guter Eignung des Pferdes kann der Aufwand dafür aber überschaubar gehalten werden. Sobald das Pferd die Grundgangarten im Gelände in Takt, Losgelassenheit und Anlehnung beherrscht, ist das nötige Ausbildungsniveau erreicht. Diese Komponenten müssen nur immer wieder regelmäßig, ohne größere Pausen, abgerufen werden. Wer Lust und ausreichend Zeit dazu und Spaß daran hat, kann mit diesen Grundlagen natürlich jedes Pferd, auch solche ohne das ganz große Gangwerk, weiter ausbilden. Auch bis hin zu Lektionen der hohen Schule. Aber bitte nicht zwanghaft und mit dem Grundgedanken, „ohne Seitengänge kann das Pferd auf Dauer nicht überleben". Ein schlechtes Gewissen seinem Pferd gegenüber braucht niemand zu haben, der sich an diese einfachen Regeln hält. Auch wenn er nicht vier Tage die Woche auf dem Dressurplatz verbringt.

4.8 Die Ausbildung unterschiedlicher Pferdetypen

Bisher wurden die biomechanischen Grundlagen immer anhand eines durchschnittlichen Pferdetyps erklärt. In der Realität haben wir es allerdings mit sehr unterschiedlichen Typen von Pferden zu tun, die sich teilweise extrem in ihren Eigenschaften voneinander unterscheiden. Um Ihnen einen kleinen Einblick in die Konsequenzen für die Ausbildung zu geben, möchte ich einige unterschiedliche Pferdetypen vorstellen.

Das optimale Pferd

VBZ und HBZ sind optimal ausbalanciert und aufgespannt. Dieser Zustand ist zwar selten, aber auch beim jungen Pferd möglich. In der Regel sind dies mittelgroße kompakte Pferde, die auch schon vierjährig wie fertige Reitpferde aussehen. Werden diese Pferde im korrekten Grundtempo gearbeitet, fällt es ihnen leicht, den einzelnen Stufen der Ausbildungsskala zu folgen. Ihre Bewegungszentren schwingen stabil, mit wenig Bewegung nach unten, und federn kraftvoll und taktsicher nach vorne oben. Sie sind in der Lage, früh lektionsorientiert gearbeitet zu werden.

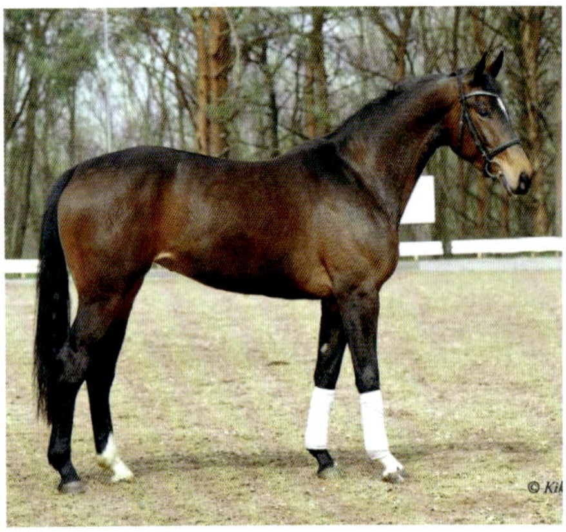

Trotzdem müssen auch sie die einzelnen Stufen der Ausbildungsskala nacheinander erklimmen, selbst wenn es sicher schneller geht als bei anderen Typen. Das, was diese Pferde anbieten, kann man durchaus auch annehmen, forcieren sollte man es allerdings auch erst, wenn sie über mehrere Monate im jeweiligen Ausbildungsstand korrekt gearbeitet wurden. Als Springpferd zeichnen sich diese Pferde durch ihren Rhythmus und ihre Sicherheit in der Landung aus. In allen Disziplinen werden diese Pferde als solide und leistungsfähig gerne gesehen. Auch wenn sie zu Beginn vielleicht nicht die ganz spektaku- lären Bewegungen zeigen sind sie hervorragend als Championatspferde geeignet, weil sie früh Takt und Losgelassenheit in Perfektion zeigen.

Das langbeinige, blutgeprägte, hoch elastische Pferd

Sicher das schwierigste System in den ersten Ausbildungsabschnitten. Extrem viel Mechanik und Elastizität aus den Gliedmaßen entwickelt ebenso viel Bewegungsenergie, die zu Beginn noch nicht vollständig korrekt über die Schnittstellen der Bewegungszentren übertragen werden kann. Das Pferd versucht häufig, seine Stabilität im Rumpf in der Regel durch eine hohe Spannung der Rückenmuskulatur zu organisieren. Nimmt der Reiter diese Richtung an, so kann er zwar kurzfristig spektakuläre Bewegungen abrufen, die Problematik wird aber beim Blick in die Bewegungszentren schnell klar.

VBZ und HBZ werden fehlerhaft eingestellt. Die langen Hebel verstärken die Problematik deutlich und die Kraftübertragung wird durch die verspannte Rückenmuskulatur immer mehr blockiert. Das eigentlich gehfreudige Pferd verliert seine Vorwärtsbewegung und muss mit immer mehr Sporeneinsatz in Bewegung gehalten werden.

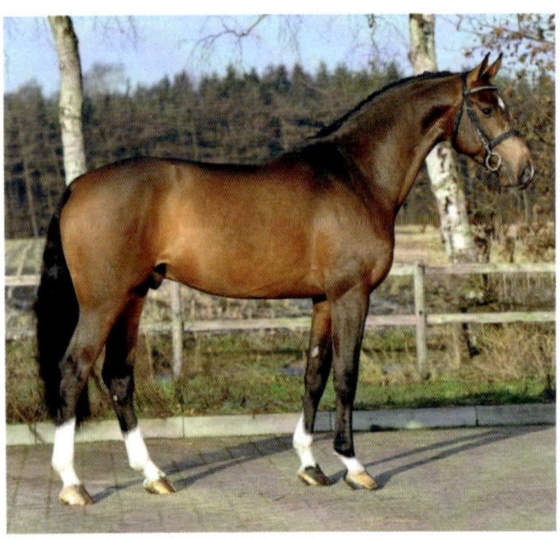

Der Lösungsansatz liegt hier darin, das Pferd frühzeitig vor allem im VBZ zu korrigieren bzw. seinen angebotenen Bewegungsablauf auf gar keinen Fall anzunehmen. Die einzige Bewegungsrichtung dieser Pferde muss zu Beginn vorwärts und geradeaus sein. Der Hals als Balancestange fördert das Öffnen und Anheben des Brustkorbes in kurzen Reprisen durch eine deutliche Vorwärts-abwärts-Position – allerdings mit genügend Körperspannung, damit das System nicht nach vorne überkippt und damit die Vorhand belastet. Sobald die Bewegungsenergie der Hinterhand nach vorne gerichtet im VBZ spürbar wird, ist es nötig, diese abzufangen und in zusätzliche positive Körperspannung umzuwandeln.

Die halbe Parade in all ihren Facetten ist dafür das probate Mittel, immer unter der Voraussetzung, dass die vorwärtstreibende Hilfe auch im Anheben und Nach-vorne-Drehen des Brustkorbs ankommt. Diese Pferde brauchen unbedingt einen vorgegebenen Rahmen durch den Reiter, der jedoch niemals zu straff geführt werden darf.

Kleine Hallen, unebener, weicher Boden und enge Wendungen sind Gift für diese Pferde. Wer vor der Bewegungsenergie dieser Pferde zu viel Respekt hat, muss sich unbedingt die Hilfe eines erfahrenen Reiters suchen, der diese Pferde auch mal kontrolliert gehen lässt – auch wenn es für den ein oder anderen Reiter paradox scheinen mag. Gerade diese vor Bewegungsenergie strotzenden Pferde dürfen zu Beginn nicht gebremst werden. Zuerst muss die Bewegungsenergie nach vorne in die richtige Richtung gelenkt werden, um das VBZ zu öffnen. Erst dann kann sie kontrolliert werden.

Beim Springen wird das Problem dieser Pferde noch deutlicher. Mit viel (negativer) Körperspannung können diese Pferde über die Katapulte der Vorder- und Hinterbeine schnell sehr hoch springen. In der Landung dagegen wird das VBZ ebenso schnell maximal überlastet, fühlbar durch ein tiefes Absinken in den Schultergürtel nach dem Sprung. Dies führt dazu, dass sie mit jedem Sprung über Monate in ihrer Bascule eher schlechter als besser werden. Die Pferde brauchen in der Regel drei bis vier Galoppsprünge nach der Landung, bis sie wieder ausbalanciert sind. Das ist das allerletzte Zeichen dafür, das Training in Richtung Stabilisation umzustellen, bevor der erste Fesselträgerschaden entsteht.
In diesem Fall heißt das für solche Springpferdetypen: Dressurarbeit, Dressurarbeit, Dressurarbeit. Nicht täglich im Viereck, sondern abwechslungsreich im Gelände, auf dem großen Außenplatz und über Hindernisse. Ein Trainingskonzept, das übrigens auch für die Dressurspezialisten Wunder bewirken wird.

Grundsätzlich braucht dieser Pferdetyp mindestens zwei Jahre länger für die Grundausbildung als das typische Durchschnittspferd.

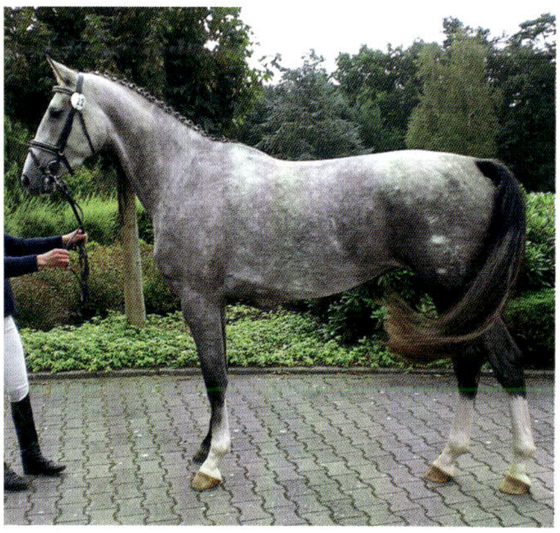

Das Pferd mit einem langen Rücken

Mechanisch gesehen bedeutet ein langer Rücken zunächst längere Hebel für die Bewegungszentren bei der Entwicklung der korrekt aufgespannten Positionen. Das Pferd benötigt also mehr Energie, die zu Beginn der Ausbildung am besten durch eine deutliche Vorwärtstendenz zu realisieren ist. Hat das Pferd diese Vorwärtstendenz, so darf diese auf keinen Fall behindert werden. Dies würde die langen Hebel unweigerlich in die falsche Richtung bewegen. Auch das manchmal naheliegende Verkürzen des Rahmens in einem frühen Ausbildungsstadium führt automatisch zum Verkürzen in die falsche Richtung. Nur über die Vorwärtsbewegung kann das Pferd langsam, aber dafür nachhaltig, die Muskulatur entwickeln, um Brustkorb und Becken in die korrekte Bewegungsrichtung gegen die Schwerkraft einzustellen. Man muss dabei durchaus mit einer Verlängerung der Ausbildungszeit von bis zu einem Jahr rechnen.

Ein schwieriges Thema

Diese beiden letztgenannten Pferdetypen sind leider prädestiniert dafür, durch übereifrige Reiter sehr früh überlastet zu werden. Sie fallen oftmals durch das Raster der viel zu schnellen Grundausbildung. Dann gehen sie häufig den Weg – weil inzwischen verletzt und/oder sehr günstig – zu Freizeitreitern, die diesen Pferden mit viel gutem Willen eine zweite Chance geben möchten. Das ist natürlich löblich, stellt diese Reiter allerdings vor sehr große Herausforderungen. Die Korrektur eines solchen Pferdes ist eine hohe Kunst, auch wenn als Ergebnis am Ende nur ein braves, umgängliches Pferd erwartet wird. Die Anforderungen, die an Reiter, Ausbilder, Ausrüstung und auch an das Pferd selbst gestellt werden, sind sehr hoch und am Ende nur durch ein hohes Maß an Erfahrung zu meistern.

Das schwerfällige großrahmige Pferd mit wenig Körperspannung

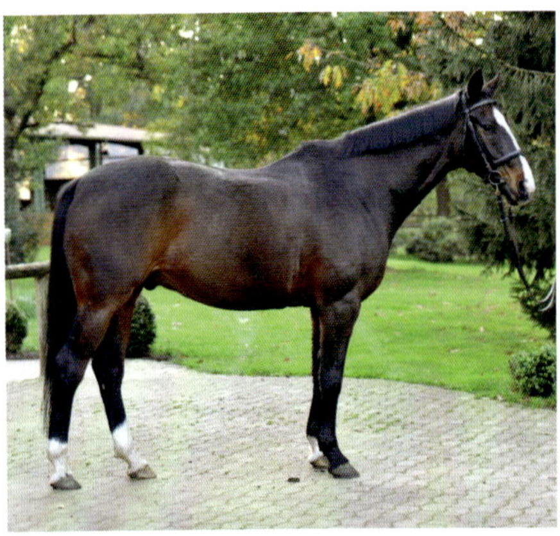

Auch bei diesem Typ ist es zu Beginn nicht leicht, die Bewegungszentren in die korrekte Position zu bekommen. Allerdings arbeitet das Pferd nicht aktiv dagegen. Neben dem anspruchsvollen Exterieur fehlt es vor allem an eigenem Antrieb. Diese Pferde sind zu Beginn im Gelände, möglichst mit einem motivierten, gehfreudigen Kameraden, am besten aufgehoben. Die Grundlagen der dressurmäßigen Ausbildung bis hin zur Anlehnung sind auch im Gelände zu entwickeln. Man muss dazu nicht gezwungenermaßen auf das Dressurviereck. Dieser Typ Pferd wird Ihnen diese Entscheidung später, wenn er erst einmal ein Grundniveau an Athletik aufgebaut hat, mit einer motivierten Mitarbeit danken.

Das kurze, gedrungene Pferd

Diese Pferde bringen durch ihren Körperbau ein hohes Maß an Grundstabilität mit und sind deshalb als Freizeitpferde für den weniger erfahrenen Reiter sehr gut geeignet. Sie benötigen den geringsten Aufwand an gymnastizierender Arbeit im Sinne der Kräftigung, um einen Reiter zu tragen. Die Lektionen können in diesem Fall eher mobilisierend eingesetzt werden und sind weniger fehleranfällig. Wichtig sind für diese Pferde vor allem lange Schrittphasen, in denen sie ihren Körper in der maximalen Dehnungshaltung mit hingegebenem Zügel geschmeidig halten.

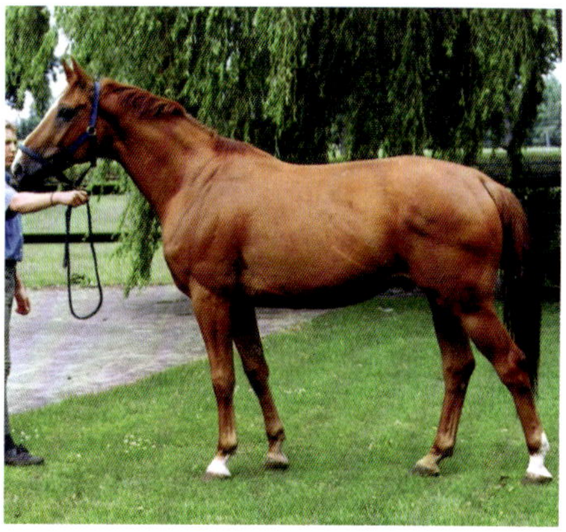

Zusammenfassung

Allgemeingültige Ausbildungs- und Trainingsprinzipien sind nur so gut, wie sie der Reiter individuell an die Gegebenheiten seines Pferdes anpasst. Diese zwingend nötige Anpassung bedeutet nicht die Relativierung der Ausbildungsskala und darf auch nicht als Ausrede für ihre fehlerhafte Umsetzung gelten. Allerdings muss der Ausbilder auch die Möglichkeit haben, für kurze Zeiträume ausgetretene Pfade zu verlassen, um einem Pferd die richtigen Impulse geben zu können. Der Respekt der Kreatur gegenüber und die Fairness bleiben dabei oberstes Gebot.

Die Umsetzung in der täglichen Arbeit

Wie können alle diese theoretischen Erkenntnisse nun in die tägliche Arbeit umgesetzt werden? Alle, die für die Ausbildung eines Reitpferdes Kochrezepte verlangen, werden auch weiterhin enttäuscht werden.

Was passiert, wenn 25 Reiter von einem Trainer zehn gleiche Maßnahmen zur Verbesserung der gebogenen Linie bekommen und sich alle nach einem Jahr wiedertreffen? Sie werden wohl 250 unterschiedliche Ausprägungen von Fehlern auf der gebogenen Linie sehen. Was passiert aber, wenn der Ausbilder versucht, denselben 25 Reitern die Stärken und Schwächen ihres jeweiligen Pferdes auf der gebogenen Linie zu vermitteln und gleichzeitig die Motivation in ihnen weckt, sich intensiv mit diesen auseinanderzusetzen? Nach einem Jahr werden Sie individuell bei jedem Reiter den einen oder anderen Fortschritt sehen, je nach Talent, Motivation und Ehrgeiz von Pferd und Reiter.

Rollkur, Hyperflexion oder Training

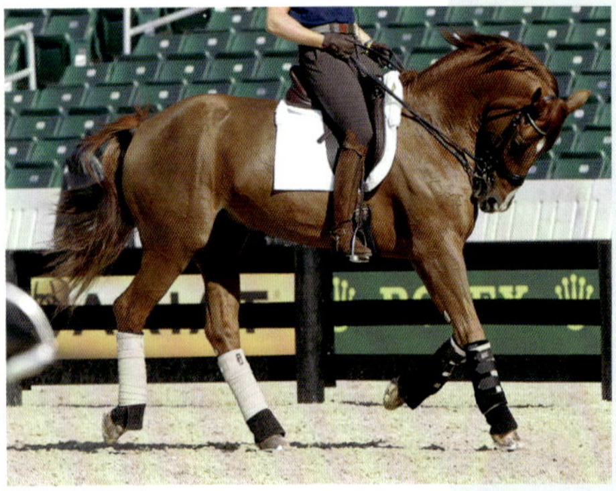

Das ist tierschutzrelevant!

Zum Abschluss des Kapitels ein Thema, das die Reiterwelt aufgerüttelt und gespalten hat: **die Rollkur.**
Inzwischen wird in gewissen Kreisen jede noch so geringe Abweichung der Nasenlinie hinter die Senkrechte grundsätzlich als Rollkur und somit als Tierquälerei verteufelt. Wird diese Position mit einigen Kilo Zug am Zügel, einem scharfen Gebiss und oder dem Schlaufzügel erreicht, so trifft das auch uneingeschränkt zu. Es gibt aber auch Situationen, in denen sich das Pferd kurzfristig leicht hinter die Senkrechte entzieht. Dieses ist durchaus als kurzfristige entlastende Position für die Oberhalsmuskulatur zu werten.

Ist das junge, unreife Pferd noch nicht in der Lage, seinen Hals in voller Länge aktiv zu tragen, so wird es seinen Kopf in mancher Situation von selbst hinter die Senkrecht positionieren. Es verkürzt damit den Hebel der Last des Halses, entlastet damit einen Teil des vorderen Bewegungszentrums und ermöglicht so möglicherweise das Anheben des Brustkorbes über die Rumpfträger. Das bedeutet: Das kurzfristige Sich-Entziehen im Bereich der Oberhalsmuskulatur kann bei genügender Vorwärtstendenz die Aktivität der Schultergürtelmuskulatur fördern. Das ist natürlich kein Ausbildungsziel und in gewisser Weise entzieht sich das Pferd damit der Arbeit der Oberhalsmuskulatur. Für einen gewissen Zeitraum kann man aber eine solche Position durchaus tolerieren, wenn das Pferd über die Aktivierung der Hinterhand und die Kontrolle des Brustkorbes nach oben so gekräftigt wird, dass es nach wenigen Wochen in der Lage ist, den Hals in der korrekten Position der Dehnungshaltung zu tragen. Wenn ein qualifizierter, vernünftiger Reiter sein Pferd in gewissen Sequenzen tiefer einstellt, so kann das ebenfalls mit dem Ziel erfolgen, den Brustkorb besser und intensiver zu kontrollieren und zu kräftigen. Auch das ist keine Rollkur, sondern eine individuelle Trainingsvariante für Pferde mit einem schwachen Schultergürtel. Auch diese Tatsache gehört zu einer sachlichen Analyse, um die wirklich schwarzen Schafe von seriösen Ausbildern zu trennen.

Grundsätzlich gilt: Die milde Position hinter dem Zügel selbst verursacht weder eine Schädigung der Gelenke noch Schmerzen. Erst wenn sie mit Druck im Zügel oder scharfer Zäumung erreicht und/oder stark übertrieben wird, entstehen hohe Drehmomente im Genick, die schädlich und tierquälerisch sind. Als dauerhafte Position des Halses ist sie ungeeignet, weil sich das Pferd dabei in der Oberlinie der tragenden Arbeit entzieht. Übertriebenes Einrollen schränkt das Blickfeld des Pferdes stark ein und ist aus diesem Grunde eben-

falls abzulehnen. Zudem kehrt sich am Ende der Bewegung die entlastende Wirkung auf das Drehmoment durch die Spannung der unteren Muskelkette des Halses wieder um.

Schlussfolgerung:
Wenn mit dem Begriff Rollkur oder Hyperflexion das absichtliche Brechen der positiven Spannung des Pferdes mit deutlich handdominierten Hilfen in Richtung der negativen Spannung gemeint ist, so darf es dafür in der Ausbildung des Pferdes und auf den Abreiteplätzen der Welt keinen Platz geben. Nicht für zehn Minuten, nicht für zwei Minuten und nicht für zehn Sekunden. Sichtbares Zeichen dafür ist die Brechung der Parallelität von hinterem Röhrbein und Unterarm im Trab auf Kosten eines spektakulären Strampelns der Vorderbeine. Weicht das Pferd von sich aus kurzfristig hinter die Senkrechte, so ist das zunächst als ein Sich-Entziehen vor der Arbeit in optimalen Muskelschlingen zu werten. Ein solches Pferd ist in seiner muskulären und koordinativen Entwicklung noch unreif. Der Reiter sollte sich überlegen, ob er dieses Pferd schon auf einem Turnier vorstellt oder nicht. Der Richter sollte es auf jeden Fall in diese Richtung beurteilen und dementsprechend bewerten. In der täglichen Arbeit mit jungen unreifen Pferden sollte man dieses Ausweichen aber dann nicht überbewerten und schon gar nicht angstvoll die Ausbildung komplett unterbrechen, wenn das Pferd in der Lage ist, seine Bewegungszentren aufzuspannen. Dabei müssen Takt und Losgelassenheit in den Grundzügen erhalten bleiben. Damit kann sich aus dieser Position heraus durch die strukturierte Gymnastizierung des Pferdes seine Dehnungsbereitschaft entwickeln und festigen.

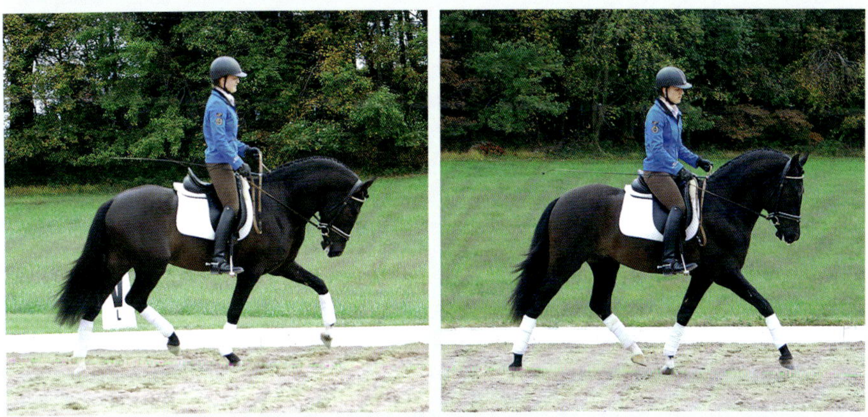

Position hinter und vor der Senkrechten ohne negative Auswirkungen auf den Bewegungsablauf durch den Körper

5 Der Reiter

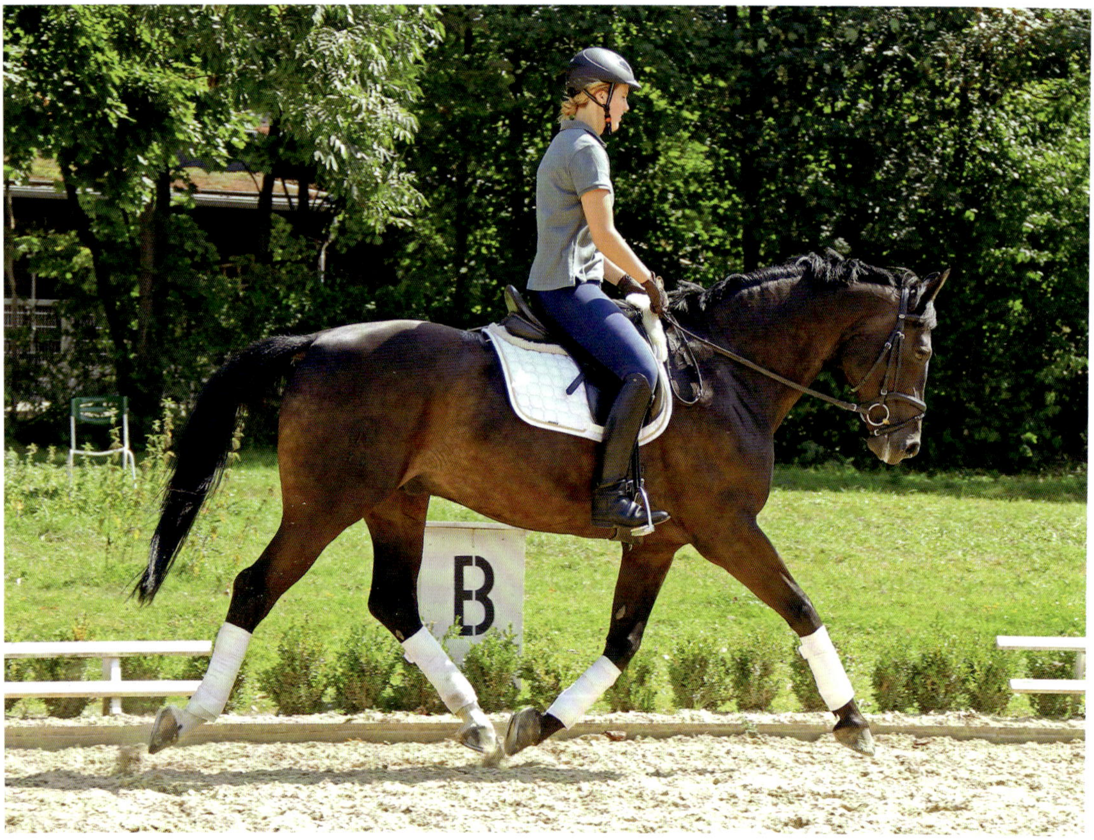

Der Sitz des Reiters ist die Grundlage für jede Form der Einwirkung auf das Pferd.

Aufrechter Gang – aufrechter Sitz?

Das System der positiven Spannung innerhalb der Bewegung lässt sich auch auf den Reiter übertragen. Wie bereits erwähnt, hat der Mensch durch den aufrechten Gang eine völlig andere Statik als das Pferd. Gesetze der Physik gelten aber für Zweibeiner wie für Vierbeiner, sie müssen nur der jeweiligen Situation angepasst werden. Daher ist es mehr als sinnvoll, dass Reiter sich auch mit den ***biophysikalischen Gesetzmäßigkeiten*** des Reitens beschäftigen – also mit sich selbst.

5.1 „Sitz“ kontra Bewegungsmangel

Zunächst möchte ich einen kritischen Blick auf die aktuelle Realität in der Reitausbildung richten. Tatsache ist, dass ein großer Teil der Reitschüler gar nicht mehr in der Lage ist, den eigenen Körper sicher gegen die Schwerkraft zu stabilisieren – und das bereits zu Fuß. So haben bis zu 30 Prozent der Schulkinder Haltungsschäden und 70 Prozent klagen über gelegentliche Rückenschmerzen. Viele wissenschaftliche Untersuchungen der letzten Jahre beschreiben diese Phänomene genau und geben berechtigte Gründe zur Sorge. Die Haltungsschäden und Schmerzen sind verursacht durch Bewegungsmangel und damit einhergehenden muskulären und koordinativen Defiziten.

Genau hier kann gerade der Reitsport für die **Gesundheit der Kinder und Jugendlichen** eine wichtige Rolle übernehmen. Der Mensch unterliegt den gleichen physiologischen und physikalischen Gesetzmäßigkeiten wie das Pferd, nur auf einer anderen Ebene. Beide müssen sich gegen die Schwerkraft stabilisieren, sobald sie sich bewegen. Die hohe Motivation für Bewegung, die das Pferd mit sich bringt, in Verbindung mit der Entwicklung des unabhängigen Grundsitzes sind optimale Voraussetzungen, um Defiziten in der Körperhaltung entgegenzuwirken. Die Bewegungsangebote rund um die Pflege des Pferdes wie auch die Verantwortung und ethische Kompetenz, die Reiter aller Altersgruppen erwerben können, sind gar nicht hoch genug einzuschätzen.

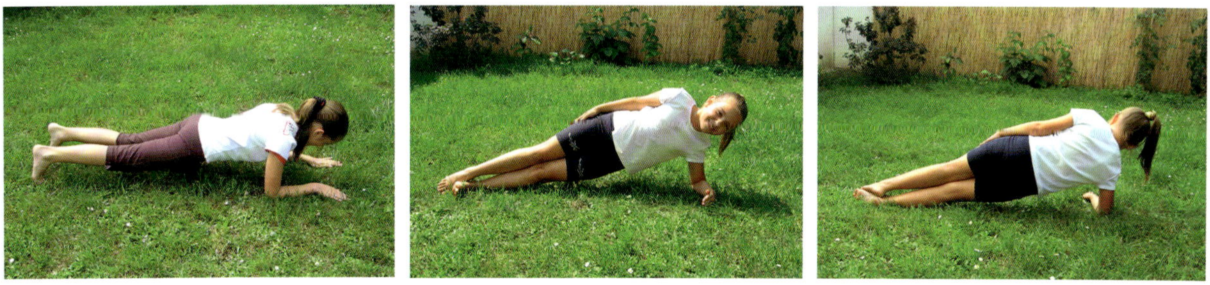

Einfache statische Tests geben einen ersten Eindruck über die Grundkraft der wirbelsäulenstabilisierenden Muskulatur.

Chancen und Hürden

Nehmen wir die Untersuchungen zur Wirbelsäulenstabilität ernst, so müssen wir uns klarmachen, dass Reitschüler schnell mit der gängigen klassischen Unterrichtsgestaltung überfordert sein können. Versucht der Reitlehrer, seinen Schüler zu schnell in die korrekte Position zu fuhren, so wird dieser zwangsläufig aufgrund von muskulären Schwächen Ausweichbewegungen – sichtbar oder unsichtbar – durchführen müssen.

Zum Thema „Sitz" des Reiters

Es ist nicht notwendig, in allen Bereichen das Rad neu erfinden zu wollen. Und doch gibt es gängige Begriffe, die aus sich heraus fehlerhafte Bilder erzeugen. Auch der „Sitz" des Reiters ist so ein Begriff. Mit Sitzen verbindet der Mensch sich hinsetzen, entspannen, auf einem Stuhl sitzen. Alle Versuche, Menschen – vor allem lange sitzenden Büromenschen – den aufrechten Sitz beizubringen, scheitern früher oder später; nicht an dem guten Willen der Akteure, sondern ganz einfach, weil der Begriff Sitzen im Menschen immer ein statisches, unbewegliches Bild erzeugt. Über einen längeren Zeitraum unbeweglich und gerade zu sitzen ist aber für einen Menschen physiologisch gar nicht möglich, weil seine Muskeln diese statische Arbeit nicht vollbringen können.

Die positive Spannung, die unsere aufrechte Haltung erfordert, kann nur in Bewegung erzeugt werden. Und die Position des Reiters auf dem Pferd sollte grundsätzlich zu jeder Zeit und in jeder Situation dynamisch sein!

Dynamisch-koordinative Stabilisationstests in verschiedenen Ebenen

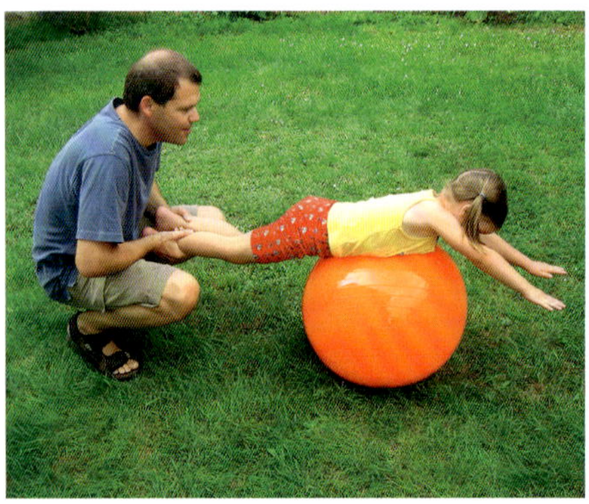

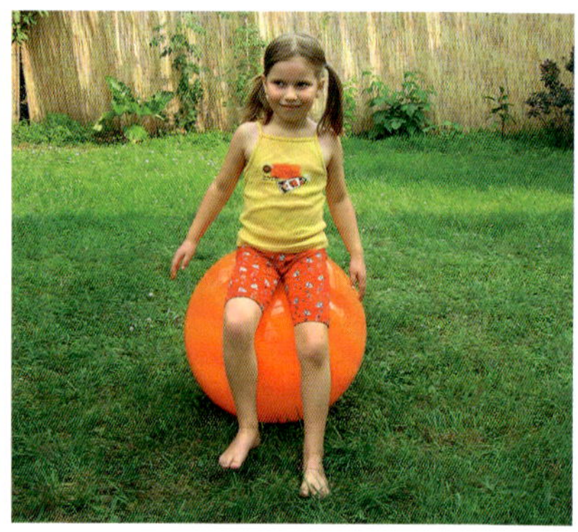

Viele vertiefende Anregungen zum Thema „Sitz des Reiters" finden Sie in der Liste der weiterführenden Literatur bei Susanne von Dietze, Isabelle von Neumann-Cosel und Eckard Meyners, die diese Tatsache seit Jahren vehement vertreten und viele vernünftige Lösungsansätze gefunden haben.

Wenn Sie eine sitzende Tätigkeit haben, vergeuden Sie also keine Zeit mit dem Üben des „richtigen" Sitzens. Es gibt drei vernünftige Alternativen:

1. Stehen Sie auf und bewegen Sie sich.
2. Kaufen Sie sich einen Stuhl, der Sie daran hindert, still zu sitzen.
3. Kaufen Sie sich einen Stuhl, der Ihnen passt wie ein guter Schuh und Sie damit optimal passiv unterstützt, wenn Sie tatsächlich gezwungen sind, längere Zeit in dieser Position zu verharren.

Ihr Pferd und Ihr Rücken werden es Ihnen danken!

Bewegungsmangel

Der Mensch ist für den aufrechten Gang konstruiert, hat ihn aber vielfach durch *Bewegungsmangel* schlicht verlernt oder gar nicht erst sicher erlernt. Untersuchungen an Säuglingen zeigen, dass sich schon der Bewegungsmangel der Mutter negativ auf die motorische Entwicklung von Embryos auswirkt. Will man diesen Mangel korrigieren, so braucht man die entsprechenden Voraussetzungen in den Komponenten *Kraft, Koordination und Beweglichkeit*. Diese Elemente sind erlernbar bzw. trainierbar. Und zwar besonders gut durch das Reiten!

Dafür darf man aber nicht nur *auf dem Pferd sitzen*, sondern man muss tatsächlich *aktiv reiten*.

5.2 Die Position des Reiters – Definition

Da ich ein Freund von Definitionen bin, habe ich versucht, die Position des Reiters auf dem Pferd zu definieren:

„Die dynamisch aufrechte Position des Reiters auf dem sich bewegenden Pferd in Balance und Losgelassenheit"

In diesen Begriffen ist alles untergebracht, was die Eigenschaften eines guten reiterlichen Sitzes definiert. Wenn Ihnen als Ausbilder das zu kompliziert und zu lang ist, um im Bedarfsfall Ihre Reitschüler zu korrigieren („Positioniere dich doch mal endlich dynamisch aufrecht in Balance und Losgelassenheit!"), dürfen Sie auch gerne weiter „Sitz" sagen, Sie müssen aber wissen, was sich hinter dem Begriff verbirgt. Noch besser ist es allerdings, nicht Symptome zu korrigieren, sondern echte Lösungsansätze zu entwickeln.

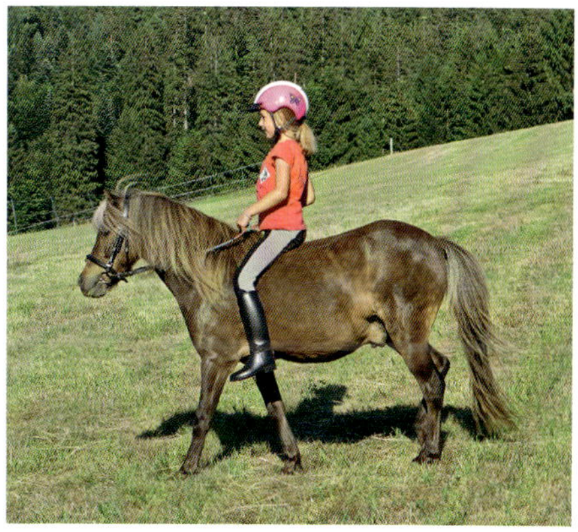

Ohne Sattel bergab über die Wiese

Die Analyse der Position des Reiters

Schon Xenophon hat diese Position „als aufrechtes Stehen mit gespreizten Beinen" beschrieben.

Diese Aussage stimmt, solange das Pferd auch steht. Beginnt es sich zu bewegen, so bewegt sich das Becken des Reiters mit. Im günstigsten Fall nimmt er den Bewegungsrhythmus des Pferdes auf. Das Becken des Reiters wird also vom Pferd rhythmisch auf seinen Bewegungsablauf eingeschwungen. In diesem Sinne ergänzend könnte man also folgende Formulierung finden: „Aufrechtes Gegangen-Werden über die Bewegung des Becken mit gespreizten Beinen".

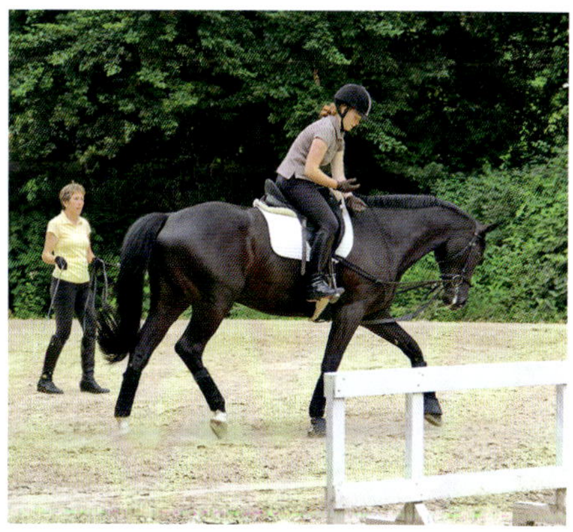

Der Sitz des Reiters muss immer dynamisch auf den Bewegungsablauf des Pferdes reagieren können, damit er daraus wiederum aktiv agieren kann.

Die Rolle des „Reitergefühls"

In diesem Bewegungsablauf beginnt beim fortgeschrittenen Reiter das sensorische (fühlende) System zu arbeiten. Durch die Bewegung seines Beckens bekommt er Informationen über die Bewegung der Wirbelsäule und des Beckens des Pferdes. Diese Informationen muss der Reiter lesen und interpretieren können. Nur wenn er spürt, wann exakt ein Bein auf- und abfußt, kann er es aktiv beeinflussen. Nur wenn er spürt, was seine Hilfen im Pferd bewirken, kann er sie beurteilen und gegebenenfalls verändern.

Doch welche Voraussetzungen braucht der Reiter, um diese Eigenschaften zu entwickeln? Geht das mit „Draufsitzen, Entspannen und Fühlen"? Nein, mit ***Entspannen*** geht das leider schon wieder nicht.
Das ***Fühlen*** setzt ein aktiv aufgespanntes Sehnen- und Bandsystem und ein korrekt in Losgelassenheit arbeitendes muskuläres System voraus. Nur die gespannten Sehnen und Bänder können Informationen übertragen wie ein Telefon aus Schnur und Joghurtbecher. In der Fachsprache nennt man diesen Mechanismus Propriozeption. Um mit diesem aufgespannten Sehnen- und Bandsystem umgehen zu können, muss der Reiter erst einmal lernen, ***sich selbst zu fühlen***, und das möglichst in den korrekten Positionen.

Wie beim Dosentelefon können Bewegungsinformationen im Körper nur in einem positiv gespannten System übertragen werden.

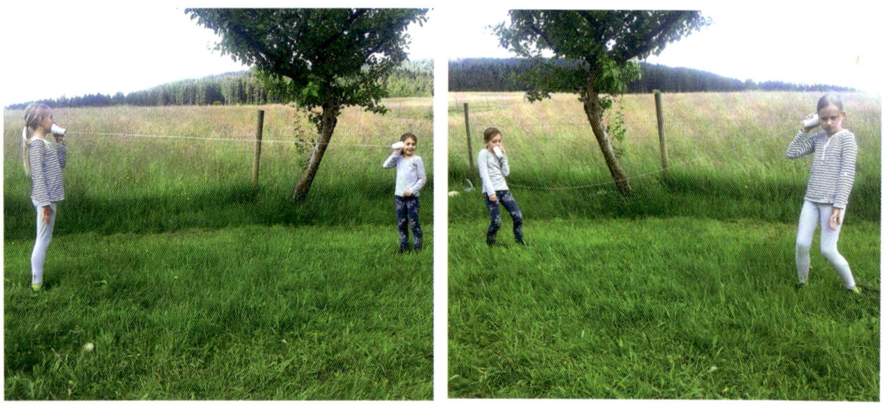

Wie der Schwung des Pferdes wirkt

Ich denke, die Position des Reiters ist theoretisch klar. Warum sehen wir dann trotzdem immer wieder unharmonische Bilder? Möglicherweise, weil das Pferd irgendwann beginnt zu traben!
Doch was ist dabei denn so anders? Ist es nicht möglich, nach einiger Zeit von allein sein Gleichgewicht wiederzufinden, so wie beim Fahrradfahren?
Nein, denn beim Fahrradfahren gibt es keine ***Auf- und Ab-Bewegung***. Deshalb wirkt auf den Körper des Radfahrers auch keine Beschleunigung gegen die Schwerkraft.

Beim Reiten ist das anders. Der Schwung des Pferdes überträgt sich auf den Reiter. Bei der Abwärts-Bewegung wirkt der Rumpf des Menschen als träge Masse. Physikalisch ausgedrückt: Die 30 bis 40 Kilo Rumpfgewicht werden beschleunigt und müssen im Bereich des 10. Brustwirbels abgefangen werden. Je nach Korrektheit der Position entwickelt sich dort ein Drehmoment, das bis zum Dreifachen der Masse des Rumpfes entspricht, weil der Oberkörper sich dort zusammenfalten möchte (synonym zum Rumpf des Pferdes in der Lendenregion). Je mehr ein Reiter sich zusammenfaltet, desto länger wird der Hebel der Last. Ein **krummer Rücken** kann also beim durchschnittlichen Erwachsenen gut und gerne umgerechnet 80 bis 100 kg Belastung auf den 10. Brustwirbel entwickeln.

Die Ausweichbewegungen des Reiters

Wie das Pferd kann auch der Reiter unterschiedliche Strategien entwickeln, sich der koordinierten dynamischen Stabilisation zu entziehen. Zunächst gibt es das oben genannte Zusammenfalten. Der Reiter entwickelt einen Rundrücken, meistens in Kombination mit einem rhythmisch wackelnden Kopf. Das Gegenmodell dazu ist die Fixierung des Rückens im Hohlkreuz Eine weitere Ausweichbewegung in der dritten Dimension ist der Hüftknick (der in der Regel in der Taille sichtbar ist) kombiniert mit einer Verdrehung zwischen Brustkorb und Becken.

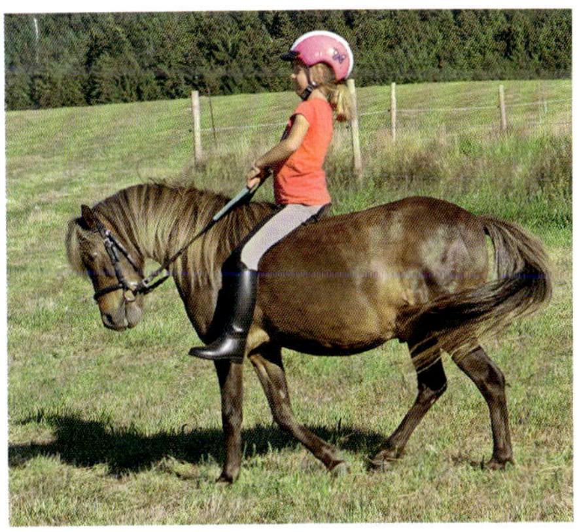

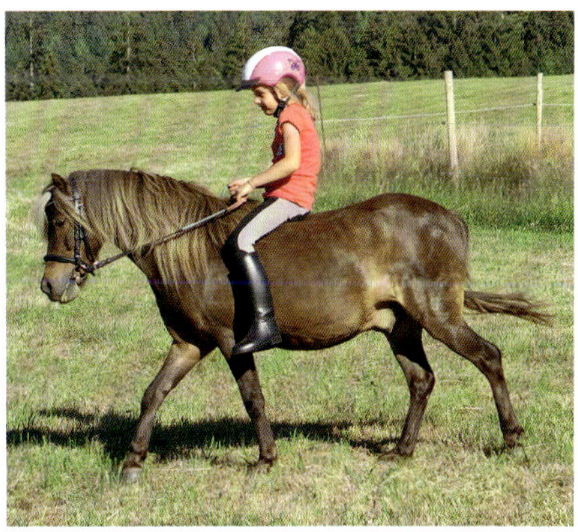

Hohlkreuz und Rundrücken als Ausweichbewegungen

Bewegung als Sinnesorgan

Die schwunghafte Pferdebewegung hat aber noch eine andere Wirkung. Das Becken des Reiters entwickelt als Aufhängesystem für die Muskulatur der aufrechten Haltung eine neue, ungewohnte Dynamik. Alle bewusst und unbewusst aufgenommenen Informationen vom und aus dem gesamten Bewegungssystem werden plötzlich diffus und müssen neu geordnet werden. Sie werden nicht mehr von den Beinen, sondern direkt vom Becken aufgenommen und interpretiert, was im Körper zunächst für Verwirrung sorgen kann. Trotzdem oder gerade deswegen ist

die Pferdebewegung in idealer Weise auf den menschlichen Körper zugeschnitten – allerdings auf einen, der sich physiologisch korrekt bewegt. Jedes Abweichen von der idealen Position wird auf dem Pferd sofort sichtbar; über Jahre entwickelte Reflexe und Ausgleichsmuster funktionieren plötzlich nicht mehr.
Dieser Effekt entspricht der Herausforderung, vor einer Computer-Tatstatur zu sitzen, an der jemand die Tasten durcheinandergewürfelt hat. Es ist alles da, was Sie brauchen, Sie müssen aber jede Taste erst einmal wieder neu suchen.

Reiten als bewegungstherapeutische Maßnahme

Dies ist übrigens ein Grund dafür, warum Schrittreiten bei „Nicht-Reitern" mit Fehlhaltungen und bei Menschen mit Handicaps überaus erfolgreich als Therapie eingesetzt werden kann. Ihre alten fehlerhaften Bewegungsmuster werden durchein- andergewürfelt. Gleichzeitig überträgt das Pferd im Schritt ein korrektes „Gangbild" auf das Becken des Reiters. Daher ist für manche Rollstuhlpatienten auf dem Pferd ein „aufrechter Gang" mithilfe der Pferdebeine möglich, den sie zu Fuß niemals erreichen können. Der Effekt hält manchmal so lange an, dass die Patienten zwar aus dem Rollstuhl aufs Pferd gehievt werden müssen, aber nach dem Absteigen die paar Meter zum Rollstuhl zurücklaufen können!

Risiko der Verfestigung von Fehlern

Die Gefahr dabei ist allerdings, dass der Mensch sehr schnell dazu neigt, neue fehlerhafte Bewegungsmuster zu entwickeln. Die Wichtigkeit eines sehr guten Anfängerunterrichts auf einem solide ausgebildeten Schulpferd kann auch in diesem Zusammenhang nicht hoch genug eingestuft werden. Ist die Automatisierung des Bewegungslernens auf dem Pferd erst einmal fehlerhaft abgeschlossen, so ist sie auf dem Pferd durch ***konventionellen*** Reitunterricht kaum mehr zu korrigieren. „Setz dich gerade hin", „Nimm die äußere Schulter zurück", „Schau geradeaus und nicht auf deine Hände" sind Bewegungsanweisungen, die schon im Ansatz zum Scheitern verurteilt sind. Solche Korrekturen beschönigen nur die fehlerhaften Symptome im Sitz, nicht aber die eigentlichen Ursachen.
Auch hier möchte ich auf Konzepte verweisen, die bewegungswissenschaftliche bzw. bewegungstherapeutische Ansätze verfolgen. Eckart Meyners wie auch Susanne von Dietze benützen diese Ansätze, indem sie es den Reitern durch un gewohnte, zunächst chaotische Bewegungsaufgaben unmöglich machen, auf automatisierte Bewegungsmuster zurückzugreifen. Diese scheinbaren Spielereien funktionieren natürlich nur dann, wenn der Ausbilder über ein hohes Maß an Sachkenntnis und Erfahrung verfügt und diese fehlerhaften Bewegungsabläufe damit sicher und zielgerichtet beeinflusst. Für den Reiter, im Besonderen für den erfahrenen Reiter, ist das eine schwierig zu bewältigende körperliche und mentale Herausforderung.

Tief automatisierte Fehler innerhalb eines sportlichen Bewegungsablaufes sind nur mit Geduld und kompetenter Anleitung zu korrigieren. Der Reiter muss sich darauf einlassen, dass seine gewohnten Bewegungsmuster im Sattel durch neue und ungewohnte Bewegungsaufgaben unmöglich gemacht werden.

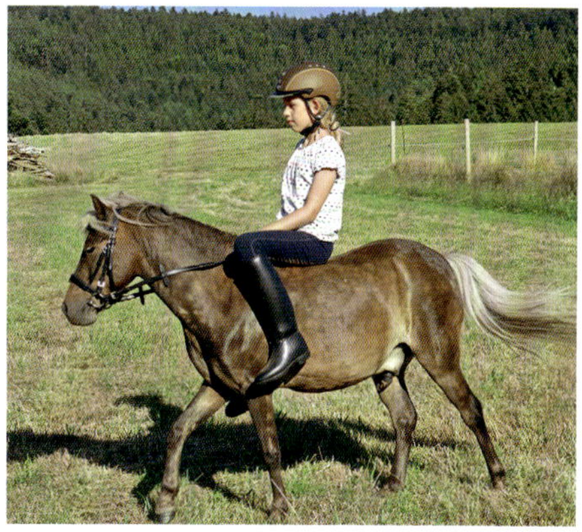

Das Auflösen der starren Haltung auf dem Pferd durch „Fahrradfahren"

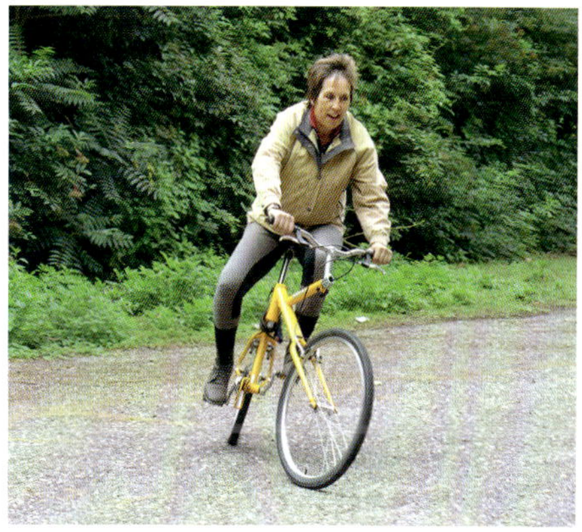

Der SNAIX-Koordinationstrainer hat ein Gelenk in der Mitte des Rahmens und kann nur über das Becken gelenkt und kontrolliert werden.

Ein anderer Erfolg versprechender Ansatz zur Korrektur fehlerhafter Bewegungsmuster auf dem Pferd ist eine zielgerichtete Korrektur am Boden. Hilfreich kann jede Gymnastik sein, die eine stabile Mitte und koordinierte Bewegungen der Gliedmaßen fördert. Mehr Stabilität im Oberkörper wirkt sich natürlich auf dem Pferd aus – aber eingeschliffene, sozusagen bereits automatisierte Sitzfehler verschwinden trotzdem nicht von selbst.

Unmittelbaren Erfolg versprechen Trainingsansätze, die direkt auf das Becken wirken und von dort aus die Bewegungsabläufe im Körper neu programmieren.

Unkonventionelle, aber sehr erfolgreiche Übungsgeräte für diesen Zweck sind der von Eckart Meyners entwickelte bewegliche Hocker „BALIMO" und das fahrradähnliche „SNAIX" Neurobike.

Den Bewegungsablauf des Reiters erlernen

Stellen wir uns noch einmal die Brustwirbelsäule des Reiters im Trab vor. Die Anforderungen an Gleichgewicht und Stabilisierungsfähigkeit sind enorm!

Beispiel „Bei X halten"

Der Ausbilder will die Lektion „bei X halten" einüben. Pferd und Reiter kennen die ganze Parade in ihren Grundzügen. Der Reiter wendet auf die Mittellinie ab und konzentriert sich darauf, den Punkt X zu treffen. Schon jetzt blockiert er sein Bewegungsgefühl, wenn automatisierte Programme ablaufen. Zwei, drei Tritte vor X beginnt er mit halben Paraden, es läuft nur noch das Programm: „Hoffentlich bleibt er stehen und hoffentlich treffe ich den Punkt." Die Lektion wird auf ihr Ergebnis reduziert und nicht auf ihre Entwicklung. Das bedeutet, jeder Tritt des Pferdes ist anders, besonders kurz vor einer neuen Lektion.

Wenn der Reiter nicht in der Lage ist, diese Veränderung zu spüren, kann er auch nicht in der Lage sein, darauf einzugehen. So ändert sich im Pferd idealerweise der Winkel des Beckens, die Spannung der beiden Bewegungszentren und der Winkel der großen Gelenke (Hanken) in der Hinterhand. Der Reiter muss diese Bewegungsabläufe aufnehmen, um sie aktiv steuern zu können. Nur dann ist er in der Lage, feine Korrekturen vorzunehmen, die dem Pferd signalisieren: „Alles unter

Kontrolle, der weiß was er macht". Alles andere ist Bremsen auf hohem Niveau mit dem Ziel, den Gruß so schnell wie möglich hinter sich zu bringen.
Den größten Fehler, den man also machen kann, wenn man korrekt bei X halten will, ist, es immer wieder erneut zu versuchen – bis das Pferd die Lektion auswendig kann.
Der Lösungsansatz kann nur sein, die Durchlässigkeit des Pferdes so lange zu entwickeln, bis halbe und ganze Paraden ihre Funktion mit minimalem Aufwand erfüllen, immer und überall. Erst dann können sie innerhalb einer Prüfung auf bestimmte Punkte ausgerichtet werden.

Fühlen lernen

Für die Entwicklung der Durchlässigkeit (von Pferd und Reiter) gibt es nur eine Lösung: Der Reiter darf sich auf keinen Fall zu früh auf das Gelingen einer Lektion konzentrieren. Die Entwicklung von Bewegungsgefühl, dynamischer Balance und der Fähigkeit, die Bewegungsabläufe des Pferdes zu fühlen, müssen an erster, zweiter und dritter Stelle der Ausbildung des Reiters und des Pferdes stehen.
Was passiert aber bei den allermeisten Reitschülern zu Beginn ihrer Ausbildung? Sie bekommen, lange bevor sie eine dynamisch schwingende Position entwickelt haben, die Zügel in die Hände und sollen irgendetwas damit machen, und sei es nur, die Dinger ruhig zu halten. Oder die Zielsetzung des Lernens ist gar nicht der Sitz, sondern etwas, das „funktioniert" – so werden Pseudo-Erfolgserlebnisse geschaffen, nach dem Motto: Wenn das Pferd bei A anhält, ist das gut, wenn der Grundsitz des Reiters dabei verloren geht, ist das nicht so schlimm.

Beispiel Spanische Hofreitschule

In der Spanischen Hofreitschule in Wien, deren Bereiter durchweg für ihren unabhängigen Sitz berühmt sind, hat man diese Problematik schon immer verinnerlicht und wirkt durch intensive Schulung dagegen. Eleven, selbst solche, die schon lange und gut reiten, werden in den ersten beiden Ausbildungsjahren überwiegend mit Sitzübungen geschult. Zügel bekommen sie lange nicht in die Hand. Auch im dritten und vierten Ausbildungsjahr sind immer wieder Sitzschulungen an der Longe Inhalt des Trainings, um das Fühlen der Pferdebewegung zu perfektionieren.

Auch ohne Pferd kann man Rhythmus und Ablauf im Springen lehren.

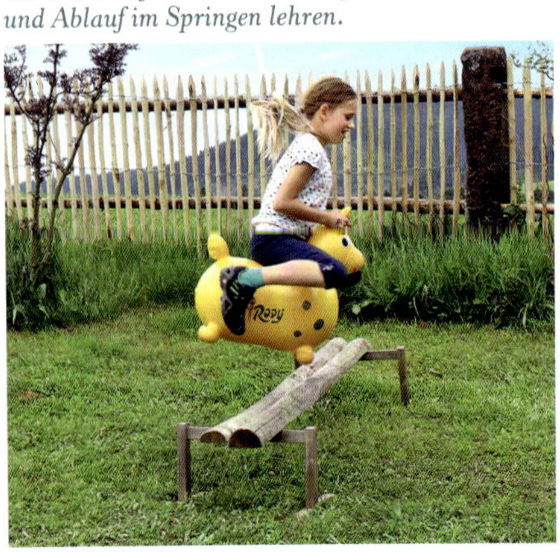

Das fertigkeitsorientierte Bewegungslernen, bei dem es nur um das oberflächliche ***„Was"***, nicht aber um das grundlegende „Wie" einer Bewegung geht, führt dagegen geradezu zur Automatisierung falscher Bewegungsmuster.

Zum Verständnis möchte ich das gleiche Prinzip auf das junge Pferd übertragen: „Wenn es einigermaßen die Zirkelpunkte mit halbwegs gebogenem Hals erreicht, ist das gut; wenn es dabei nicht mehr so gut im Rücken schwingt, ist das nicht so schlimm."
Diese Vorgehensweise ist für Pferd und Reiter gleichermaßen katastrophal in der Auswirkung auf das Bewegungslernen und nicht zu tolerieren!

Der Ausbilder, der Reiter und Pferden Bewegungen lehren will, muss die Schlüsselsequenzen einer Bewegung kennen – diese dürfen niemals aufgegeben werden.

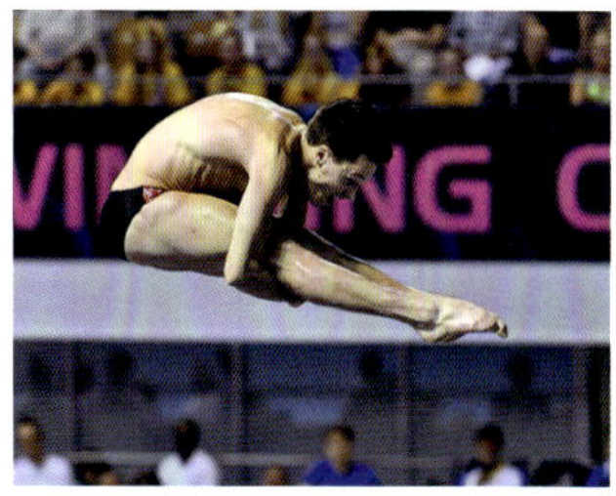

Diese Forderung ist nicht einfach zu erfüllen. Der Weg des Bewegungslernens auf und mit dem Pferd ist automatisch mit Fehlern übersät, die man immer wieder korrigieren muss – aber das ist die einzig mögliche Vorgehensweise in einer Erfolg versprechenden Ausbildung. Die Fehler in der Grundstruktur einer Bewegung werden ein Leben lang mitgenommen und sind später gar nicht oder nur noch teilweise zu korrigieren.

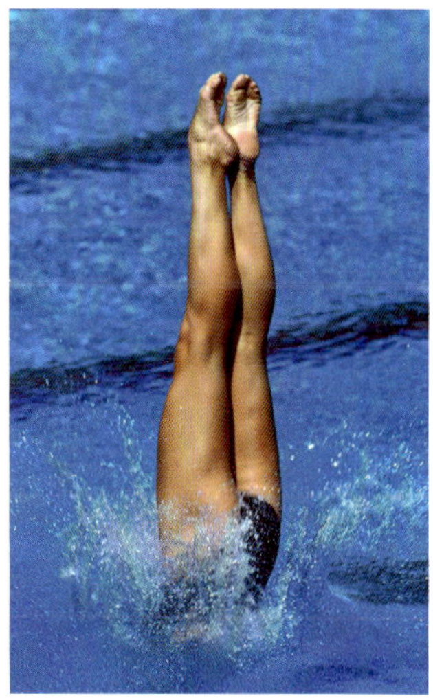

Das Eintauchen mit minimalen Wasserspritzern ist ein äußeres Zeichen für die korrekte Balance innerhalb der gesamten Übung.

Beispiel Turmspringen

Sie haben sicher schon einmal einen Wettbewerb im Turmspringen verfolgt. Dort machen Sportler die tollsten, für den Laien gar nicht nachvollziehbaren Saltos und Drehungen auf dem Weg ins Wasser. Die Richter vergeben eine Note, die erheblich abgewertet wird, wenn der Sportler beim Eintauchen ins Wasser deutliche Spritzer verursacht. Nun könnte man sage: Das war doch so eine sensationelle Übung, was macht denn das bisschen Spritzen aus? Das Spritzen zeigt dem Richter genau die Ausprägung der Schlüsselsequenz der Bewegung – und das ist die Balance innerhalb der gesamten Übung. Stimmt die, so taucht der Springer genau senkrecht ins Wasser ein. Stimmt sie nicht, so spritzt es. In der Konsequenz muss das Spritzen also zu einem deutlichen Abzug führen.
Auf ein Beispiel aus der Dressurausbildung übertragen bedeutet das: Wenn das Pferd nach der Diagonalen im starken Trab nicht mit feinen halben Paraden zurückzuführen ist, dann hat die Balance auf der ganzen Linie nicht gestimmt, egal wie spektakulär die Bewegungsabläufe scheinbar waren.

Auf den Reiter oder das Pferd bezogen bedeutet das: Zu Beginn der Ausbildung muss jede noch so kleine Störung in der Balance sofort korrigiert bzw. auf dem Turnier deutlich sanktioniert werden.

Ein junger Reiter, sei er auch noch so talentiert, hat keine Chance, jemals ein wirklich guter Reiter zu werden, wenn seine Balance nicht altersentsprechend sehr gut entwickelt ist. Ein junges Pferd, sei es auch noch so talentiert, hat keine Chance, jemals ein wirklich gutes Pferd zu werden, wenn seine Balance nicht altersentsprechend sehr gut entwickelt ist.

6 Training, Therapie, Rehabilitation

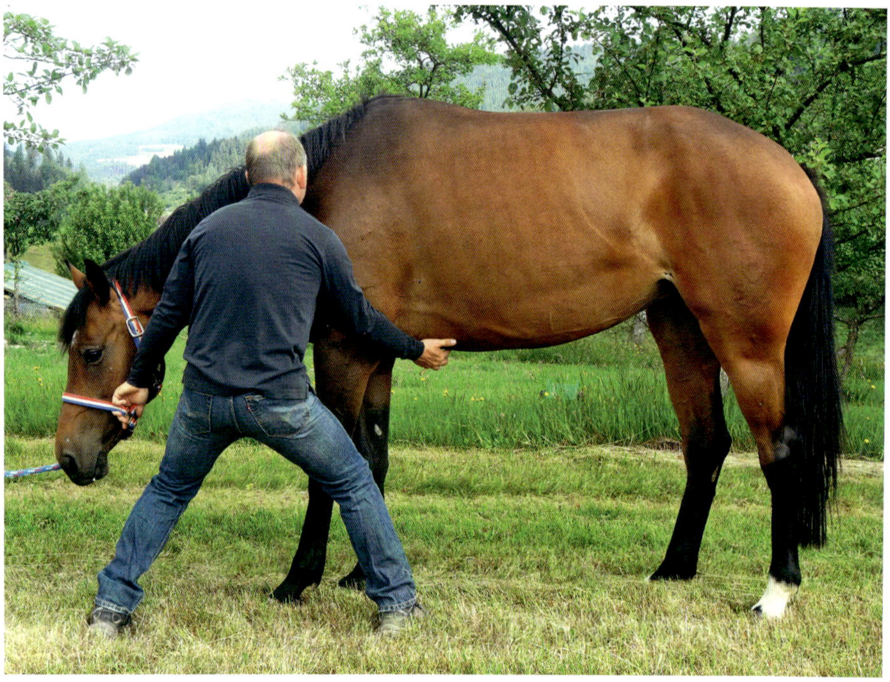

Test eines funktional korrekten Bewegungsablaufes als Grundlage für ein effektives Training

6.1 Training

Bezugnehmend auf Kapitel 5 und die funktionalen Zusammenhänge der Bewegung des Pferdes kann man feststellen: Ohne Ausbildung gibt es kein Training. Ein Pferd kann kilometerweit traben, ohne die rumpftragende Muskulatur aktiviert zu haben. Es kann ausschließlich in seinen elastischen Katapultsystemen galoppieren und springen, ohne eine einzige, für das eigentliche Training sinnvolle Muskelgruppe zu benutzen. Nur mit diesem Hintergrund, der die Basis der Ausbildung des Pferdes darstellt, macht es Sinn, die folgenden Abschnitte mit Inhalt zu füllen. Dabei ist es entscheidend, sich nicht an festgelegte Trainingspläne zu klammern. Nur mit der maximalen Individualität in der Planung von Belastungsreizen kann beim Pferd der wichtige Schritt von der Ausbildung zum Training realisiert werden.

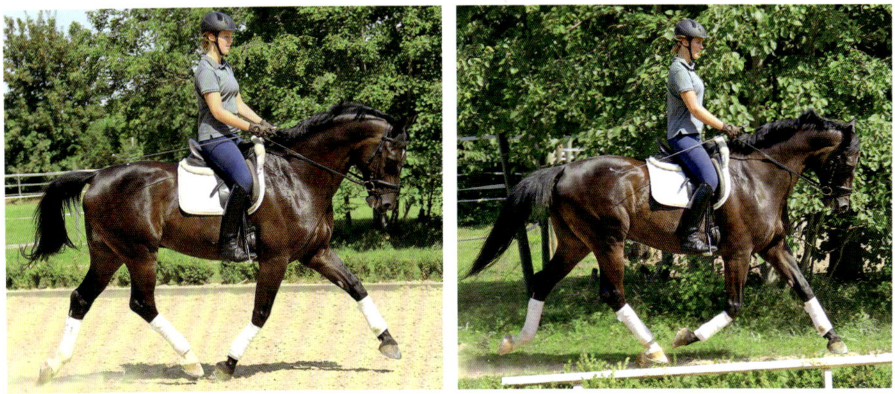

Allein der koordinativ unterschiedliche Anspruch zwischen dem Traben auf der Wiese und einem gepflegten Reitplatz verändert den Trainingsreiz auf das Pferd deutlich.

Die vier Säulen der Ausbildung des jungen Pferdes

- Arbeit an der Hand und an der Longe
- Freilaufen und Freispringen
- Dressurmäßige gymnastizierende Arbeit mit dem Schwerpunkt auf der Entwicklung und Ausformung der individuell vorgegebenen Grundgangarten
- Geländetraining mit und ohne Hindernisse

Die Entscheidung über die Mischung und Intensität dieser vier Elemente obliegt dabei allein dem Reiter, der täglich mit dem Pferd arbeitet. Er muss ein Gefühl dafür entwickeln, welche Anforderungen die Remonte erfüllen kann, um ein möglichst optimales Ergebnis zu erzielen. Das Trainingsziel sollte allerdings nicht sein, das Pferd so schnell wie möglich auf einem Turnier vorstellen zu können, sondern sollte langfristig angelegt sein. Ein verantwortungsvolles Training schafft die optimalen Voraussetzungen dafür, dass ein Pferd, wenn es volljährig ist, neben der sportlichen Leistungsfähigkeit vor allem seine maximale Belastbarkeit entwickelt hat.

Jeder Reiter eines jungen Pferdes übernimmt eine verantwortungsvolle Aufgabe. Er braucht dafür Wissen, reiterliches Können, beständige Bereitschaft zur Selbstkritik und – zumindest gelegentlich – das kritische Auge eines erfahrenen Ausbilders.

Innerhalb dieses Ausbildungskonzeptes soll bestenfalls auch die muskuläre Entwicklung des Pferdes stattfinden. Aber welche Regeln gibt es eigentlich für die Bildung von Muskulatur im Zusammenhang mit ihrer Funktion? Mastschweine entwickeln ebenfalls eine Menge Muskulatur, ohne jemals einen Trainingsreiz erfahren zu haben.

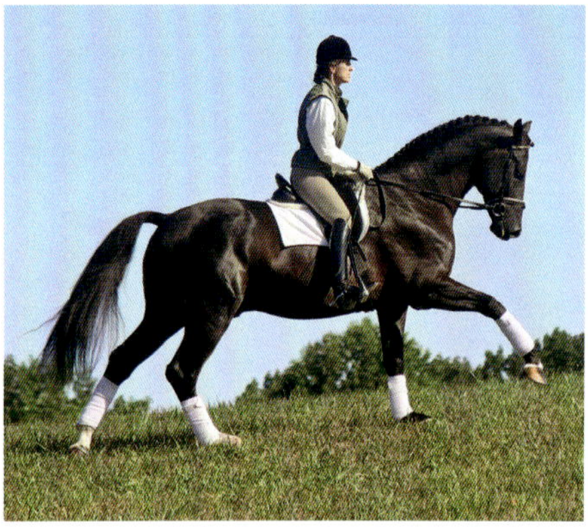

Auch wenn der Reiter eine Wiese hinaufgaloppiert, muss das Pferd in einer korrekten Arbeitshaltung gehen, wenn spezifische Muskelgruppen für die Dressurarbeit angesprochen werden sollen.

Grundlagen des Muskeltrainings

Das Training eines Pferdes birgt heute noch sehr viele Fragezeichen für die meisten Reiter. Krafttraining wird sehr gerne mit „Bergaufreiten im Schritt" in Verbindung gebracht. Wenn man dann noch ein teures Pulver dazufüttert, kann es an fehlender Muskulatur nicht mehr liegen, wenn das Pferd einen Sprung verweigert oder die fliegenden Wechsel nicht springt. Solche oder ähnliche Reden hört man doch auch heute noch häufig selbst von erfahrenen Ausbildern und Reitern.

Wenn man über ein gut durchgeführtes und geplantes Krafttraining sprechen will, muss man sich vorher mit einigen physiologischen Tatsachen der Trainingslehre auseinandersetzen.

Zunächst gilt es, unterschiedliche Qualitäten der Skelettmuskulatur zu erkennen, die jede für sich genommen der limitierende Faktor für eine Leistungseinbuße sein kann.

- Kontraktionsfähigkeit (Kraft)
- Kontraktionsgeschwindigkeit (Schnellkraft)
- Entspannungsfähigkeit
- Lockerheit
- Dehnfähigkeit (aktiv – passiv)
- Koordination
  - Innerhalb eines einzelnen Muskels
  - Muskeln untereinander, innerhalb von Muskelketten
- Reaktive Fähigkeit (Propriozeption)

So kann ein Brauereipferd mit hoher Kraftausdauer und riesigen Muskelpaketen nicht schnellkräftig über einen Springparcours fliegen, während ein top ausgebildetes Dressurpferd beim Einsatz als Rückepferd im Wald nach wenigen Minuten völlig am Ende wäre. Aber auch ein Dressurpferd, dem nach ständiger leichter Überlastung nach einigen Wochen Training die Entspannungsfähigkeit und Lockerheit in der Muskulatur fehlt, wird eine Leistungseinbuße erleiden, auch wenn es über eine grundsätzlich gut entwickelte Muskulatur verfügt. Mit mehr Training, mehr Muskulatur oder dem Griff in die Zusatzfutterkiste ist diesem Problem nicht beizukommen.

Lernt ein Pferd nicht, sich möglichst ökonomisch und leichtfüßig zu bewegen – das bedeutet, die Arbeit auf möglichst viele unterschiedliche Muskelgruppen zu verteilen –, so wird es auf Dauer immer mit Überlastungsproblemen zu kämpfen haben.

Nur das Wissen über einen systematischen Trainingsaufbau, bei dem die Losgelassenheit (Lockerheit) der Muskultur immer wieder abgeprüft wird, bewahrt vor grundlegenden Fehleinschätzungen der Belastungsanforderungen an ein Pferd.

Abwechslungsreiches, vielseitiges Training

Koordination, Reaktion, Schnelligkeit sind also die Faktoren, mit denen Muskulatur funktioniert. Auf das Pferd übertragen und vor allem auf das in den ersten Kapiteln angesprochene Denkmodell heißt das ganz klar: Das Pferd muss mit jedem Schritt, Tritt und Sprung Schultergürtel und Beckenring gegen die Schwerkraft stabilisieren. Je mehr es dabei täglich behutsam aus dem Gleichgewicht gebracht wird, um dieses sofort selbst wiederzufinden, desto besser entwickelt sich die gesamte Funktion der Steuerung der Muskulatur. Wenn die Steuerung stimmt, ist das System dynamisch stabil und kann auf jede Veränderung selbstständig reagieren.

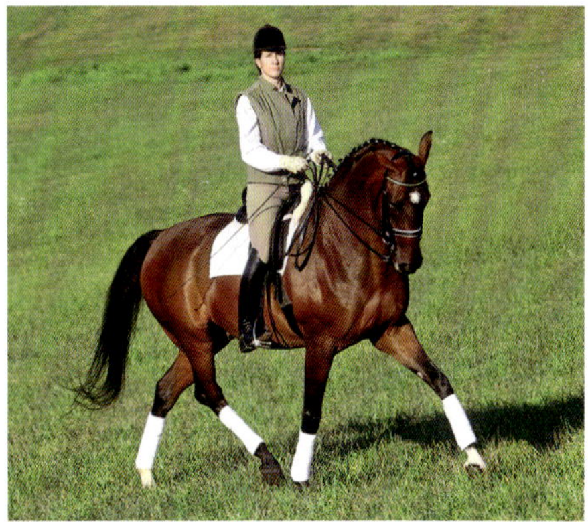

Die Dressurarbeit auf einer schrägen Wiese bietet ungeahnte Variationen in der Planung von Trainingsreizen.

Die Zauberworte aus der Trainingslehre sind dabei die ***Abwechslung und Vielseitigkeit*** der Bewegungs- und Belastungsreize.

Die wichtigsten Arbeitsinstrumente aus der klassischen vielseitigen Grundausbildung eines Pferdes – Wechsel von Gangart, Tempo und Bewegungsrichtung, Wechsel von geraden und gebogenen Linien, Reiten auf unterschiedlichen Böden und Geländeformationen, Überwinden von natürlichen und künstlichen Hindernissen –, das alles gehört zusammen und ist nur in der Kombination eine positive Herausforderungen für die Balance.

Belastungssteuerung durch das Bewegungsgefühl

Jeder Sportler möchte gerne ein Rezept oder Programm für die optimalen Trainingsreize. An einer Kraftmaschine mit definierten Winkeln und Gewichten ist das auch sehr gut planbar. Bei einem Pferd mit den vielen verschiedenen Komponenten der Bewegung machen solche Pläne nur wenig Sinn. Zu groß ist der Unterschied, ob der Reiter gerade in der Lage ist, die Muskelketten der Bewegungs- zentren optimal zu koordinieren oder nicht. Im einen Fall fühlt sich ein Bewegungsablauf leicht und federnd, im anderen Fall mühsam und schwerfällig an. Im ersten Fall arbeitet das Pferd optimal und kann nach wenigen Minuten eine Pause gebrauchen. Im zweiten Fall brauchen Pferd und Reiter möglicherweise noch Zeit, den optimalen Bewegungsrhythmus überhaupt zu finden. Das Pferd müht sich zwar, es arbeitet aber noch nicht optimal. Aus diesen Gründen ist das Gefühl des Reiters die wichtigste Komponente in der Planung der Trainingsreize. Dabei gilt die Faustregel: Je optimaler sich die Bewegung anfühlt, desto kürzer werden die Reprisen. Je mühsamer das Gefühl ist, desto größer ist der Korrekturaufwand durch methodische Maßnahmen.

In das mühsame Gefühl hinein darf aber niemals trainiert werden.

6.2 Therapie

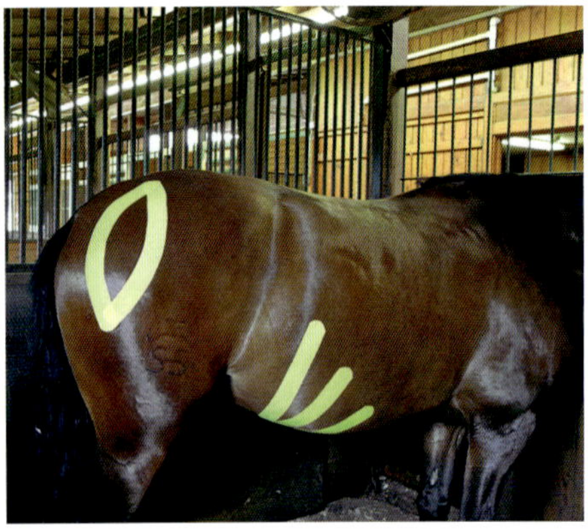

Anlage eines funktionalen Tapings zur Unterstützung der hinteren Bewegungskette

Die moderne Physiotherapie hat sich in den letzten 20 Jahren stark verändert. Wo früher viele therapeutische Techniken durchgeführt wurden, um einzelne Effekte zu erzielen, wird heute sehr viel mehr konzeptionell gedacht. Waren einzelne Muskelgruppen verspannt oder haben geschmerzt, so wurden sie durch Dehnungen und Massagen wieder flexibel gemacht. Der Einsatz von physikalischer Therapie wie Kälte, Wärme oder Elektrotherapie hat diese Effekte unterstützt. Heute versucht man sehr viel mehr, den Mechanismus hinter den Verspannungen zu begreifen und dort anzusetzen. In der Regel geht es dabei immer um ganze Funktionsketten, in denen sich Schwächen, Instabilitäten und Bewegungseinschränkungen abwechseln. Um diese Funktionsketten zu erkennen, muss man gewisse Mechanismen im Körper genauer beleuchten. Ziel der therapeutischen Arbeit ist es dabei, Schwächen zu stärken und gleichzeitig Stärken zu erhalten.

Stabilisation von innen nach außen

Ein wichtiger Mechanismus innerhalb dieser Funktionsketten ist die Organisation der muskulären Stabilität von innen nach außen. Untersuchungen beim Menschen, die zeitliche Abläufe innerhalb der Muskelketten darstellen, zeigen, dass eine Bewegung der Gliedmaßen immer zuerst von der Stabilisation der Muskulatur eingeleitet werden muss, die am dichtesten an der Wirbelsäule liegt. Geschieht die nicht, so werden kleine Scher- und Drehbewegungen innerhalb der Wirbelsäule ausgelöst, die langfristig zu Entzündungen oder Arthrosen der kleinen Wirbelgelenke und ihrer Bandstrukturen führen. Besonders bei chronischen Rückenschmerzpatienten ist dieser Mechanismus zu beobachten. Er führt langfristig zu einem Kreislauf von Schmerz, Entzündung und Instabilität.

Auf das Pferd und das in den ersten Kapiteln aufgezeigte funktionelle Bewegungskonzept bezogen bedeutet dies: Die Arbeit des Pferdes über den Rücken ist auch aus dieser Sichtweise nicht nur eine nette Idee, um das Pferd mir feinen Hilfen führen zu können. Sie ist eine Notwendigkeit zur nachhaltigen Gesunderhaltung des Pferdes. Nur wenn die unteren Muskelketten ein Pferd funktionell tragen, können die wirbelsäulennahen Muskeln zur unmittelbaren und direkten Stabilisation der kleinen Scher- und Drehbewegungen eingesetzt werden.

Stammer Kinetics als eigenständiges Konzept

Das biomechanische Modell der Bewegungsorganisation des Pferdekörpers, wie es in den ersten Kapiteln vorgestellt wurde, ist die Grundlage für das von mir

entwickelte Konzept zur Analyse, Therapie und Entwicklung der funktionalen Bewegungsabläufe des Pferdes.
Genau wie die Ausbildung des Reitpferdes folgt es den Funktionsketten des Pferdekörpers, die gegen die Schwerkraft und gegen die Fliehkraft arbeiten.
Die Muskulatur, die bindegewebigen Systeme und alle Anteile des Skelettsystems müssen in der Lage sein, ihre ***Funktion*** zu erfüllen. Ist dies nicht der Fall, so ist jede aktive Korrektur innerhalb des ***Trainings*** zum Scheitern verurteilt. Dabei kann es durchaus sein, dass die eine oder andere Fehlfunktion vom Ausbilder selbst in der Bewegung ***korrigiert*** werden kann. Ist dies nach einigen Tagen oder auch – in Ausnahmefällen – Wochen nicht der Fall, macht es Sinn, diese fehlerhaften Abläufe therapeutisch zu hinterfragen.
Dies ist kein therapeutisches Fachbuch, ich möchte Ihnen aber einen kleinen Einblick in diese Art der manuellen Bewegungsanalyse des Pferdes geben.
Hauptbestandteile des Konzepts sind die aktiv-dynamische myofasziale Mobilisation und die ***medizinische Trainingstherapie***. Dabei werden die Bewegungsketten des korrekt gerittenen Reitpferdes so realistisch wie möglich im Stand ausgelöst und beurteilt. Je nach Befund können diese dann durch verschiedene Techniken mobilisiert oder stabilisiert werden. In diesem Zusammenhang gibt es drei verschiedene Funktionsketten mit den dazugehörigen therapeutischen Konzepten.

- Abhängigkeit zwischen Beweglichkeit und Position
- Abhängigkeit zwischen Position und Funktion
- Abhängigkeit zwischen Funktion und Training

Abhängigkeit zwischen Beweglichkeit und Position

Soll ein Pferd über den Rücken gehen, so muss es dafür u.a. in der Lage sein, den Brustkorb zwischen den Vorderbeinen anzuheben und diese Position zu halten, wenn es sein Vorderbein nach vorne führt. Diese Fähigkeit kann mit speziellen therapeutischen Techniken überprüft werden.

Aktiv-dynamische myofasziale Mobilisation

Hinter dieser etwas sperrigen Beschreibung steckt der Gedanke, dass sich das Pferd, wie in den ersten Kapiteln beschrieben, in Funktionsketten aus Muskeln, Sehnen und Faszien gegen die Schwerkraft anhebt und wieder abfedert. Die Fasziensysteme sind dabei der Schlüssel und das Bindeglied für die katapultartige Federung. Von der kleinsten sich verkürzenden Einheit innerhalb des Muskels bis zu den großen Körperabschnitten zwischen dem Rumpf und den Beinen sind die Faszien immer die Bindeglieder zwischen den einzelnen Funktionseinheiten.
Der Unterschied dieses Konzeptes für das Pferd in Bezug zur klassischen manuellen Therapie beim Menschen ist die Arbeit in aktiven Bewegungsketten. Der Mensch wird bei der Mobilisation der Gelenke in der Regel so gelagert, dass mög-

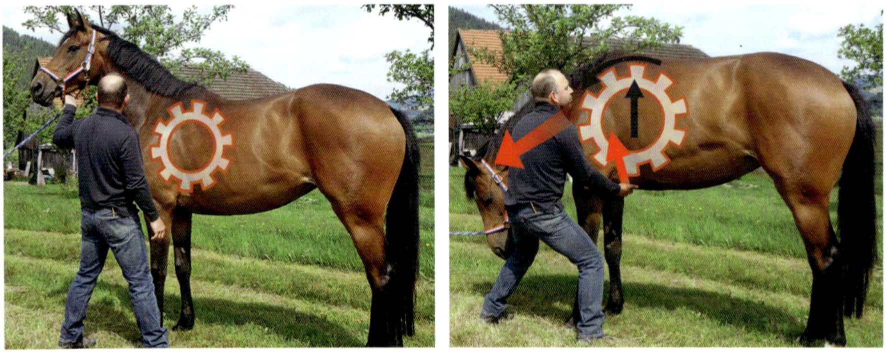

Das Anheben des Brustkorbes führt beim korrekten Ablauf von Koordination und Dynamik zum Absenken des Halses in Richtung der Dehnungsbereitschaft des Pferdes.

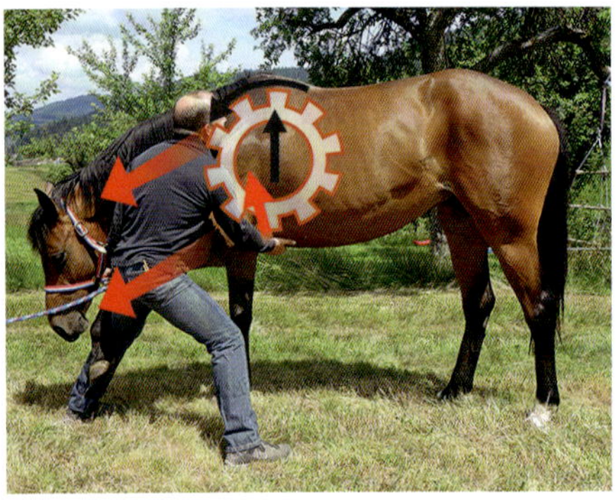

Funktioniert die Bewegungskette des VBZ optimal, so kann das Pferd beim Vorführen des Vorderbeins seine korrekte Oberlinie erhalten.

lichst alle umgebenden Muskeln des Gelenks entspannt sind und nicht mehr gegen die Schwerkraft arbeiten. Der Therapeut bewegt das Gelenk dann in der Regel passiv bis zum Bewegungsende. Für einige spezifische Techniken kann er dem Patienten verbal Bewegungen und Bewegungsrichtungen angeben, die dieser dann aktiv durchführt. Dies alles ist beim Pferd aus verständlichen Gründen nicht möglich. Wenn ein Vorderbein angehoben wird, so muss sich das Pferd über dem Standbein neu ausbalancieren. Wie schwierig das sein kann, wurde im Kapitel 3 erläutert. Soll sich das Pferd dabei nicht in seine passiven Strukturen hängen und den Rücken in eine ungünstige Überstreckung führen, muss es einen Weg finden, sich aktiv auszubalancieren. Mein Lösungsansatz ist dabei, die mobilisierenden Techniken in dynamisch-aktivierende Techniken einzubinden. Dabei sind die koordinativen Abläufe so gestaltet, wie es die funktionale Stabilisation des Reitpferdes vorgibt. Die Bildfolge soll einen Eindruck über die Vorgehensweise dieser aktiv dynamischen Mobilisation geben.

So geht das unter dem Sattel

Wenn Sie jetzt denken, Reiten funktioniert nur noch mithilfe von Therapeuten und aktiver Manipulation von außen, haben wir das ganze System in der Analyse deutlich überspannt. Oberst von Stecken hat es mit seiner Formulierung auf den Punkt gebracht: ***„Richtig reiten reicht"***. Bei einem gesunden, unverdorbenen Pferd hat er damit uneingeschränkt recht. Die oben beschriebenen Abläufe werden bei der fachlich richtigen Ausbildung des jungen Pferdes ganz von alleine funktionieren. Die therapeutische Analyse beginnt erst da, wo der Ausbilder an Grenzen stößt, deren Ursache er nicht vernünftig interpretieren kann.

Abhängigkeit zwischen Position und Funktion

Die von der Reitlehre geforderte Funktion des sich tragenden Pferdes ist somit keine Selbstverständlichkeit, sondern abhängig von der Fähigkeit des Pferdes, die

Position seines Brustkorbes und seines Beckens aktiv zu verändern. Diese Tatsache macht sich die manuelle Funktionsanalyse zunutze, um sich ein Bild von den tatsächlichen Gegebenheiten innerhalb der Koordination des Pferdes zu machen. Damit bekommt der Reiter wichtige Informationen, inwieweit er sein Pferd fordern kann oder eben auch möglicherweise überfordert, wenn es seinen Vorgaben rein körperlich gar nicht folgen kann. Gleichzeitig kann der Therapeut mit diesen Techniken vorhandene Bewegungseinschränkungen oft auch auflösen oder zumindest verbessern, um dem Pferd eine verbesserte Geschmeidigkeit gegen die Schwerkraft zu ermöglichen.

Koordinative Abläufe

Anhand dieses Beispiels soll veranschaulicht werden, wie exakt Bewegungsabläufe abgerufen werden und wie tiefer liegende Strukturen durch diese Art der Behandlung erreicht werden können.

Zunächst hebt der Therapeut das Vorderbein an.
Hier beginnt schon der aktive Befund des Standbeines. Wie balanciert sich das Pferd aus, wohin geht der Hals des Pferdes, hat das Pferd einen sicheren oder unsicheren Stand? Wie reagiert es, wenn der Therapeut es vorsichtig aus dem Gleichgewicht bringen will? Untersucht werden dabei die Koordination und die Stabilität des Standbeines. Hat das Pferd einen sicheren Stand gefunden, beginnt die Bewegung des Schultergelenkes in Streckung.

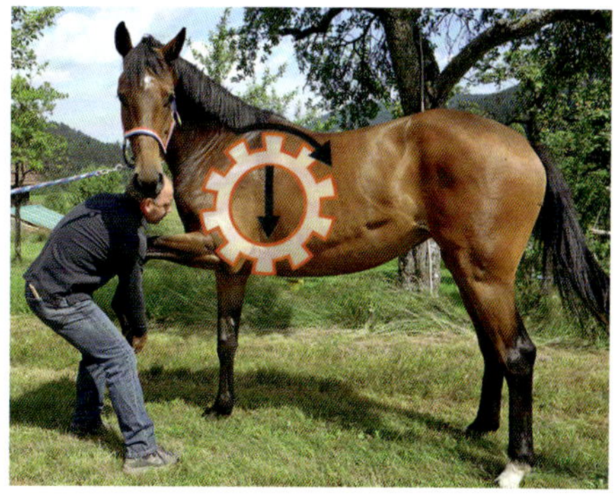

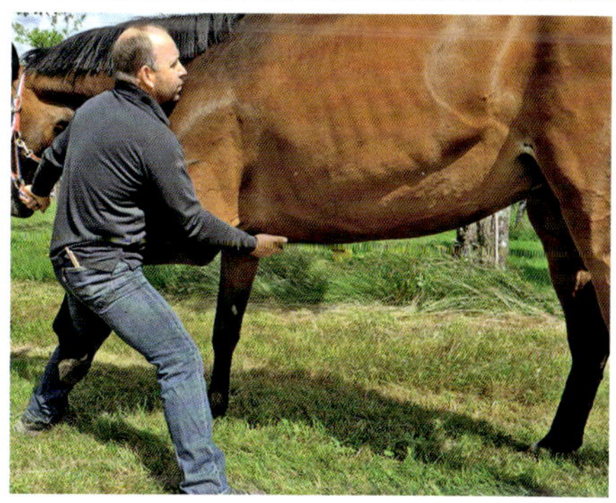

Der Unterarm wird nach vorne unten geführt.

Die Beuger des Schultergelenks sind diejenigen Muskeln, die diese Bewegung bremsen oder behindern können. Davon gibt es mehrere. Einige sind am Schulterblatt angewachsen, einer an der Rückenfaszie in der Nähe der Wirbelsäule. Je nachdem, welche Struktur zuerst „bremst" bzw. wo der erste Widerstand zu spüren ist, kann der erfahrene Therapeut die ***betroffene Struktur*** herausfinden. Er kann ebenso anhand des Widerstands erfühlen, ob es sich um verkrampfte Muskulatur oder festes Bindegewebe innerhalb der Muskulatur handelt.

- ***Verkrampfte Muskulatur*** kann durch Schmerz, Überlastung oder Stress entstehen. Differenzierte Tests können die Möglichkeiten eingrenzen.
- ***Festes Bindegewebe*** kann ebenfalls durch Schmerz, Überlastung oder Stress entstehen. In der Regel mit längerer zeitlicher Einwirkung als bei der Muskulatur.
- Zusätzlich können ***Blockaden*** aus anderen Regionen (Wirbelsäule, innere Organe, Energiesystem) zu solchen Symptomen führen.

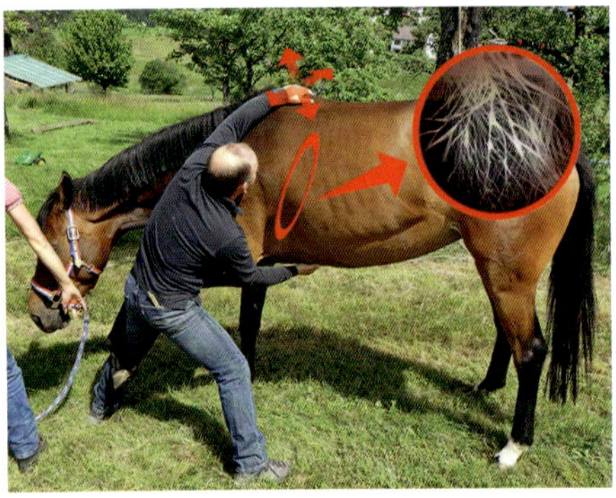

Einbeziehung der tiefer liegenden Fasziensysteme des Rumpfes durch zusätzliches Anheben des Brustkorbes

Die Aufzählung ist noch nicht vollständig, aber es gibt jetzt schon unzählige mögliche Ursachen für eine ***Bewegungseinschränkung***.

Wird der Bewegungsablauf weiter in Richtung der Streckung geführt, so werden immer mehr tiefe Schichten der ***Faszienstrukturen*** in den Bewegungsablauf mit einbezogen. Auf ihre Bedeutung innerhalb der Fortbewegung wurde schon hingewiesen. Aus therapeutischer Sicht muss also ein wichtiger Fokus auf die Geschmeidigkeit und Dynamik der Faszien gelegt werden. Die weichen gleitenden Bewegungsabläufe, die der Therapeut sowohl durch die immer wiederkehrende Aktivierung der Muskelketten als auch durch die Dynamik seiner eigenen Bewegung durchführen kann, sind eine optimale Mischung, um diese Strukturen nachhaltig und effektiv zu beeinflussen. Sind alle diese Strukturen durchgängig beweglich, kommen wir am Ende zum Gelenk selbst. Die Bewegungseinschränkung – beispielsweise im Schultergelenk – kann durch Kalkablagerungen teilweise fixiert sein, es kann durch einen freien Gelenkkörper (Chip) „verklemmt" sein, durch eine nicht entzündliche Arthrose irritiert oder durch eine Entzündung schmerzhaft eingeschränkt sein.

Die Gelenkblockierung selbst entsteht durch eine neuronale (durch das Nervensystem ausgelöste) Reaktion innerhalb der Gelenkkapsel, die die Bewegung einschränkt. Je nachdem, welche Ursache sie hat, kann sie vom Therapeuten durch eine Manipulation aufgelöst werden oder auch nicht. Wird sie aufgelöst, so arbeitet man sich weiter in die tieferen und funktionell anspruchsvollen Systeme der Flüssigkeiten und des craniosacralen Systems. Sind Bewegungsabläufe beispielsweise durch Kalkablagerungen strukturell fixiert, so ist die Möglichkeit der Mobilisation stark begrenzt, teilweise auch unmöglich, ohne Schaden zu verursachen. Hier muss der Therapeut vor allem seine Grenzen kennen und richtig einschätzen. Durch diese kleine Reise durch den einfachen Bewegungsablauf der Streckung des Vorderbeins wird deutlich, wie viele Variationen eine Bewegungseinschränkung haben kann. Die Ausbildung und die Erfahrung eines Therapeuten müssen dieser Vielfältigkeit und Komplexität zwingend entsprechen, um verantwortlich und Erfolg versprechend arbeiten zu können.

So geht das unter dem Sattel

Letztendlich macht der Reiter nichts anderes, wenn er sein Pferd korrekt über den Rücken arbeitet. Die Systeme werden in die richtige Position gebracht und dadurch gegenläufig mobilisiert. Das Bild, das der Reiter verinnerlichen muss, ist dabei zum einen das aktive Anheben des Brustkorbes des Pferdes zwischen den Schulterblättern. Der Impuls der Gewichts- und Schenkelhilfen spielt dabei im Zusammenspiel mit den Zügelhilfen eine entscheidende Rolle zur Entwicklung dieses positiven Spannungsbogens. Das Pferd öffnet sich im Schultergürtel nach vorne oben und kommt somit dem Reiter im Spalt nach oben entgegen. Gleichzeitig schließt sich das Pferd vom Becken her gesehen nach vorne unten und tritt dadurch aktiv und fleißig mit den Hinterbeinen vermehrt unter den Schwerpunkt. Der Schlüssel für diesen Teilaspekt der Bewegung ist die fleißige Vorwärtsbewegung. Im Idealfall findet das Pferd diesen Bewegungsablauf schon zu Beginn der Lösungsphase nach einer ausgiebigen Schritteinheit. Gerade für junge, noch wenig athletisch ausgebildete Pferde ist dieser als Lösungsphase bezeichnete Ablauf muskulär hoch anspruchsvoll und sollte immer durch genügend Schritt-Phasen unterbrochen werden.

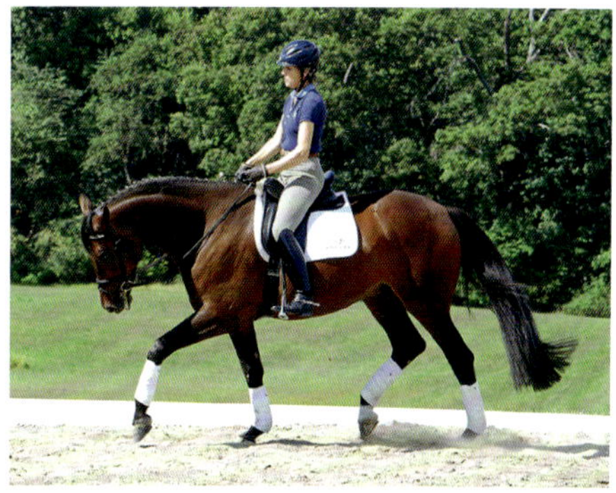

Das Erarbeiten der Dehnungsbereitschaft in der Rehabilitation. Hier im System Vorderbein – Schultergürtel – Halslinie. Die Nasenlinie kann erst dann die richtige Position vor der Senkrechten finden, wenn das VBZ seine volle Bewegungsdynamik erreicht hat.

Abhängigkeit zwischen Funktion und Training

Kräftigung

Sobald die Bewegung des Pferdes den Grundsätzen der Ausbildungsskala Takt, Losgelassenheit und Anlehnung entspricht, beginnt die strukturelle Kräftigung der rumpfstabilisierenden Muskulatur. **Das Pferd trägt sich selbst** muss man in diesem Zusammenhang durchaus wörtlich nehmen. In der optimalen Koordination der schwunghaften Gangarten federt das Reitpferd seine Rumpfmasse nach oben und fängt sie in der Stützbeinphase wieder ab. Nur innerhalb dieses Bewegungsablaufes können die Muskelketten strukturell und funktional gekräftigt werden. Im Umkehrschluss bedeutet das aber auch, dass jede Form der Arbeit in ermüdeten Muskeln vermieden werden muss. Sollte dies der Fall sein, wird das Pferd den Spannungsbogen zwischen Brustkorb und Becken zuerst verlieren. Die schiebenden Hinterbeine können noch lange weiterarbeiten, der Hals kann sich in der aufgerichteten Position noch lange halten und das Pferd kann seine Beine mit genügend Impuls des Reiters noch lange vom Boden anheben. Trotzdem wird die wichtigste athletische und koordinative Schulung empfindlich gestört. Um dies zu verhindern, muss der Therapeut bzw. der Ausbilder das Prinzip des Intervalltrainings anwenden. Das bedeutet innerhalb des korrekten Bewegungsablaufes kurze, aber intensive einzelne Trainingsintervalle, die der Leistungsfähigkeit des Pferdes regelmäßig angepasst werden. Die Trainingsmethodik entspricht in Bezug auf den Menschen am ehesten der des Turnens. Auch hier trainiert der Sportler ausschließlich mit seinem eigenen Körpergewicht in verschiedenen Winkeln und Ebenen und nicht mit Gewichten im Kraftraum.

So geht das unter dem Sattel – Arbeit über Trabstangen

Ein gutes Beispiel ist das im Kapitel über die Ausbildung schon beschriebene Arbeiten des Pferdes über Trabstangen. Ist der Bewegungsablauf wie beschrieben korrekt geschult und vom Pferd in den ersten drei Komponenten der Ausbildungsskala durchführbar, so reicht es ab einem gewissen athletischen Level des

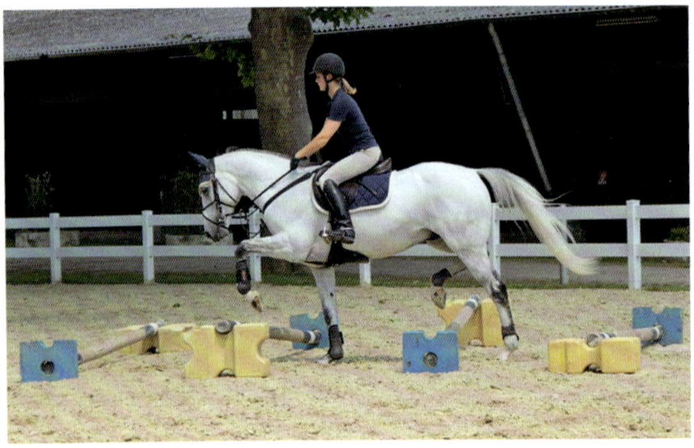

Trainingsprogramme wirken nur dann positiv, wenn der Bewegungsablauf korrekt durchgeführt wird.

Pferdes nicht mehr, wenn das Pferd immer mal wieder so über die Trabstangen geht. Zur Kräftigung von Schulter und Beckengürtel würde das Training wie folgt strukturiert. Fünf bis sieben Trabstangen fünfmal direkt hintereinander überwinden. Danach eine Pause von zwei bis drei Minuten. Diese Serie wird dann etwa drei- bis fünfmal, je nach momentanem Trainingsniveau des Pferdes, wiederholt. Die Pause wird bei untrainierten Pferden immer Schritt am langen Zügel sein. Athletisch schon gut ausgebildete Pferde können die Pause durchaus auch aktiv, beispielsweise im Galopp, gestalten.

Springgymnastik

Für das Training des Springpferdes ist ein athletisch ausgebildeter Schultergürtel neben der Verletzungsvorbeugung auch für die Leistungsfähigkeit entscheidend. Ein kräftiger Schultergürtel kann in einer Landung bis zu zwei Zehntelsekunden einsparen. In einem Parcours mit 14 Sprüngen bedeutet dies eine Zeitersparnis von bis zu 2,8 Sekunden. Im Trainingsalltag haben sich Gymnastikreihen schon sehr lange etabliert. Mit der optimalen Anpassung dieser Reihen kann der Effekt noch einmal deutlich gesteigert werden. Die Hindernishöhe sollte dabei so gewählt werden, dass das Pferd auch tatsächlich abspringt bzw. deutlich basculiert. In der Sprache der Bewegungszentren bedeutet dies, dass der Brustkorb zwischen den Vorderbeinen nach oben katapultiert wird. Funktioniert das nicht, muss der Ausbilder so lange mit verschiedenen methodischen Maßnahmen daran arbeiten, bis das Pferd den korrekten Bewegungsablauf automatisiert hat. ***Ohne diesen Bewegungsablauf gibt es kein Training für die Schultergürtelmuskulatur.*** Ist er erreicht, so sollte die Sprunghöhe etwa zwischen 90 Zentimeter und 1,10 Meter gewählt werden. Eine Kombination aus drei bis vier Hindernissen mit jeweils einem Galoppsprung dazwischen ist für die Beanspruchung der Muskulatur in einer Serie optimal. Das Pferd sollte diese Reihe pro Serie drei- bis fünfmal direkt hintereinander überwinden. Danach drei Minuten Schrittpause. Diese Serie wird dann ebenfalls, je nach Trainingszustand drei- bis fünfmal wiederholt.

TIPP

In der Aufbauphase eines Pferdes zwischen längeren Turniersequenzen kann ein solcher Trainingsaufbau sehr gut im Abstand von zwei bis drei Tagen über etwa 20 Tage hinweg durchgeführt werden. Danach eine Woche ruhige gymnastizierende Dressurarbeit. Nach einer solchen Trainingssequenz sollte der Reiter eine deutliche Qualitätssteigerung im Sprungablauf fühlen können.

6.3 Rehabilitation

Eine deutliche Abgrenzung gibt es zwischen regulärem Training und der therapeutisch unterstützten Bewegungssteuerung innerhalb einer medizinischen Trainingstherapie. Einsatzgebiete sind die Rehabilitation nach Verletzungen oder die Korrektur von fehlerhaften Bewegungsabläufen.

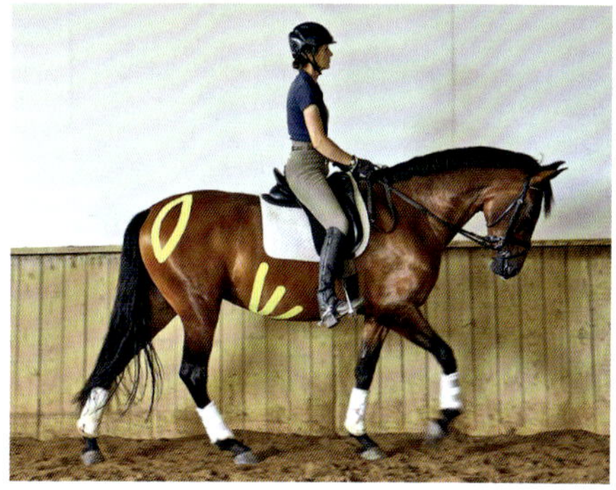

Die Anlage des Tapes soll es dem Pferd auf einem noch unbefriedigenden Stabilitätsniveau ermöglichen, seine Balance zu finden.

Die medizinische Trainingstherapie (MTT)

Die Entwicklung der medizinischen Trainingstherapie der letzten 20 Jahre stellt einen Meilenstein und grundlegenden Wandel in der Entwicklung von Rehabilitationskonzepten in der Physiotherapie dar. Wenn in den 80er-Jahren ein Kreuzbandriss nach erfolgter Operation noch sechs Wochen im Gipsverband ruhig gestellt wurde, beginnt der Patient heute am dritten Tag nach der Operation bereits mit leichten Kniebeugen unter Teilbelastung. Auch die begleitenden osteopathischen oder physiotherapeutischen Maßnahmen zielen seitdem vermehrt darauf ab, den Körper schnellstmöglich wieder optimal zu bewegen.

Speziell beim Pferd sollte die therapeutische Arbeit vor Ort mit dem jeweiligen Reiter und Ausbilder wenn möglich gegenüber einer stationären Rehabilitation bevorzugt werden. Das Pferd kann in seiner gewohnten Umgebung bleiben und der Reiter bzw. der Ausbilder kann mit der entsprechenden therapeutischen Unterstützung viele Komponenten der Bewegungstherapie selbst durchführen. Braucht ein Pferd mehr therapeutische Unterstützung, weil der Grad der Fehlkoordination oder der Schwäche zu groß ist, sollte die Möglichkeit einer fachgerechten stationären Reha in Betracht gezogen werden.

Ausbildungssituation in der Therapie

Ein Aquatrainer alleine macht noch kein Rehazentrum. Auch hier gilt der Grundsatz: Komplexe Bewegungsstörungen brauchen auch komplexe Behandlungsstrategien, die von fachlich versierten Therapeuten geplant und durchgeführt werden müssen.

Um dieses Ziel zu erreichen, sind umfassend ausgebildete Therapeuten nötig, die ihren Beruf über viele Jahre theoretisch und praktisch erlernt haben. Nur sie sind in der Lage, einzelne Techniken konzeptionell zusammenzuführen. Die Ausbildungssituation in Deutschland ist, im Übrigen im Gegensatz zu vielen anderen europäischen Ländern, leider eine ganz andere. Hier können Interessierte ohne entsprechende absolvierte Grundausbildung innerhalb von zehn bis 15 Wochenenden eine sogenannte Ausbildung zum Pferde-Physiotherapeuten, Osteopathen oder zu ganz neu entwickelten Therapieformen mit fantasievollen Namen machen. In dieser Zeit kann man möglicherweise lernen, einzelne Techniken durchzuführen, die Struktur einer mehrjährigen Ausbildung können solche Kurse aber keineswegs ersetzen. Wenn diese Therapeuten dann ihre Arbeit nach dem Prinzip „Wer nur einen Hammer hat, macht jedes Problem zum Nagel" durchführen, wird am Ende leider das Pferd mit seiner Gesundheit die Zeche zahlen müssen.

Prüfung durch die FN

Die FN hat sich dieser Problematik 2006 angenommen und in die APO eine Prüfung aufgenommen, mit der Physiotherapeuten und Physiotherapeutinnen für Pferde die Zusatzbezeichnung FN erlangen können. Geprüft werden können Tierärzte, Physiotherapeuten und Ärzte für Menschen, die eine entsprechende Weiterbildung bei einem qualifizierten Ausbildungsinstitut abgeschlossen haben. Die seriösen Ausbildungsinstitute haben damit eine Möglichkeit, sich gegen andere abzugrenzen, die diese Qualitätsstandards nicht erfüllen.

Stammer Kinetics

Das Therapiekonzept Stammer Kinetics folgt den Prinzipien der funktionalen Stabilisation, wie sie in den vorangegangenen Kapiteln beschrieben wurde. Die zentrale Maßnahme ist dabei die Stabilisation des Pferdes gegen die Schwerkraft – also die Positionierung des Brustkorbes zwischen den Schulterblättern nach oben zusammen mit der aktiven Stabilisation des Beckengürtels. Findet das Pferd den Weg dahin mit der klassischen Unterstützung durch den Ausbilder nicht, greifen bewegungstherapeutische Prinzipien aus dem Bereich der Physiotherapie, beispielsweise die direkte Stimulation der Rumpfträger durch Elektrotherapie oder die indirekte Stimulation durch elastische Widerstände. Hier gibt es verschiedene technische Variationen, wie das Equine core Concept aus den USA oder den patentierten Koordinationstrainer Stammer Elastics. Eine weitere Anwendung ist beispielsweise die therapeutische Vibration mit dem in der Humanmedizin in seiner Wirksamkeit wissenschaftlich nachgewiesenen System Galileo. Eingebettet werden die stabilisierenden Methoden in weitere begleitende physiotherapeutische Maßnahmen. Grundsätzlich gilt: Eine technische Unterstützung ist immer nur so gut, wie das therapeutische Konzept, in das es eingebettet ist.

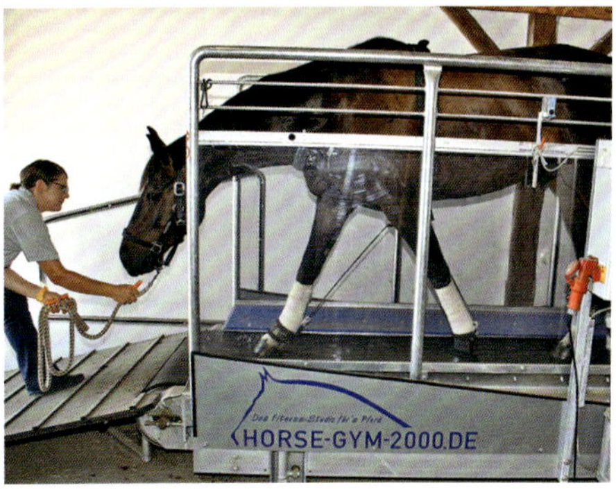

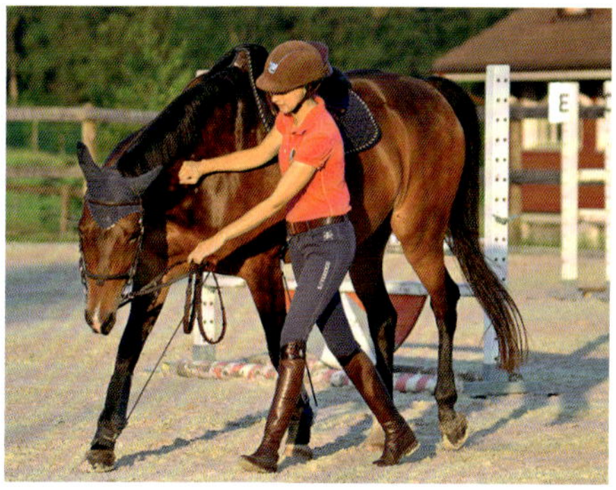

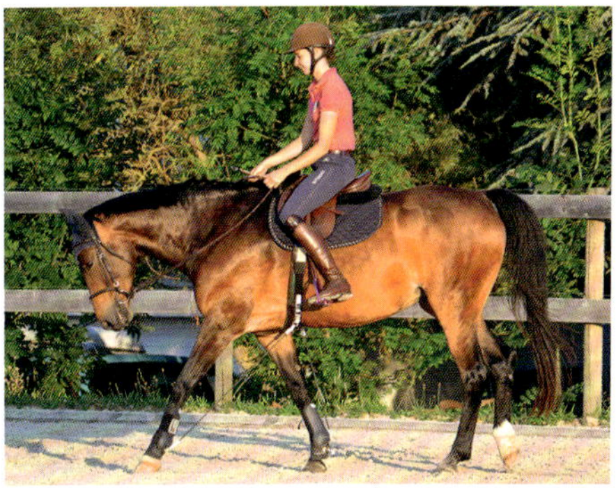

Gezielte Voraktivierung der Schultergürtelmuskulatur innerhalb der Bewegungstherapie

Zusammenfassung

Moderne therapeutische Konzepte zielen längst nicht mehr auf die Behandlung einzelner Strukturen wie Rückenmuskeln, Sehnen oder Gelenke ab. Man entwickelt komplexe Strategien, Bewegungsabläufe in ihrer Qualität zu beeinflussen und zu verändern. Flankierende Behandlungen wie Massage, Dehntechniken oder technische Geräte können dabei unterstützen. Sie sind aber niemals als alleinige Maßnahme zielführend. Hauptbestandteile dieser Konzepte sind die Arbeit in Bewegungsketten, Schulung von Bewegungsgefühl, Koordination und Reaktionsfähigkeit – immer mit dem Ziel, funktionell richtige Bewegungsabläufe neu zu entwickeln oder wiederzuerlangen.

Bewegungskorrektur – Beispiel Schultergürtel

Jeder Reiter möchte gerne eine ausdrucksstarke Bewegung im Vorderbein. ***Schulterfreiheit*** ist der Fachbegriff dafür. Die Zusammenhänge zwischen Stabilität und Mobilität wurden ausgiebig erläutert. Jetzt möchte ich die Vorgehensweise darlegen, die diesen Zusammenhängen Rechnung trägt.

Koordination

Ist es sichergestellt, dass der Schultergürtel in allen notwendigen Richtungen beweglich genug ist, die erwartete Bewegung durchzuführen, kann der Therapeut zusammen mit dem Reiter beginnen, den Bewegungsablauf neu zu koordinieren. Das geht von Übungen im Stand über einfache Führübungen bis hin zum Reiten von komplexen Lektionen wie **Schulter vor** oder **Schulterherein**. Der Grad der Fehlkoordination, der Ausbildungsstand von Pferd und Reiter und der muskuläre Zustand des Pferdes geben die Vorgehensweise vor. So kann der korrekte Bewegungsablauf beispielsweise im Stand über die Aktivierung der entsprechenden Muskulatur vom Therapeuten angebahnt werden. Anschließend wird das Pferd aus dieser Position heraus angeführt, um sie in die Bewegung zu übertragen. Gelingt dies im Schritt, so wäre der nächste Schritt die Übertragung in den Trab. Grundsätzlich können zusätzlich alle methodischen Maßnahmen aus der Ausbildung und Korrektur des Reitpferdes Anwendung finden, solange die Grundelemente Korrektheit, Takt und Losgelassenheit berücksichtigt werden. Auch Elemente aus verschiedenen Konzepten der Bodenarbeit können dabei hilfreich sein.

Kräftigung

Ist die korrekte Koordination der Bewegung so geschult, dass sie vom Pferd über mehrere Minuten gehalten werden kann, geht das Programm automatisch in die muskuläre Kräftigung über. Der Reiter muss sich darüber im Klaren sein, dass der Unterschied zwischen einem aktiv angehobenen Brustkorb und einem passiv stabi-lisierten eine massive Veränderung in der muskulären Beanspruchung bedeutet. Konkret heißt das, je intensiver die Korrektur des Bewegungsablaufs, desto schneller wird das Pferd ermüden. Es kommt innerhalb der medizinischen Trainingsthera-pie nicht selten vor, dass vermeintlich gut trainierte Sportpferde bei korrekt angehobenem Brustkorb nach zehn bis 15 Trabtritten in ihrer Rumpf tragenden Muskulatur ermüdet sind. Das Pferd braucht dann eine Schrittpause am langen Zügel von zwei bis drei Minuten, um anschießend diese Reprise drei- bis viermal zu wiederholen. Jede Belastungsstufe sollte über vier bis fünf Tage erhalten werden, bevor man die Belastung steigert. Steigerungen sind möglich, indem man die Anzahl der Trabtritte erhöht, die Körperspannung und somit das Anheben des Brustkorbes erhöht oder ein bis zwei Reprisen zusätzlich durchführt. Wichtig ist dabei, immer nur eine zusätzliche Belastungssteigerung zu wählen, um Übertrainingssituationen zu vermeiden.

Zeitliche Abläufe

Als groben Anhaltspunkt kann man die Sechserregel verwenden. Bis das Pferd aus einer optimalen Beweglichkeit heraus die ersten korrekten Tritte in einer optimalen Koordination findet, dauert es etwa sechs Tage. Diesen korrekten Bewegungsablauf sollte es dann nach ca. sechs Wochen über mehrere Bewegungssequenzen von etwa fünf Minuten stabil halten können. Um das muskuläre System nachhaltig zu kräftigen, dauert es mit der korrekten Koordination etwa sechs Monate. Diese Zeiträume sollen als Anhaltspunkte verstanden werden und können im Einzelfall deutlich über- oder unterschritten werden.

Zusammenfassung

Ein modernes therapeutisches Konzept folgt dem Prinzip von der Beweglichkeit über die Koordination zur Kräftigung. Dieses Prinzip baut aufeinander auf und jede Stufe ist vom Erreichen der vorhergehenden abhängig. Dabei ist der Schritt von der Beweglichkeit zur Koordination beim Pferd der bedeutendste. Hier dürfen keine Kompromisse gemacht werden. Teilweise dauert es mehrere Wochen, bis der Bewegungsablauf stabil koordiniert ist.

Das Zwerchfell als Schlüssel zwischen inneren und äußeren Systemen

Das *Zwerchfell* ist ein riesiger Muskel im Rumpf des Pferdes, der den Raum von Herz und Lunge vom Bauchraum trennt. Es ist im Rumpf zwischen dem Brustbein, dem Rippenbogen und der Lendenwirbelsäule aufgespannt wie ein Regenschirm. Das Zwerchfell verbindet funktionell das VBZ mit dem HBZ und nimmt damit für die korrekte Pferdebewegung genauso wie für viele Abläufe der inneren Organsysteme eine Schlüsselposition ein.

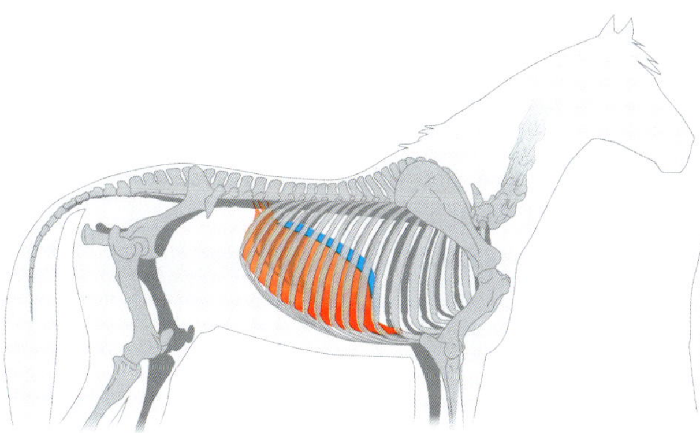

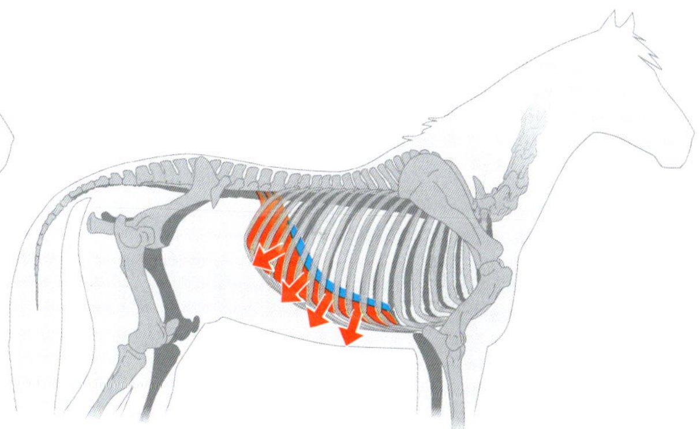

Dabei ist es funktional gesehen neben der reinen Atembewegung zusätzlichen hohen Belastungen im Bewegungsablauf ausgesetzt. Ein anschauliches Beispiel dafür ist der Galoppsprung.

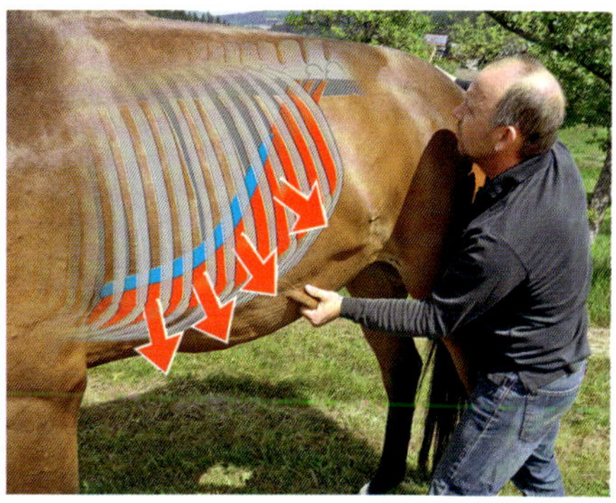

Therapeutische Kontrolle der Zwerchfellfunktion

Das Zwerchfell im Galopp

Der Galoppsprung und die Atmung des Pferdes sind untrennbar miteinander verbunden. Pro Galoppsprung kann das Pferd einen Atemzug machen. Dabei wird in der Schwebephase eingeatmet, in den Stützbeinphasen von hinten nach vorne ausgeatmet. Abweichungen von diesem Rhythmus sind durch die hohe Belastung des Zwerchfells als Muskel, der diese Abläufe aktiv unterstützt, unmöglich. Daraus

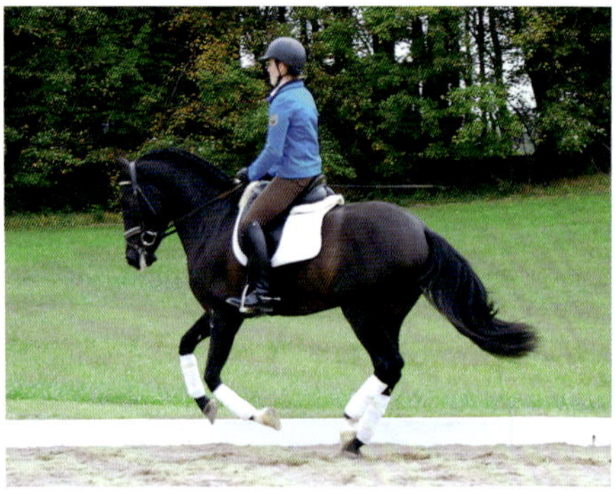

Ende der Einatemphase im Galopp

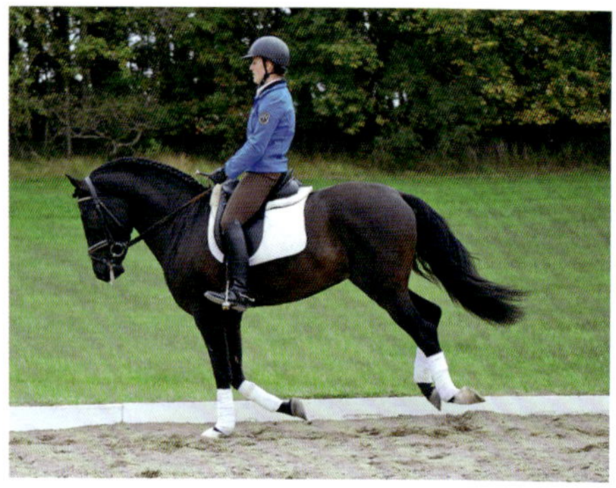

Ende der Ausatemphase im Galopp

ergibt sich aber auch automatisch die Tatsache, dass ein Pferd, das nicht frei und ungezwungen durchatmen kann, auch nicht frei und ungezwungen galoppieren kann – und umgekehrt. Die hohe Belastung, der das Zwerchfell in seiner Funktion beim Pferd ausgesetzt wird, kann in der Stützbeinphase der Vorderbeine im Galopp verdeutlicht werden. In dieser Phase der Bergab-Bewegung drücken die Eingeweide des Pferdes mit ihrem Gewicht von etwa 250 kg nach vorne gegen die Lunge und müssen vom Zwerchfell in Position gehalten werden.

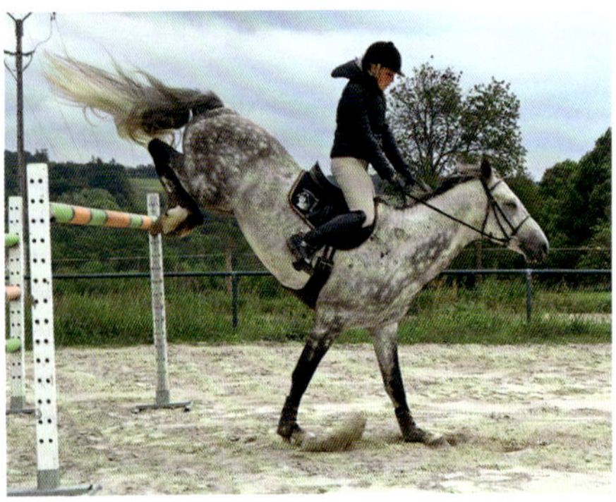

Bei der Landung wird das Zwerchfell allein durch die Masse der Eingeweide maximal belastet.

Das Zwerchfell beim Springpferd

Noch dramatischer ist die Belastung beim Springpferd in der Landung. Je höher das Pferd springt, desto steiler wird der Winkel, mit dem die Eingeweide nach unten auf das Zwerchfell drücken und vom Zwerchfell abgefangen werden müssen. Verkrampft sich dieser Muskel nach dem siebten oder achten Hindernis, so wird die Qualität des Galopps deutlich schlechter und die Muskulatur des Pferdes wird gleichzeitig durch die eingeschränkte Atmung nicht mehr ausreichend mit Sauerstoff versorgt.

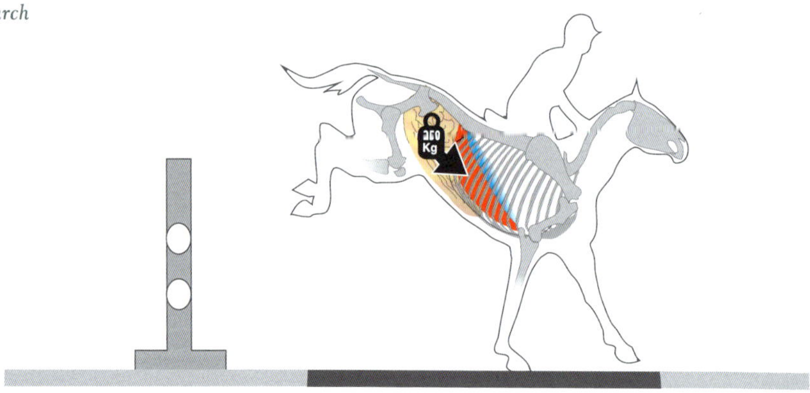

Das Zwerchfell in der Dressur

Die Qualität des Galopps wurde zu Beginn schon erwähnt. Was passiert aber bei den Serienwechseln? Durch den Bewegungsablauf des fliegenden Wechsels wird die Schwebephase tendenziell verkürzt bzw. erschwert. Das Pferd hat also weniger Zeit für die Einatmung. Einmalig ist das kein Problem. Je kürzer die Abfolge der Wechsel jedoch verlangt wird, desto wichtiger wird die Verknüpfung mit der Atmung. Für die Einerwechsel hat das am Ende immense Auswirkungen. Springt das Pferd den einzelnen Wechsel nicht wirklich perfekt durch, so hat es kaum noch die Möglichkeit, tief genug einzuatmen. Nach dem sechsten oder siebten Wechsel kommt es dann automatisch zu einem Fehler, weil das Pferd den Rhythmus Atmung – Galoppsprung nicht halten kann. Verbessern kann man diese Situation nur dadurch, dass man schon bei jedem einzelnen Galoppsprung der Atmung des Pferdes hohe Aufmerksamkeit schenkt und jede noch so kleine Störung ernst nimmt.

Zwerchfellprobleme – Ursachen und Folgen

Erkrankungen des Atemtraktes

Durch länger anhaltende Atembeschwerden wie z.B. chronische Bronchitis oder dauerhafte Überlastungen des Atemsystems in Training und Wettkampf kommt es zu Verkrampfungen des Zwerchfells. Selbst wenn die eigentliche Grunderkrankung schon lange behoben ist, kann die Verkrampfung des Zwerchfells bestehen bleiben und sowohl die Atemleistung als auch den Bewegungsablauf dauerhaft einschränken.

Direkte Auswirkungen auf die Atemdynamik

- Ausdauerleistungsfähigkeit
- Sattelpassform
- Sitz des Reiters
- Verdauungstrakt
- Koppen
- Innere Losgelassenheit
- Haltungsbedingungen (Frischluft und Bewegung)
- Exterieur (Form des Brustkorbes, überbaut)
- Korrektheit der Ausbildung (äußere Losgelassenheit)

Da sich jede dieser Komponenten untereinander beeinflussen kann, ist es augenscheinlich, wie wichtig eine funktionsfähige rhythmische Atmung als Kontrollfunktion innerhalb jedes Bewegungsablaufes des Pferdes ist.

Die Atmung ist die wichtigste Komponente zur Überprüfung der Losgelassenheit von Pferd und Reiter in Ruhe und Bewegung.

Störungen im Bewegungsablauf

Dementsprechend hat jede Einschränkung innerhalb des Bewegungsablaufs des Pferdes auch automatisch eine Einschränkung der Atembewegung zur Folge und umgekehrt. Das Pferd kann den Brustkorb und/oder das Becken nicht mehr frei bewegen und entwickelt Bewegungsstörungen. Es tritt nicht mehr richtig an die Hand heran, reagiert nicht auf den Schenkel oder tritt nicht mehr wie gewohnt unter. Funktionell kann das Pferd das VBZ und/oder das HBZ nicht mehr korrekt positionieren.

Das VBZ „fällt" beispielsweise immer wieder nach hinten unten, wodurch das Brustbein sich nach vorne bewegt. Ein ständiger Zug auf das Zwerchfell ist die Folge, was dort wiederum eine zusätzliche Verkrampfung auslöst. Diese kann sich weiter auf das HBZ übertragen. Eine negative Spirale von Fehlbewegungen und Leistungseinbußen ist die Folge.

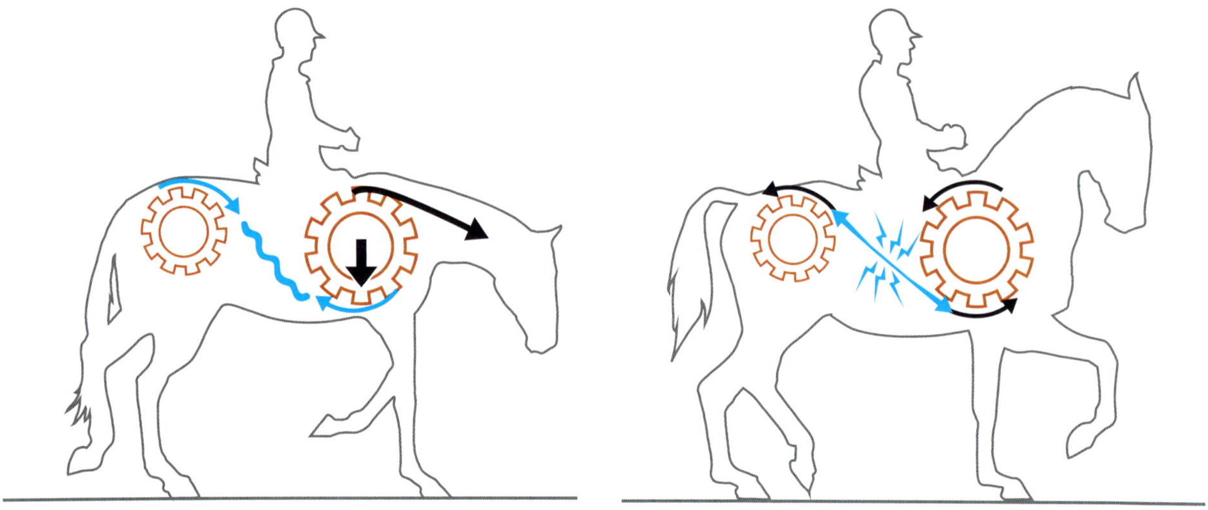

Das Zwerchfell schlaff und verspannt in der Funktionsansicht

Beeinflussung der inneren Organe

Die Bewegung des Zwerchfells hat auf die Dynamik der inneren Organe den gleichen Einfluss wie auf die äußeren Bewegungsabläufe. So werden mit der Bewegung des Zwerchfells auch gleichzeitig die Leber, der Magen-Darmtrakt sowie alle anderen inneren Organe bewegt. Eine weitere wichtige Funktion ist die Dynamik des Lymphsystems und des venösen Blutsystems. Der Unterdruck im Bauchraum, der durch die Atembewegung erzeugt wird, unterstützt den Rückfluss von Blut und Lymphe. So sollten beispielsweise Pferde, die immer wieder zu Stresskoliken oder dicken Beinen neigen, neben der klassischen tierärztlichen Diagnose auf eine Fehlfunktion des Zwerchfells hin untersucht werden.

Manuelle Therapie des Zwerchfells

Durch die exakte Positionierung aller Systeme, an denen das Zwerchfell angewachsen ist, kommt es zu einer erhöhten **Atemaktivität** des Pferdes gegen Widerstand. Durch leichte Veränderungen dieser Spannung wird das Pferd dazu animiert, diesen Widerstand zu reduzieren, und kann dann in der Folge freier und tiefer weiteratmen.

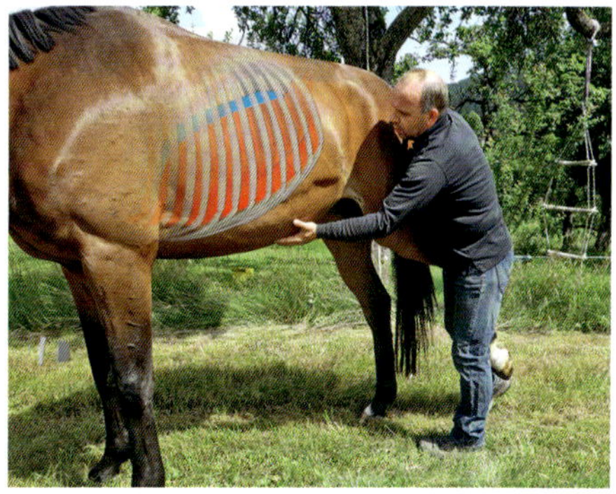

Manuelle Funktionsdiagnostik und Therapie des Zwerchfells

Wird diese Position über mehrere Atemzüge gehalten, kann der Therapeut damit die Dynamik der Fasziensysteme des Pferdes innerhalb und außerhalb des Bauchraums positiv beeinflussen. Je nachdem in welche Richtung er den Spannungsaufbau der Atmung lenkt, bewegen sich die inneren Organe des Pferdes mit. Speziell bei Verklebungen der im Bauchraum aufgespannten Faszien und der Umhüllungen der inneren Organe ist diese therapeutische Technik äußerst wirksam und entspricht den Techniken der viszeralen Therapie aus der Osteopathie.

An diesem Beispiel sehen Sie, wie filigran und umfassend therapeutische Techniken funktionieren können. 95 Prozent der Arbeit bedeutet, dem Gewebe „zuzuhören". Erst dann greift der Therapeut aktiv durch wenige sehr gezielte Impulse ein, um dem Gewebe eine neue Richtung zu geben.

Dr. Andrew Tailor Still, der Begründer der Osteopathie beim Menschen, hat gesagt: *„Wenn ein Patient zu mir kommt, höre ich seiner Geschichte zu, und während ich zuhöre, sehe ich mit meinem inneren Auge die verschiedenen Systeme der Körperstruktur..."* Selbstdarsteller und Narzissten haben in dieser Therapieform als Therapeuten keinen Platz.

Zusammenfassung

Das Zwerchfell als wichtigster Atemmuskel ist der Vermittler zwischen innerer und äußerer Losgelassenheit. Der gleichmäßige und störungsfreie Atemrhythmus, der diese Losgelassenheit bedingt, ist die Grundlage für jeden Bewegungsablauf, jede Lektion und jede Zwanglosigkeit innerhalb der Ausbildung des Reitpferdes. Ist der Atemrhythmus gestört, hat das direkte Auswirkungen sowohl auf den Bewegungsablauf als auch auf die Gesundheit des Pferdes.

7 Pferdegerechte Aufzucht, Haltung, Bewegung

7.1 Die Aufzucht – die wichtigsten vier Jahre im Leben eines Pferdes

Kein Zaun in Sicht – dieser Bewegungsraum lädt zu ursprünglichem Bewegungsverhalten ein.

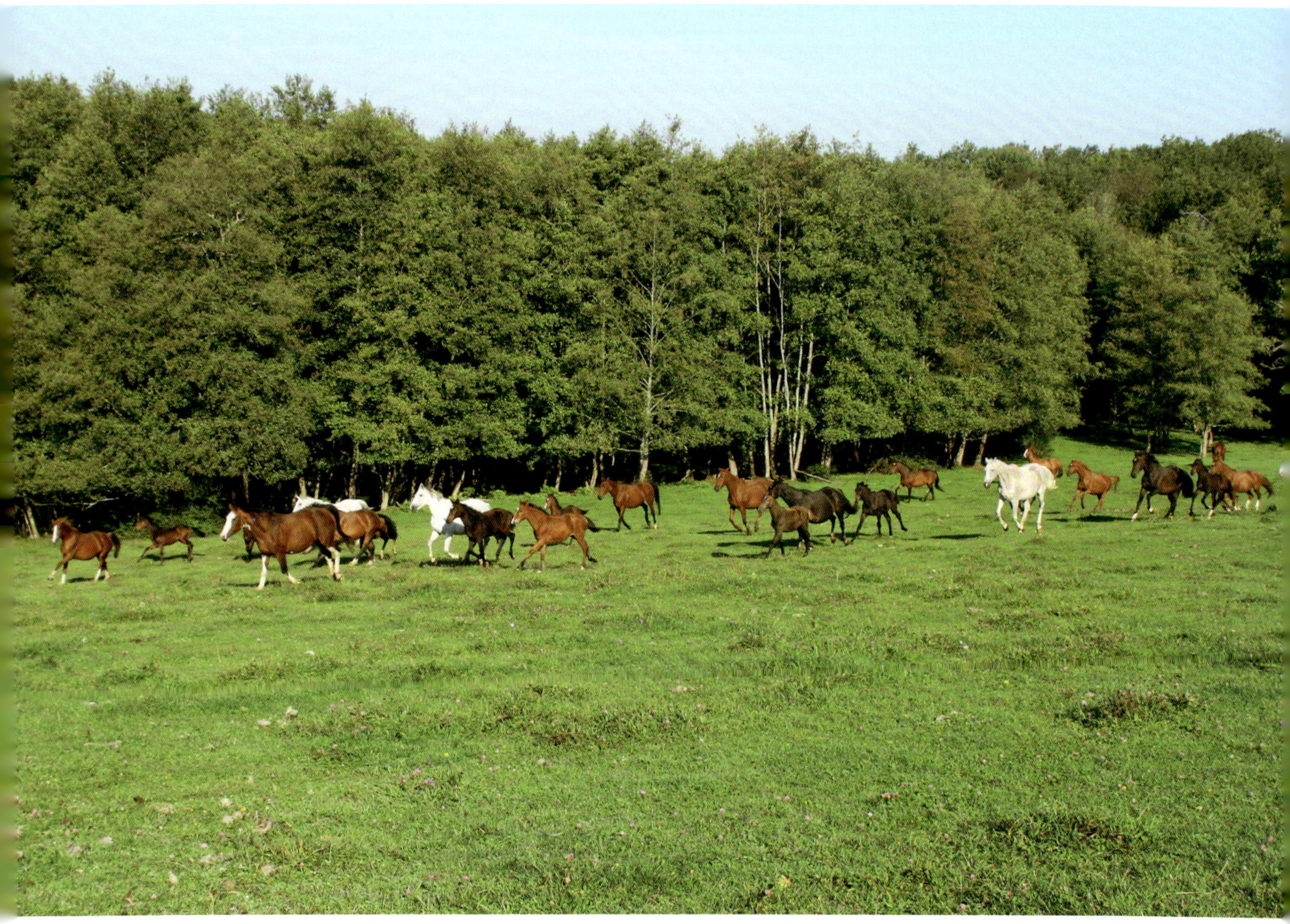

Traditionelle Aufzucht

Die wichtigste Entwicklungsphase des Pferdes ist ganz ohne Zweifel die Aufzucht. In den ersten vier bis fünf Lebensjahren – nicht etwa nur in den ersten drei! – entwickelt sich der Körper des Pferdes, insbesondere der Bewegungsapparat. In diesen Jahren werden die Weichen dafür gestellt, wie gut Knochen, Gelenke, Sehnen und Bänder ausreifen können und wie belastbar der gesamte Organismus wird. Die Basis für die Reaktionsfähigkeit der Muskulatur in Bezug auf die Stabilität der Beinachsen wird hier gelegt. Viele Jahre wurde diese Tatsache sehr stark vernachlässigt und Reiter wie Wissenschaftler kümmerten sich wenig um diese Zeit.

Bis heute ist es die gängige Aufzuchtpraxis, Fohlen in gleichaltrigen Gruppen zusammenzuziehen und in kleineren oder größeren Gruppen auf eine Weide zu bringen. Im Sommer haben Jungpferde in der Regel großzügigeren Bewegungsraum, im Winter werden allerdings vielerorts die Bewegungsangebote knapp. Bei lang anhaltend schlechtem Wetter kommen die Fohlen in einen Laufstall, den viele in den Wintermonaten gar nicht mehr verlassen. Im günstigen Fall haben sie noch einen 50 mal 50 Meter großen Winterpaddock. In schlechten Fällen stehen Fohlen nicht nur mehrere Stunden am Tag, sondern manchmal tagelang in der Box oder in einem kleinen Laufstall.

Dreijährig beziehen viele Jungpferde bereits Einzelboxen in Ausbildungsställen. Weidegang in der Gruppe ist ab dieser Altersstufe nicht mehr selbstverständlich, ein Paddock-Angebot im Winter die Ausnahme. Insbesondere talentierte Sportpferde fristen ihr Reitpferdeleben in den ersten Ausbildungsmonaten zwischen Box, Anbindeplatz, Halle, Waschplatz und Solarium.

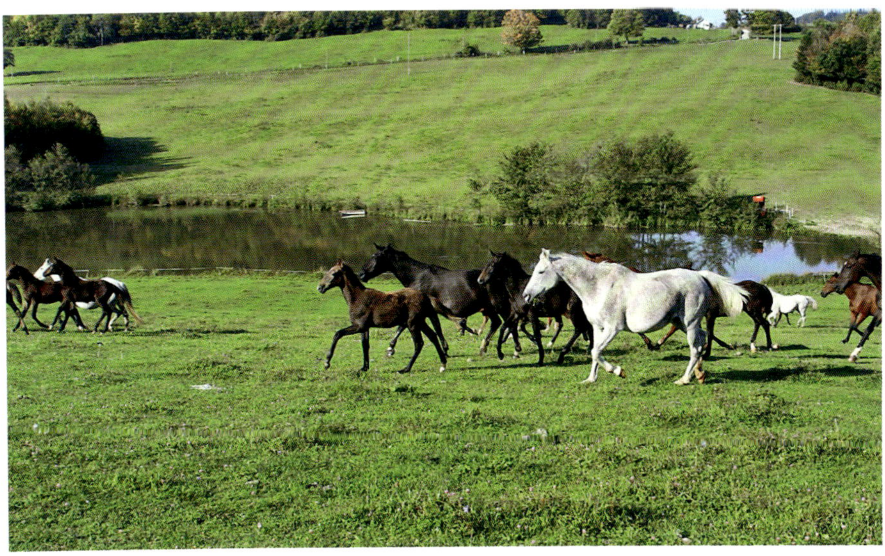

Verschiedene Altersgruppen leben im Sozialverband miteinander.

Was das für die Entwicklung von Körper und Psyche der ursprünglichen Steppenbewohner und hoch spezialisierten Lauftiere bedeutet, möchte ich im Vergleich mit einem positiven Beispiel für Jungpferdeaufzucht aufzeigen. Dieser mehrfach ausgezeichnete Pferdehaltungsbetrieb verfügt über Rahmenbedingungen, die den natürlichen Bedürfnissen der Pferde in besonderer Weise entsprechen. Auch wenn dieses „Pferdeparadies" natürlich andernorts nicht eins zu eins nachgeahmt werden kann, zeigt der Vergleich doch genau, worauf es im Wesentlichen zur positiven Entwicklung von Körper und Psyche des Pferdes bei Aufzucht, Haltung und Training ankommt.

Beispiel „Les Dannes"

Seit mehr als zehn Jahren betreue ich ein Projekt im Südosten Frankreichs. Kurt Fuchs, ein Schweizer, ist dorthin vor über 15 Jahren ausgewandert, um nichts anderes zu tun, als die Haltung und Aufzucht von Pferden dorthin zurückzuführen, wo sie herkommen, nämlich in die Natur. Auf einer Fläche von 300 Hektar Land hat er begonnen, Pferde in gemischtaltrigen Herden zu halten. Die Pferde leben dort 365 Tage im Jahr rund um die Uhr auf der Weide, fressen Gras und Heu und haben freien Zugang zu Mineralstoffen. Regelmäßige Hufpflege, Entwurmung und Zahnkontrollen werden durchgeführt und die Tiere haben regelmäßig Kontakt mit der Familie Fuchs. Sonst bekommen sie nichts. Keine Hufeisen, keine Decken, keine „Extras" (Zusatzfuttermittel).

Als Jugendliche haben die drei Kinder der Familie Fuchs angefangen, sich nicht nur für die Pferde selbst, sondern auch für das Reiten zu interessieren. Es gab einige ehemalige Turnierpferde, die als Sportinvaliden noch einige ruhige Jahre auf der Weide haben sollten. Viele davon waren noch jung und hatten ihr Talent bereits auf Championaten unter Beweis gestellt. Nach ein, zwei Jahren wollten einige Besitzer die Rechnungen nicht mehr bezahlen. Freilich war es offensichtlich, dass es den Pferden in „Les Dannes" außerordentlich gut ging; man wollte sie dementsprechend nicht töten. Kurt Fuchs hat diese Pferde schließlich übernommen und die Kinder haben sich dem Springsport zugewandt. Die Pferde hatten Spaß, die Kinder hatten Spaß und so entschloss man sich zu einem einmaligen Projekt.

Die Pferde wurden genauso weitergehalten wie bisher. Sie blieben in ihrer Herde, wurden einmal in der Woche gesprungen und am Wochenende gingen sie aufs Turnier. Was zu Beginn von allen Etablierten belächelt wurde, entwickelte sich innerhalb von wenigen Jahren zu einer Erfolgsstory. Am Anfang sagte man: „Na ja, bis 1,10 Meter geht das schon, aber dann nicht mehr." Dann sollte bei 1,20 Meter Schluss sein. Wohlgemerkt, alle Pferde sind Barhuf, leben immer in der Herde, bekommen Kraftfutter in der Regel nur auf dem Turnier und bekommen im Winter keine Decken, sondern Winterfell. Heute, nach sechs Jahren, gewinnen die „Füchse" Prüfungen auf nationalen und internationalen Turnieren bis 1,50 Meter und es geht immer noch. Alle drei konnten sich schon 2011 unter den 100

Besten der französischen Springreiter-Erfolgsliste platzieren. Dabei haben sie eine eigene Sportpferdeherde zusammengestellt, von denen die meisten Pferde als unreitbar oder Sportinvalide von ihren Reitern aufgegeben waren und der Familie Fuchs kostenlos oder für den Schlachtpreis überlassen wurden.

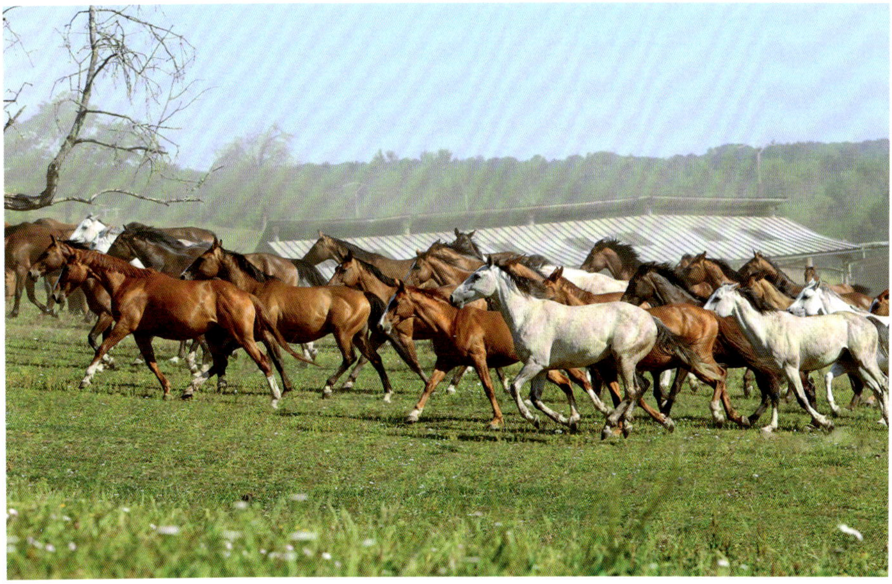

Die Sportpferdeherde in Bewegung

Das System „Les Dannes" verstehen

Ein solches Projekt soll nicht grundsätzlich das gängige Ausbildungs- und Trainingssystem der Reiterei infrage stellen. Niemand soll dazu aufgerufen werden, sein Pferd die Woche über in Ruhe zu lassen, um am Wochenende auf Turnier zu gehen. Die einmaligen Bedingungen dort lassen sich nicht verallgemeinern. Noch weniger Sinn macht es, einzelne Elemente aus diesem System unter ganz anderen Rahmenbedingungen einfach zu kopieren.

Mich hat das System aber von Anfang an interessiert, ja regelrecht fasziniert. Ich habe versucht zu verstehen, warum dort geht, was sonst eben nicht geht. Wie viel Training brauchen wir eigentlich einfach nur, um den Bewegungsmangel unserer Pferde auszugleichen? Und vor allem, was können wir von diesem System lernen?

Bewegungsmangel

Ein Pferd ist in der Natur 14 bis 16 Stunden in Bewegung, die überwiegende Zeit im Schritt. Ab und zu trabt und galoppiert es kurze Strecken im Spiel. Auf der Flucht galoppiert es im Maximaltempo über 40 bis 60 Sekunden mehrere Hundert Meter geradeaus. Dies ist der Bewegungsbedarf eines Pferdes, weniger ist Bewegungsmangel. Selbst wenn das Pferd auf einer Weide steht und grast, heißt das noch lange nicht, dass es sich dabei tatsächlich auch bewegt. Pferde brauchen Bewegungsanreize, um sich zu bewegen! Ein Zaun in Sichtweite ist für ein Pferd grundsätzlich ein Bewegungshindernis. Ohne triftigen Grund wird es sich nicht motivieren können, sich zu bewegen.

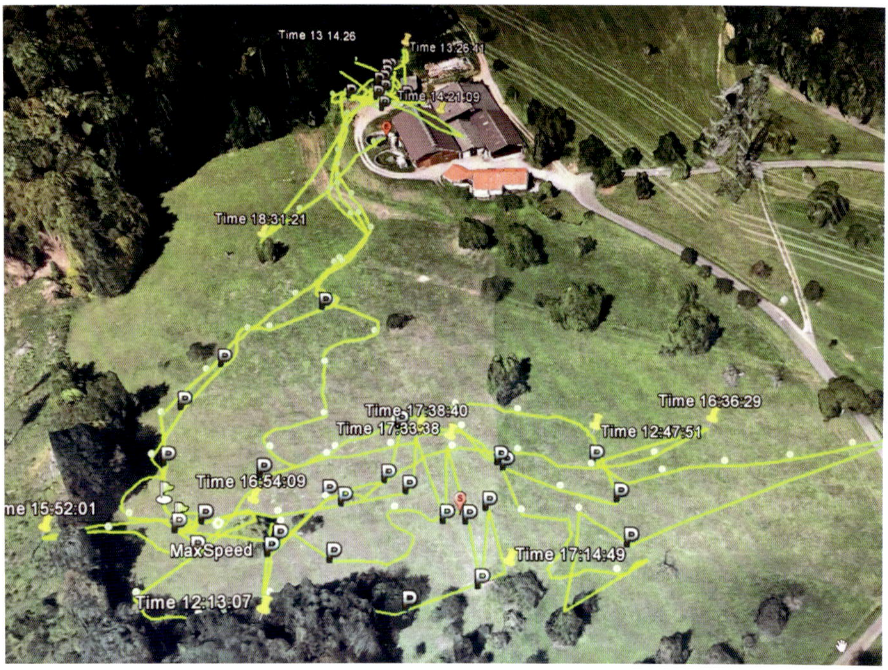

GPS-kontrollierter Bewegungsweg auf einer anderen Anlage mit ganzjähriger Weidehaltung in Haltingen bei Lörrach.

7.2 Die Entwicklung eines gesunden Skeletts

Das Knochensystem

Das Grundgerüst des Pferdes besteht aus seinem Knochen- und Sehnensystem. Die Längenverhältnisse der Knochen untereinander bestimmen zusammen mit der Spannkraft der Sehnen und Bänder die Kraftentwicklung und Kraftübertragung. Allerdings haben auch äußere Kräfte, die auf die Knochen einwirken, Auswirkungen auf ihre Entwicklung.

Osteoporose durch Bewegungsmangel

Die Qualität, Dicke und auch die Form der unterschiedlichen Knochen wird durch die Art und Weise ihrer Beanspruchung bestimmt. Untersuchungen haben gezeigt, dass ein Knochen nur durch dynamische Biegebelastung, wie sie bei ***mittleren bis starken Belastungen*** entsteht, in seiner Struktur erhalten bzw. gestärkt werden kann. Ein Pferd, das den größten Teil des Tages in seiner Box oder auch auf einer kleinen Weide steht oder im Schritt geht, wird nicht genügend Belastung erfahren, um sein knöchernes System zu stärken.

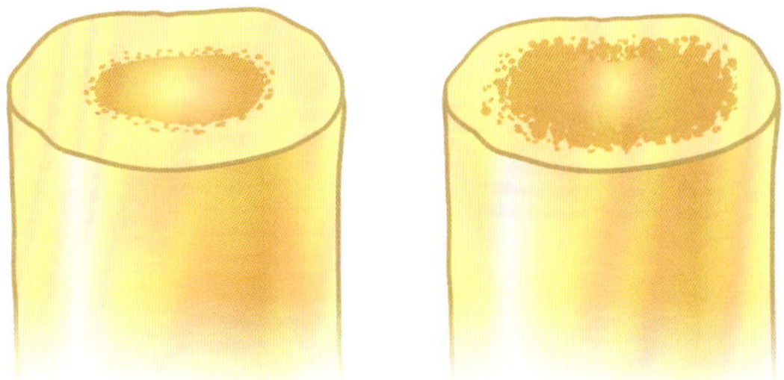

Diverse Untersuchungen aus der Humanmedizin beweisen, dass Knochen und Sehnenstrukturen zunächst durch Unterbelastung als Folge von Bewegungsmangel geschwächt und damit vorgeschädigt werden. Diese verkümmerten Strukturen werden dann durch eigentlich normale, von der Natur durchaus vorgesehene Belastungen plötzlich überbelastet.

Auf diesem Schaubild ist zu erkennen, wie der Mechanismus der Knochenentwicklung funktioniert. Biegebelastung führt zu unterschiedlicher Ladung auf der Druck- bzw. Zugseite. Dieses elektrische Potenzial ist die Stimulation für die Aktivität der knochenbildenden Zellen im Körper, die sie benötigen, um zu arbeiten. Allerdings reagieren diese Zellen pro Reiz nur einmal, das heißt, eine effektive Belastung für den Knochen muss dynamisch sein. Auf statische Reize (einmal Biegen und dann die Position Halten) reagieren sie nur einmal – egal wie lange diese Position gehalten wird. Im Gegenteil: Lang anhaltende Biegebelastung kann zu einer Schädigung der Strukturen führen.

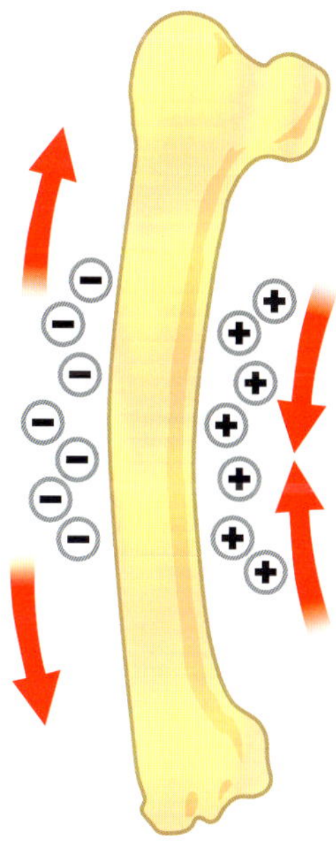

Dynamische Bewegung löst im Knochengewebe elektrische Potenziale aus, die die Festigkeit des Knochens positiv beeinflussen.

Das Knochensystem braucht also regelmäßige ***intensive dynamische Belastungsreize***, um stark zu werden. Aber diese Belastungen dürfen nicht durch einseitige und monotone Bewegungen entstehen.
Die Entwicklung von ***Überbeinen*** ist demnach seltener auf eine Schlagwirkung zurückzuführen als vielmehr auf viel zu schnelle Belastungssteigerung beim unreifen

jungen Pferd. **Frakturen** und **Fissuren** und **OCD (umgangssprachlich „Chip")**, wie sie heute immer öfter quasi „aus dem Nichts" entstehen, sind ebenfalls häufig die Folge von diesen mangelnden Belastungsreizen im Fohlen- und Jungpferdealter.

Die ersten vier (und nicht etwa nur drei) Jahre sind dabei die wichtigste Entwicklungsphase des Skelettsystems, in denen tägliche Bewegung mit Schritt, Trab und Galopp auf **unterschiedlichen Böden mit kurzen Belastungsphasen** zwingend notwendig ist. Diese Tatsache steht im krassen Gegensatz zu den heute leider oft üblichen Haltungsbedingungen in der Aufzucht und später in der reinen Boxenhaltung zum Teil schon sehr junger Pferde. Wenn wir davon ausgehen, dass ein zweijähriges Pferd von Oktober bis April in einem kleinen Laufstall mit Matratzeneinstreu steht, so ist dies eindeutig als **Unterbelastung der knöchernen Systeme** zu beurteilen, die langfristig schwere **Folgeschäden** auch im Bindegewebe nach sich zieht, vor allem im späteren Leistungssport.

Knochen, Knorpel und Sehnen brauchen Belastung!

Unzählige wissenschaftliche Untersuchungen beweisen: Der Körper braucht für seine Entwicklung regelmäßige Belastung. Bei der Beobachtung eines Fohlens in seinem natürlichen Lebensraum werden Sie feststellen, dass es sich täglich unzählige Male in kurzen Sprints von der Mutter wegbewegt, um sofort genauso schnell wieder zurückzurennen. Ein Pferd ist für harten Steppenboden konstruiert und hat sich über Jahrmillionen genau dafür spezialisiert. Wenn wir die Tiere jetzt ausschließlich auf schönen federnden oder gar tiefen und matschigen Böden halten, sind Schäden am Bewegungsapparat vorprogrammiert. Knochen, die ohne regelmäßige Belastung wachsen, werden zwar in der Regel länger, sind aber deutlich weniger belastbar. Vergleichbar ist das mit einem Baum, der geschützt unter besten Bedingungen wächst. Er sieht zwar schön und gerade aus, sein Holz ist aber deutlich weniger stabil und belastbar als das eines Baumes, der allen Winden und Widrigkeiten ausgesetzt war.

Es ist offensichtlich, dass frühes Skelettwachstum beim Pferd eher mit einer negativen Prognose für die Stabilität und Haltbarkeit dieses Systems bei der Nutzung als Reitpferd einhergeht. Dem steht das Interesse der Züchter an möglichst früh „fertigen" Dreijährigen, die das Gardemaß von 1,68 Metern bereits erreicht haben, diametral gegenüber.

Züchterische und pferdesportliche Wettbewerbe für dreijährige Pferde, in denen „frühreife" Youngster die besseren Platzierungschancen haben, verstärken den Trend zur Zucht und Aufzucht solcher Pferde – mit einer Disposition für degenerative Erkrankungen.

Beispiel „Les Dannes"

Die Jungpferde in „Les Dannes" haben an 365 Tagen Anreize dafür, sich auf großen Flächen zu bewegen: vom Futter zum Wasser, zum natürlichen Unterstand in den Wald, im spielerischen Wettlauf mit dem Herdengenossen. Ihr Skelettwachstum ist in den ersten drei Jahren eher langsamer, dauert dafür aber signifikant länger. Vierjährige Pferde sehen oft aus wie dreijährige, wenn man sie mit Altersgenossen aus anderen Aufzuchtsystemen vergleicht. Aus meiner Beobachtung kann ich im Gegenzug aber bestätigen, dass die Gelenke und Röhrbeine überdurchschnittlich kräftig ausgeprägt sind. Sind die Pferde sechs oder sieben Jahre alt, holen sie auch das genetisch vorgegebene Längenwachstum des knöchernen Systems wieder auf.

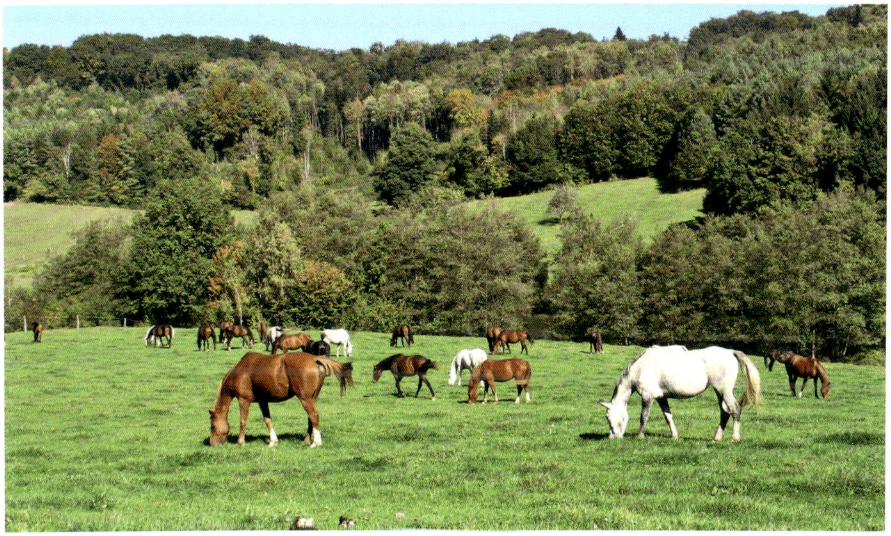

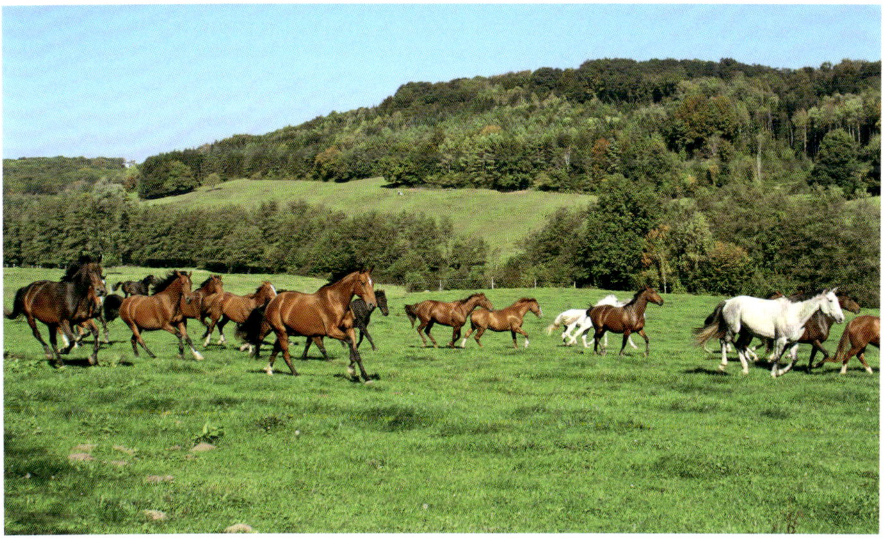

Ruhe- und Bewegungsphasen wechseln sich im Tagesrhythmus ab.

7.3 Die Entwicklung eines gesunden Bindegewebes

Das „weiche" Bindegewebe, also Kapsel-, Bänder-, Sehnen- und Fasziensysteme, nehmen beim Pferd eine herausragende Funktion ein. Seine Bedeutung in der Fortbewegung und in der Stabilisation des Gesamtsystems wurde bereits im Zusammenhang mit der Katapultwirkung erläutert. Hier werden im Folgenden die einzelnen Aufgaben der Strukturen dargestellt.

- Stützsystem innerhalb der Muskulatur
- Verbindung zwischen Muskulatur und Skelett
- Eigenständige Stabilisationssysteme innerhalb der Beinachsen
- Eigenständige Stabilisationssysteme zwischen Beinachsen und Rumpf
- Energiegewinnung durch passive Federung

In gemeinsamer Funktion kann dieses Stützgewebe ein vom Huf bis zur Wirbelsäule ***durchgängiges Spannungssystem*** aufbauen. In Ruhe wird damit das nahezu ***ermüdungsfreie Stehen*** realisiert. In Bewegung nimmt dieses System in der Stützbeinphase wie ein Gummiband Energie auf, um diese anschließend als Bewegungsenergie für den Vortrieb zu nutzen.

Neben dieser Aufgabe der Fortbewegung hat das Bindegewebe noch eine rein passiv stabilisierende Funktion, wie sie anfangs in Zusammenhang mit der ***passiven Stabilisation der Wirbelsäule*** beschrieben wurde.

Anpassungsprozesse von Bindegewebe

Wie der Knochen ist auch das Bindegewebe unbedingt auf dynamische Belastungsreize angewiesen. Es wird zum größten Teil nicht über die Blutbahn mit Nährstoffen versorgt, sondern über die Flüssigkeitssysteme in den Zwischenzell-

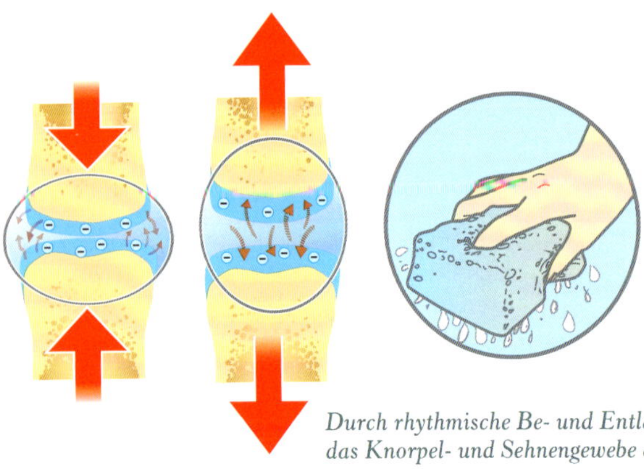

Durch rhythmische Be- und Entlastung wird das Knorpel- und Sehnengewebe ernährt.

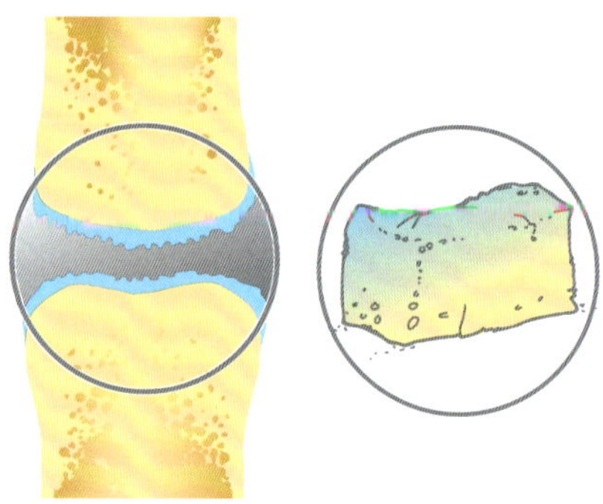

Bewegungsmangel führt regelrecht zum „Austrocken" und somit zur Schädigung des Knorpels.

räumen, den Lymphbahnen sowie den Sehnenscheiden und den Gelenkkapseln. So wie das Herz das Blut in die letzten Kapillargefäße presst, ist für diese Systeme die Bewegung des Körpers die eigentliche Pumpe, die diese Flüssigkeiten bewegt und für die Versorgung aller bindegewebigen Strukturen verantwortlich ist. Das Prinzip der Versorgung ähnelt dem eines Schwammes, der ausgepresst wird und neue Flüssigkeit aufsaugt. Die Gelenkknorpel reagieren dabei auf Druckbelastung, Sehnen und Bänder auf Zug.

Bewegungsmangel oder, besser ausgedrückt, Belastungsmangel führt also eindeutig zur Unterversorgung dieser Gewebestrukturen und damit zu Degeneration und Zerstörung.

Pferde brauchen vom Fohlenalter bis zur Rente über den gesamten Jahresverlauf ausreichende Bewegung und vernünftige Belastung.

Denkansätze in diese Richtung sind inzwischen sicher vorhanden, sie müssen meiner Meinung nach nur sehr viel radikaler umgesetzt werden. Niemand wird grundsätzlich bestreiten, dass ein Paddock für ein Pferd eine schöne Sache ist. Allerdings sollte auch eine gesunde Kritik gegenüber Haltungsformen möglich sein. Paddocks können schön sein, wenn die Pferde selbst entscheiden, wann und wie sie dorthin gehen und dabei gleichzeitig auch die Möglichkeit für einen windgeschützten Unterstand haben. Werden Pferde einfach nur – in dicke Decken eingepackt, sodass die Sonne weder das Fell wärmen noch zur Vitaminproduktion beitragen kann – „rausgesperrt", dann werden an sich gute Ideen ad absurdum geführt.
Werden große Weiden in immer kleinere Abschnitte unterteilt, um jedem Pferdebesitzer sein privates Refugium zuzuteilen, auf das er genau aufpassen kann und er nicht weit gehen muss, um sein Pferd zum Reiten abzuholen, dann haben wir auf Pferdehöfen Zustände wie auf Campingplätzen, auf denen die Dauercamper ihre Jägerzaunidylle errichten.
Es mag gute Gründe dafür geben, das Freilaufen von Pferden in einer Reithalle etwa im Interesse der Schonung eines neuen Hallenbodens grundsätzlich zu verbieten. Die Pferde, die sich für ihre körperliche und psychische Gesundheit dringend auch mal „austoben" müssen, hat bei dieser Regelung sicher keiner gefragt.

Pferdegerechte Regelungen für den Bewegungsbedarf

Für alle diese Beispiele gibt es durchaus nachvollziehbare, vor allem betriebswirtschaftliche und organisatorische Gründe. Ein alternatives Patentrezept habe auch ich nicht anzubieten, das wäre nicht seriös. Wenn aber Stallbesitzer, Ausbilder und Pferdebesitzer gemeinsam mit dem Auge für die Bewegungsbedürfnisse des Pferdes über eine Anlage gehen, so lassen sich immer individuelle Lösungen finden, die die Situation im Sinne des Pferdes zumindest verbessern können. Auch wenn das den Einsteller am Ende ein paar Euros mehr kostet; wenn die Halle einmal am Tag zusätzlich gepflegt, die Zäune neu gezogen (lang und schmal bei Einzelhaltung oder tatsächlich großflächig bei in sich stabilen Gruppen) oder der ganze Stall tatsächlich umstrukturiert wird. Fragwürdige Zusatzfuttermittel, ein Sehnenschaden oder gar der Verlust des Pferdes sind immer teurer.

Grundsätzlich kann man festhalten, dass Pferde unter dem Anspruch einer ***artgerechten Haltung*** vor allem ***tägliche Bewegung*** brauchen, besser zwei- oder dreimal. ***Abwechslung*** ist dabei das wichtigste Kriterium: freies Laufen und Toben, eine längere Strecke in der Führmaschine, ein Spaziergang im Wald mit oder ohne Reiter, vernünftige gymnastizierende Arbeit unter dem Sattel, Bewegung und Kontakt im sozialen Verband. Letztendlich kann keine der unterschiedlichen Bewegungsformen eine andere einfach ersetzen. Sicher ist nicht jedes Bewegungsangebot jeden Tag nötig, im Idealfall sollte man aber die Woche über hinter jede dieser Komponenten zwei bis drei Haken machen können.

Ausrede „Unfallgefahr"

Sicher kann man ein Pferd, das über Monate oder gar Jahre nicht mehr frei gelaufen ist, nicht einfach in eine Halle oder gar in eine Herde sperren und warten, was passiert. Mit ein wenig Fantasie und Vorbereitung sollte aber eine Lösung zu finden sein.

Und selbst, wenn etwas passiert: Verantwortung ist dazu da, dass man sie tragen und gegebenenfalls auch aushalten kann.

Beispiel Kind

Ich vergleiche das Gefahrenpotenzial bei freier Bewegung gerne mit der Entwicklung eines Kindes. Wächst es auf einem Bauernhof auf und ist täglich draußen, so ist die Gefahr, dass es sich mal einen Arm oder ein Bein bricht, kurzfristig wohl höher als bei seinem Kameraden, der jede Minute von seiner fürsorglichen Mutter betreut wird und genaue Regeln für die Benutzung von Spielgeräten erhält. Alles, was nicht mit dem Siegel „pädagogisch sinnvoll", TÜV-geprüft und mit diversen Beurteilungen der Stiftung Warentest versehen ist, wird von vorneherein gestrichen und verboten. Der Spaß an der Bewegung geht für das Kind dabei nicht selten verloren und der Computer ist die einfache Beschäftigungsalternative.
Die Frage ist nur, wer eigentlich die Verantwortung trägt, wenn der Heranwachsende oder Erwachsene mit diversen Bewegungsmangelkrankheiten Dauergast beim Orthopäden, Chirurgen, Psychologen und Krankengymnasten ist, weil ihm bei jedem neuen Belastungsreiz in seinem Leben irgendwo etwas „zieht", „zwickt", sich entzündet oder gar reißt.

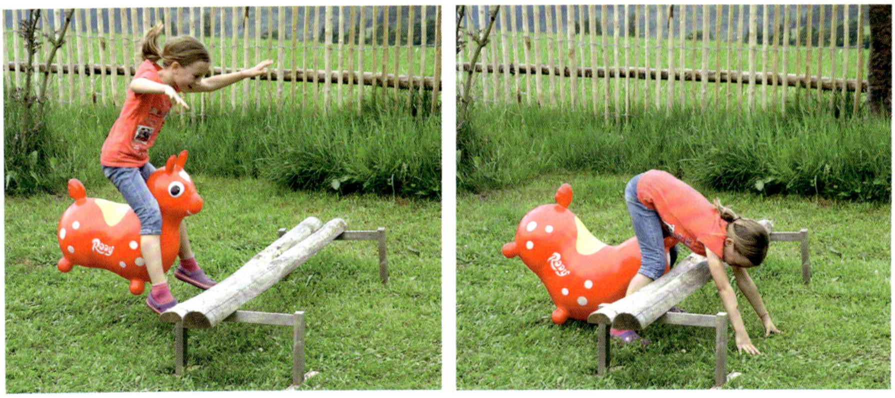

Gute Koordination ist der beste Unfallschutz.

Die Antwort von „Les Dannes" auf die Frage nach Bewegungsangeboten

Das Pferd bewegt sich frei in der Herde und bestimmt seinen Tageslauf und gegebenenfalls Regenerations- und Heilungsrhythmus für angeschlagene Strukturen weitestgehend selbst. Es ist umwerfend zu sehen, wie sich kranke Pferde in der Kleingruppe gerne mit alten Pferden zusammentun. Hier herrscht innerhalb der Herde ein anderer Rhythmus und sie machen nicht mehr jeden „Aufgalopp" mit.

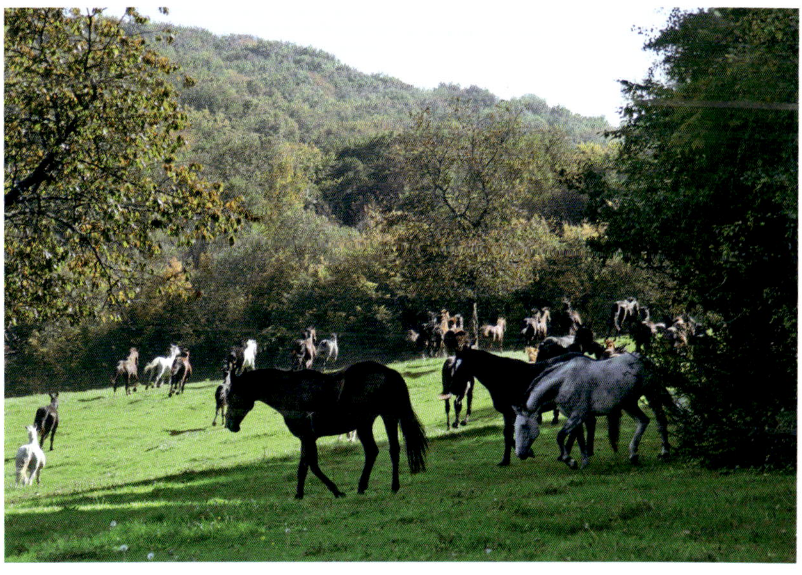

Innerhalb der Herde gibt es Gruppen mit unterschiedlichem Aktivitätsniveau.

Gleichwohl wird das Bindegewebe täglich Tausenden von verschiedenen Bewegungsreizen ausgesetzt, an die es sich immer wieder anpassen muss: bergauf, bergab, unterschiedliche Böden, Wald, Wiese, Wasser, Matsch. Das Pferd sucht sich instinktiv das, was es braucht. Nicht selten sieht man Pferde mit einem Sehnenschaden mit einer Matschpackung genau an dem verletzten Bein, selbst angelegt am Ufer des Sees. Tatsächlich gibt es immer wieder in der ersten Phase kleinere Rückfälle, die Pferde werden auch nicht schneller fit. Aber in der Endabrechnung gibt es dort so gut wie nie einen dauerhaften Rückfall. Dafür erholten sich auch Pferde, die nach dem Ausschopfen konventioneller Behandlungs- und Rehabilitationskonzepte als unheilbar galten. Manchmal dauerte es zwar bis zu drei Jahren, aber was ist das schon bei einem fünfjährigen tollen Talent, das noch die komplette Sportkarriere vor sich hat?

7.4 Die Entwicklung einer leistungsfähigen Muskulatur

Beispiel „Les Dannes"

Die Pferde sind von morgens bis abends unterwegs, bergauf und bergab, schräg nach rechts und schräg nach links. Sie spurten in ihrem passiven System, präsentieren sich und spielen in ihrem aktiven System. Sie trainieren den ganzen Tag Koordination, aktive und passive Stabilisation, und wenn sie eine Pause brauchen, dann nehmen sie sich diese selbstständig. Diese dauerhafte Anregung des gesamten Bewegungssystems ist aus meiner Sicht das große Geheimnis von „Les Dannes". Die Sportpferde aus der dortigen Herde nehmen ihren Konkurrenten im Parcours teilweise fünf Sekunden ab – und das barhuf auf einem feuchten Rasenplatz. Das ist nur möglich, weil sie in den Beinen eine deutlich besser geschulte Reaktionsfähigkeit haben. Sie lernen jeden Tag: Wenn der Huf beginnt zu rutschen, muss man die Frequenz der Bewegung erhöhen. Diese Reaktionsfähigkeit ist es auch, die die Muskulatur so schnell und effektiv macht, dass sie eingreift, bevor die Sehnen in den roten Bereich überdehnt werden oder der Huf anfängt zu rutschen. Ganz nebenbei lernen sie, sich selbst und ihrem Körper zu vertrauen, auch wenn es einmal eng wird.

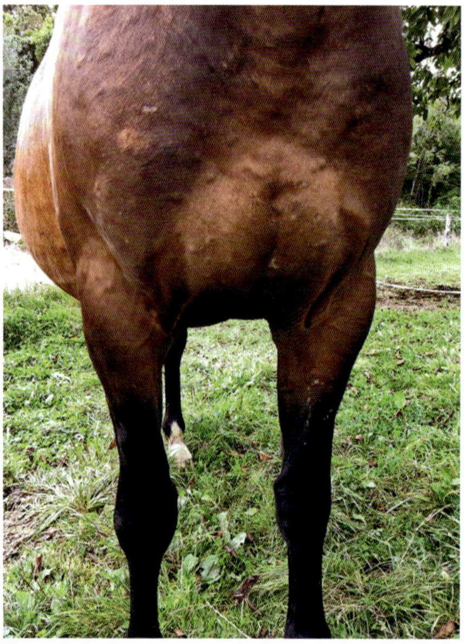

Brustmuskulatur eines vierjährigen Les Dannes – „Selle Francaise" ohne Kraftfutter, dafür mit 4 x 365 Tage x 24 Stunden Bewegung

Übertragen auf konventionelles Training bedeutet das den **ständigen Wechsel der Anforderungen** an das Pferd. Soll ein Springpferd im Stechen die Spur halten, so ist dafür eine gute dressurmäßige Ausbildung nötig. Genauso wichtig ist es aber auch, die Bewegungsgeschwindigkeit, den Winkel der Körperachsen des Pferdes, die Bodenverhältnisse und die Hilfengebung des Reiters ständig zu variieren. Automatismen im Bewegungslernen sind der natürliche Feind der Feinkoordination. Im Parcours oder im Dressurviereck ist die Kontrolle des Pferdes ein wichtiger Bestandteil der sportlichen Leistung des Pferdes, aber sicher nicht alles. Erreicht werden kann sie allerdings im Training nur mit dem Gegenteil, nämlich der ständigen Variation und der Bereitschaft des Pferdes, auf diese Variation zu reagieren.

Die faszinierendsten Ritte sind doch genau die, die uns das aufzeigen. Oder wie sonst hätte Halla den zweiten Umlauf bei den Olympischen Spielen in Stockholm meistern sollen, wenn nicht mit dem Vertrauen zu sich selbst, das Hans Günter Winkler ihr in mühevoller Ausbildungsarbeit geschenkt hat? Die Basis seines Erfolges war die **Ausbildung dieses Wunderpferdes, das ehemals als unreitbares Problempferd zu ihm kam**. Genau das ist am Ende die Aufgabe des Ausbilders. Im reittechnischen genauso wie im pferde-psychologischen Sinne. Selbstverliebtheit, Selbstüberschätzung und Kontrollzwang von Reitern oder Ausbildern sind in diesem Zusammenhang die natürlichen Feinde einer sinnvollen Ausbildungsstruktur.

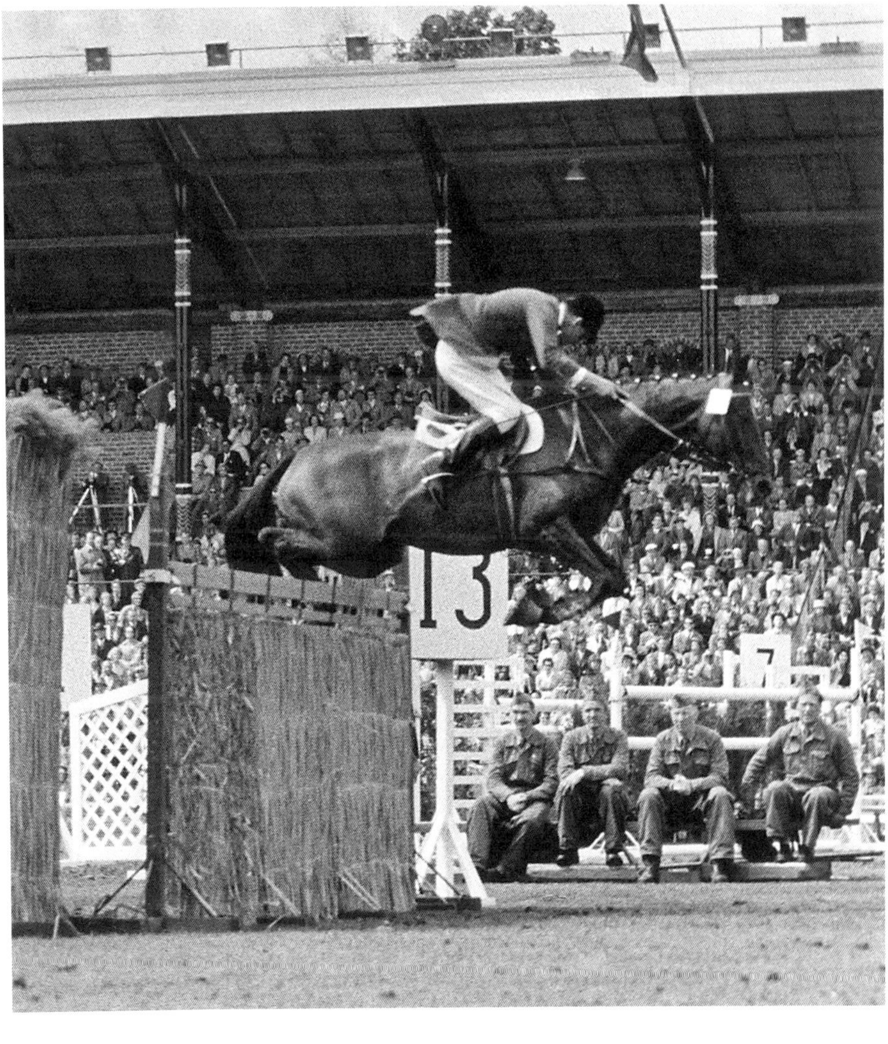

Mit akutem Leistenbruch und unter dem Einfluss von Morphin zur Schmerzstillung war H.G. Winkler nur noch bedingt fähig, sein Pferd zu steuern.

7.5 Die psychische Entwicklung des Pferdes

Es ist absolut unnatürlich für die Entwicklung eines Pferdes, mit acht Monaten oder noch jünger gezwungenermaßen von der Mutter getrennt zu werden, um sich dann mit Gleichaltrigen ohne ältere Pferde, die sie sozusagen „beaufsichtigen", auseinanderzusetzen. Die konkurrenzorientierte Haltung in Gruppen gleichaltriger Jungpferde widerspricht völlig der natürlichen Herdenstruktur bei wild lebenden Pferden.

Rangordnung als Basis für die psychische Stabilität

„Pferde akzeptieren von Natur her Hierarchien, benötigen sie sogar, um sich entsprechend zu orientieren." Mit diesen Worten untermauerte Christoph Hess im PM Forum 11–12/13 die Wichtigkeit der Führung des Pferdes vom Alphatier Mensch im täglichen Umgang.

Muss diese Aussage nicht umso mehr auch für die Aufzucht gelten – und wie soll das in Gruppen von gleichaltrigen Pferden funktionieren? Soll der stärkste Zweijährige Verantwortung für die ganze Gruppe übernehmen? Sicher nicht! Ein solches System entspricht eher einer Jugendbande und dabei gibt es vor allem Gewinner und Verlierer. Beide sind dabei weder sozialisiert noch erzogen. Das hat inzwischen auch die Wissenschaft rund um Frau Dr. Margit H. Zeitler-Feicht von der TU München bestätigt und fordert in den neuen Leitlinien zur Beurteilung von Pferdehaltungen unter Tierschutzgesichtspunkten vom 9. Juni 2009: „Aus Erziehungsgründen ist es von Vorteil, in Jungpferdegruppen auch ältere Tiere zu halten."

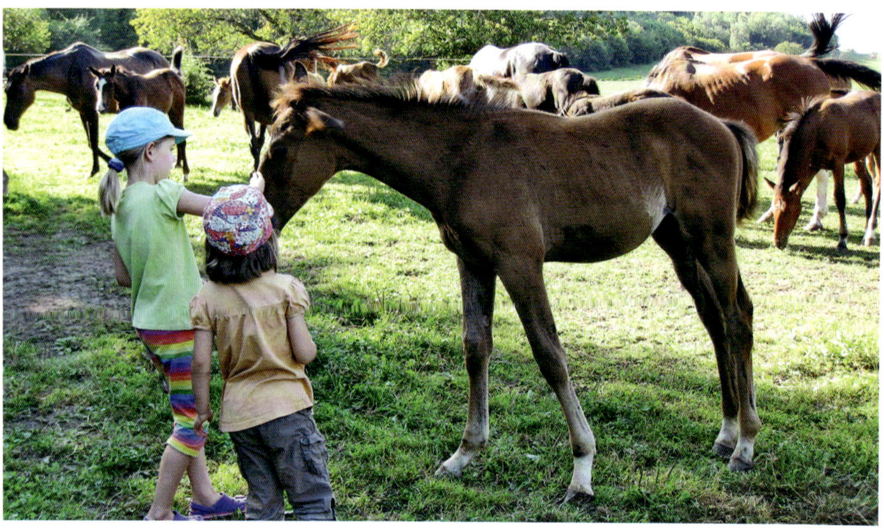

Pferde unterschiedlicher Altersstufen pflegen den Kontakt untereinander und zu den Menschen.

Beispiel „Les Dannes"

Das Zauberwort heißt gemischtaltrige Herde. Die Fohlen bleiben in der Herde ihrer Mutter, bis sie genügend Zeit selbstständig mit Spielkameraden verbringen. Dann werden die Mütter irgendwann in eine andere Herde umgesetzt, wo sie sich als „Tanten" um andere junge Pferde oder Senioren kümmern. In allen Herden besteht grundsätzliche eine gemischte Altersstruktur – vom Fohlen bis zum 35-jährigen Greis. Die unterschiedlichen Altersgruppen übernehmen die Funktion, die ihnen ihrem Alter entsprechend zukommt. Fohlen und Heranwachsende kämpfen und rangeln untereinander spielerisch; wenn es ernst wird, kommt eine Tante und weist die allzu Forschen in ihre Schranken. Dadurch ist immer Leben und Bewegung in der Herde, Junge wie Alte haben Aufgaben innerhalb der Sozialstruktur, die sie bewältigen können und die für das Funktionieren der Herde notwendig sind. Die Hengste aller Altersstufen und Rassen stehen höchst einträchtig – und, was besonders auffällt: ohne jeden Futterneid – zusammen in einer großen Herde.

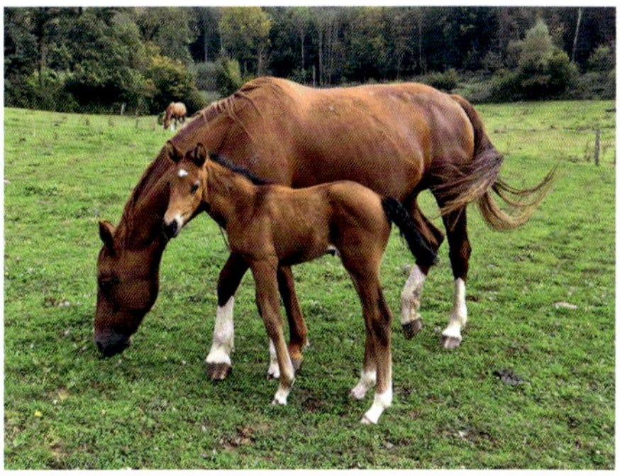

Das Fohlen und die Mutter haben bei ausreichendem Platzangebot auch Zeit für sich alleine.

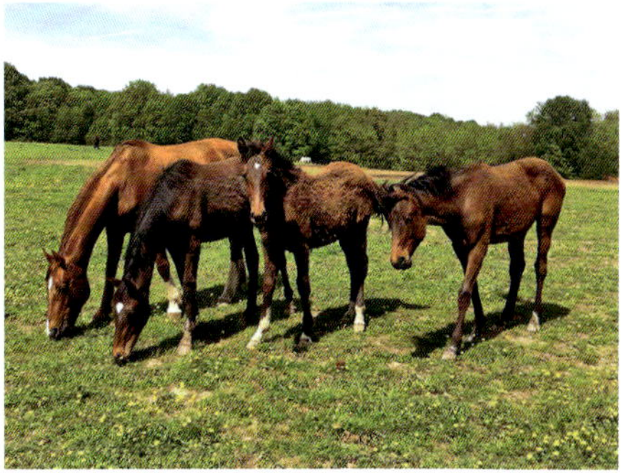

Eine Tante beaufsichtigt mehrere Heranwachsende.

Ein gesunder Geist und ein gesunder Körper gehören eben zusammen!

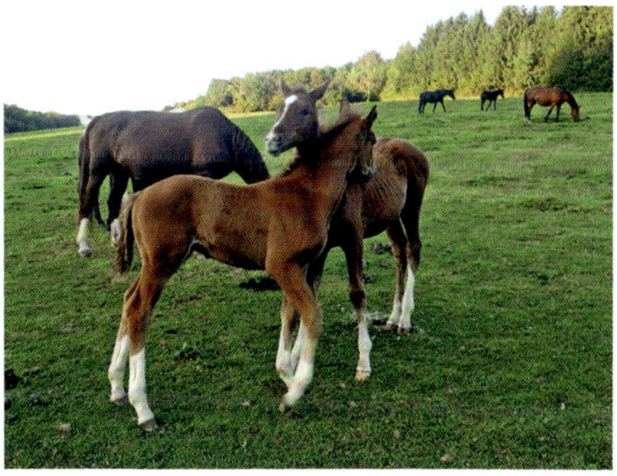

Echte Freundschaft statt Aneinanderkleben

Zusammenfassung

Die Grundlagen für ein gesundes Pferdeleben werden in den ersten Jahren des Pferdelebens gelegt. Versäumnisse in diesem Lebensabschnitt sind fast nicht mehr korrigierbar und werden später teuer bezahlt. Knochen, Sehnen, Bänder und Muskeln, die nicht regelmäßiger sinnvoller Belastung ausgesetzt werden, entwickeln sich in ihrer Struktur sowie in ihrer Funktion unzureichend. Das gleiche Prinzip gilt für die psychische Entwicklung. Solche Pferde sind in ihrer Belastbarkeit nicht wirklich kalkulierbar und müssen teilweise schon vor Beginn der eigentlichen Ausbildung als Korrekturpferd behandelt werden. Das Wissen um die Aufzuchtsituation eines Pferdes sollte beim Einkauf eine übergeordnete Rolle spielen, auch um den Druck auf die Aufzüchter in dieser Hinsicht zu erhöhen.

Übertragung auf die konventionelle Pferdehaltung

Die Grundelemente von „Les Dannes" sind sehr viel Platz und eine funktionierende Herdenstruktur. Was aber, wenn Sie nicht 350 Hektar Weidefläche und eine stabile Herde von mindesten 20 Tieren, die immer zusammen sind, zur Verfügung haben? „Unser Stall soll schöner werden" ist eine Aktion der FN, die auf die Veränderung der Reitbetriebe in Richtung Licht, Luft und Bewegung ausgerichtet ist. Sie schafft Anreize und Beispiele von Pferdebetrieben, wie man mit sinnvoller, für das Pferd gedachter Planung gesundheitsrelevante Veränderungen auch mit einem beschränkten Platzangebot realisieren kann. Dabei geht es zuerst nicht um die Optik, sondern um die Reize, die für die Pferde geschaffen werden.

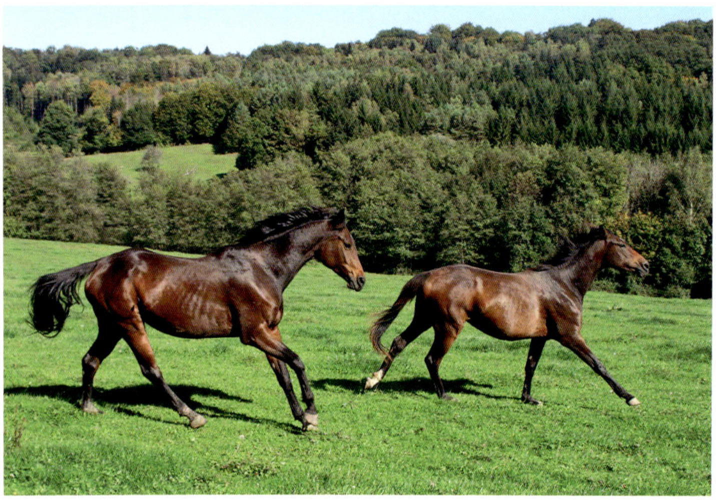

Kleine Wettrennen erhalten die Bewegungsmotivation.

Bewegungsreize – in der Gruppe

Bei vernünftiger Planung sind bewegungsaktive Haltungen sehr viel öfter zu realisieren, als man denkt. Gruppenhaltungen sind auch in sportorientierten Reitbetrieben möglich, wenn der Pferdebestand langfristig möglichst stabil bleibt. Damit die Pferde sich aber tatsächlich auch bewegen, müssen Bewegungsanreize geschaffen werden. Mehrere Fütterungs- und Tränkestellen, angelegte Rundwege und optische Hindernisse sind einige Punkte, mit denen man eine Gruppe von Pferden in Bewegung halten kann.

Bewegungsreize – individuell

Trotzdem bleibt zu bedenken, dass die Gruppenhaltung nicht für jeden Pferdebetrieb geeignet ist. Doch auch hier kann man mit der Planung für das Pferd viele wichtige Verbesserungen schaffen. Steht ein Pferd über mehrere Stunden in der Box, so sind die Mindestanforderungen: ausreichend große, helle, luftige und saubere Ställe mit der Möglichkeit für Sozialkontakten zu anderen Pferden. Laufbänder und Führmaschinen bieten die Möglichkeit, Pferden neben der reiterlichen Arbeit zusätzliche Bewegungsangebote zu bieten.

Aus physiotherapeutischer Sicht möchte ich dazu allerdings einige Anmerkungen machen. Auch bei der Verwendung dieser Hilfsmittel gelten die Regeln der funktionellen Bewegungsabläufe. Speziell das Laufband ist dabei besonders anfällig für fehlerhafte Verwendung. Schon die Auswahl des Stellplatzes kann über die Qualität der Bewegung des Pferdes entscheiden. Ablenkungen sollten möglichst vermieden werden, da das Pferd durch die fest eingestellte Geschwindigkeit des Laufbandes in seiner Reaktion auf äußere Reize eingeschränkt ist. Neben einer ruhigen und stressfreien Gewöhnungsphase ist die individuelle Einstellung der Laufbandgeschwindigkeit besonders wichtig. Auch wenn das banal klingt – hier sollte man sich den Rat eines erfahrenen Ausbilders suchen, der ein Auge für das richtige Grundtempo eines Pferdes hat. Ein wenig zu eilig oder zu langsam kann über 15 bis 20 Minuten im Schritt – über mehrere Wochen gesehen – schon langfristige Bewegungsstörungen zur Folge haben. Das Pferd sollte von Beginn an lernen, sich geradeaus mit tiefer Kopf-Hals-Haltung auf dem Laufband zu bewegen. Takt und Losgelassenheit sind auch auf dem Laufband unabdingbare Grundlagen der Pferdebewegung.

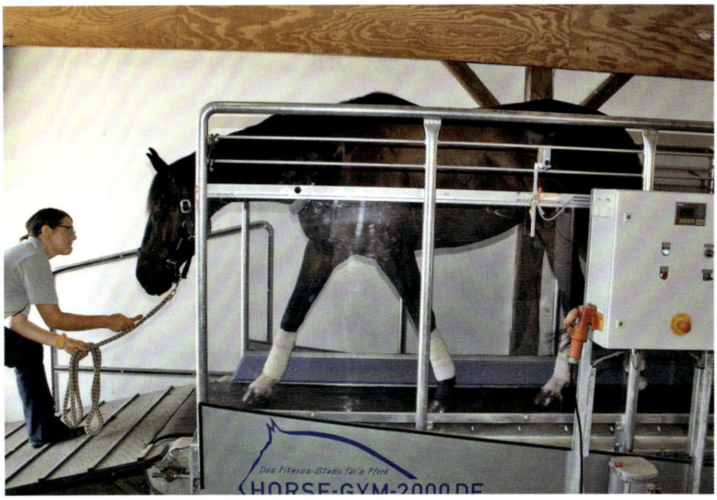

Korrektes Gehen auf dem Laufband und die Parameter wie individuelle Geschwindigkeit und Steigungen sollten von geschultem Personal eingeübt werden.

Ähnliches gilt für die Führmaschinen, wobei die Pferde durch den etwas größeren Bewegungsraum mehr Möglichkeiten zum Ausgleich des Tempos haben. Wichtige Kriterien sind hier ein guter, trittstabiler Untergrund, stabile blickdichte Außenwände und ein Radius von mindestens 15 Meter zur Vermeidung von zu starken Drehbewegungen in den Zehengelenken der Pferde. Sind mehrere Pferde gleichzeitig in der Führmaschine, so sollte auch dabei zu Beginn etwas mehr Zeit investiert werden, die Gruppen nach den Bedürfnissen und Vorlieben der Pferde zusammenzustellen. Langfristig wird der positive Effekt der Bewegung durch den Effekt der positiven Sozialkontakte noch gesteigert. Im Umkehrschluss kann Bewegung unter Stress langfristig jeden positiven Effekt zunichte machen.

Zusammenfassung

Laufbänder und Führmaschinen können sinnvolle Instrumente sein, Pferden in Boxenhaltung zusätzliche Bewegung zu bieten. Sie dürfen jedoch nicht als stumpfsinnige Hamsterräder missbraucht werden, in denen die Pferde unter Stress Kilometer abspulen. Beachtet man die Prinzipien Takt und Losgelassenheit der Ausbildungsskala sowie das richtige Grundtempo, so hat man eine sehr gute Möglichkeit, sowohl das Bewegungsangebot des Pferdes zu ergänzen als auch zusätzliche individuelle Trainingsreize zu gestalten.

7.6 Sportliche Erfolge

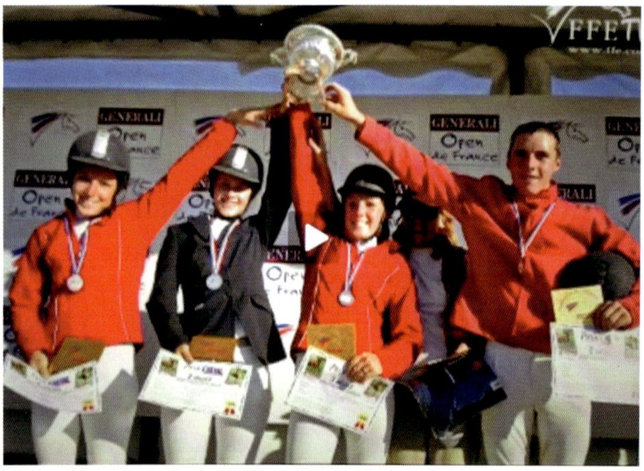

Von links nach rechts:
Janine Fuchs, Marie Perron, Stefanie Fuchs, Andy Fuchs

Dass ein solches Konzept nicht nur für Gnadenbrotpferde und für die Aufzucht taugt, zeigen eindrucksvoll die sportlichen Erfolge der reitenden Füchse und ihrer Pferde.

Stefanie und Janine haben 2005 angefangen zu reiten, Andy Fuchs ein Jahr später 2006.
Schon 2008 wurden sie französischer Mannschaftsmeister der Amateure.
Seither füllen sie regelmäßig die Sieger- und Platzierungslisten in der Region Franche-Comté und darüber hinaus.

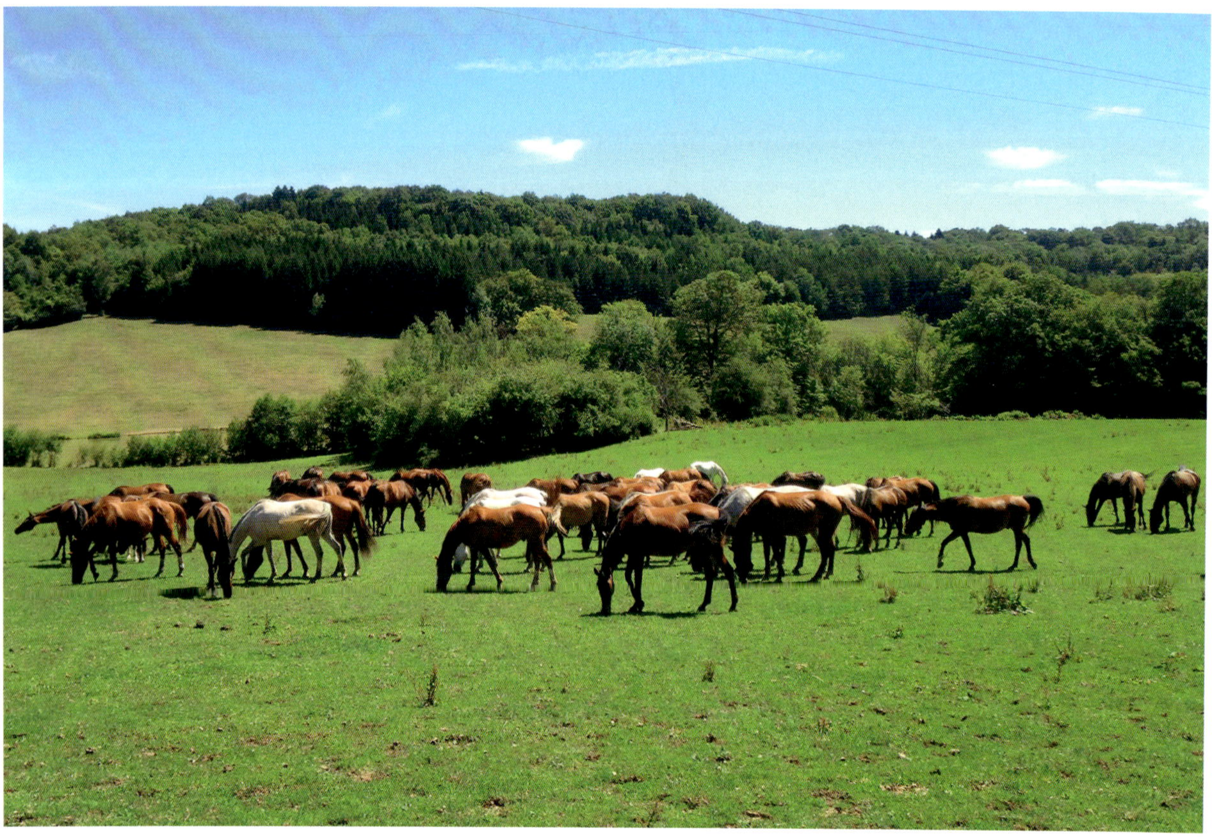

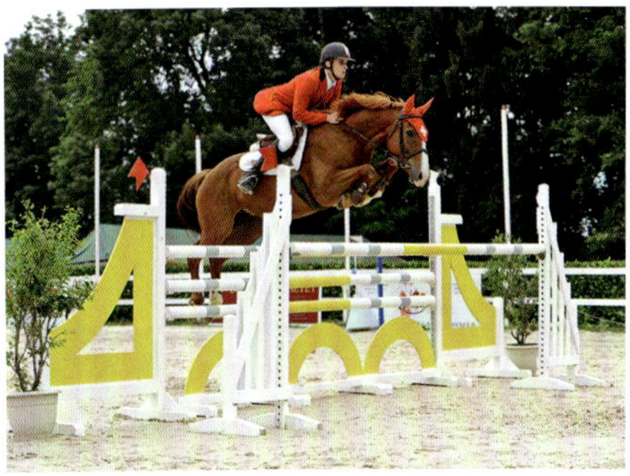

Nykos des glays mit Andy Fuchs

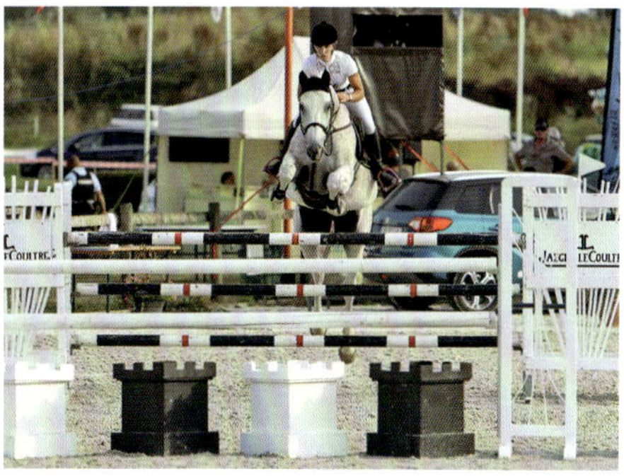

Janine Fuchs mit Amon ra van de Padenborre

Jahresklassement Championat grand régional pro2 (bis 1,35 m) für Stefanie Fuchs
2011: Erste
2012: Dritte
2013: Erste
2014: Erste

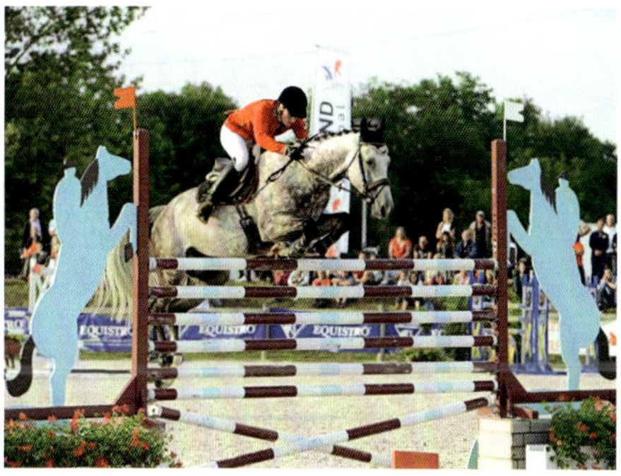

Stefanie Fuchs mit Storm d'omael beim Mächtigkeitsspringen über 1,90 m

Jahresklassement Championat grand régional pro2 (bis 1,35 m) für Andy Fuchs
2011: Dritter
2012: Zweiter
2013: Dritter
2014: Zweiter

Zusammenfassung

Auch wenn es wunderlich klingt, alle diese Erfolge wurden mit Pferden erreicht, die das ganze Jahr über auf der Weide leben. Sie haben im Winter Winterfell und keine Decken. Sie haben keine Hufeisen und bekommen das ganze Jahr über nur hochwertiges Heu und Mineralfutter; auf dem Turnier nach Bedarf Kraftfutter.

Anhang
Rezensionen zur 1. Auflage

Es ist mir ein großes Anliegen, Ihnen mitzuteilen, wie sehr mich Ihr Buch nachhaltig beeindruckt und beeinflusst! Als Pferdewirtschaftsmeisterin der klassischen Reitausbildung habe ich täglich mit unterschiedlichen Zwei- und Vierbeinern und deren Problem(chen), zum Teil miteinander, zum Teil gegeneinander zu tun. Natürlich waren mir viele Ursachen für gelegentliche Unstimmigkeiten klar, aber diese plausibel und verständlich zu erläutern, ohne jemandem gleich „auf die Füße zu treten", war bisher oft schwierig. Dank Ihres Buches fallen mir viele Erklärungen leichter und die meisten Reiter und Pferdebesitzer zeigen sich verständlicher.
Ich selbst reite tatsächlich anders, seit ich Ihr Buch gelesen habe!
Jasmin Lutterklas, Pferdewirtschaftsmeisterin

Die funktionalen und biomechanischen Zusammenhänge der Reitlehre werden in Stefan Stammers Arbeit am Pferd „von unten" übersetzt. Ein im Sinne der Reitlehre reitender Reiter (vorwärts, von hinten nach vorn, so koordiniert, dass er in der Lage ist die drei Hilfen – Gewicht, Schenkel und Zügelhilfe – unabhängig voneinander, in der korrekten Reihenfolge einzusetzen) erzielt ein Durchlassen der Bewegung. Nach genau diesem Durchlassen sucht Stefan Stammer mit Hilfe seines Denkmodells.
In unserem gemeinsamen Seminar hat es mir große Freude bereitet, zu sehen, wie sich Stefans Ansatz und die Reitlehre spiegeln.
Peer Ahnert, Pferdewirtschaftsmeister, approbierter Arzt, in den Jahren 2008 und 2010 Mitglied im Bundeskader Vielseitigkeit

Die Illustrationen für dieses Buch machen zu dürfen, war eine großartige Sache. Beim Entwickeln der Illustrationen wurde ich von Stefans Faszination völlig mitgerissen und hatte natürlich den Ehrgeiz, einen ganz klaren Stil für die so komplizierten Inhalte zu entwickeln. Das funktioniert natürlich nur, wenn man alles zu 100 % versteht – der Weg dahin war spannend und hat mich reiterlich um ein Vielfaches weitergebracht. Ich konnte nach der Arbeit am Schreibtisch an meinem Pferd lernen, wie aus Staunen, Erfassen auf einmal Verstehen und Erfühlen wird.
Jeanne Kloepfer, Diplom Grafik-Designerin und Illustratorin

Ich bin sehr begeistert von diesem Buch. Hinter dem vielversprechenden Buchtitel verbergen sich fachlich fundierte Ausführungen, differenzierte Ansichten und sehr gute Abbildungen, welche die komplexen biomechanischen Zusammenhänge beim Reiten veranschaulichen.
Kristina Janssen, Reitausbilderin

Für die langjährige, exzellente Unterstützung meiner Pferde und die vielen lehrreichen Erläuterungen bin ich Stefan zu tiefst dankbar. Ich bin begeistert von seinem neuem Buch, welches seine Behandlungsmethodik wie auch die Biomechanik und deren Umsetzung unter dem Reiter eindrücklich und doch leicht verständlich veranschaulicht.
Beat Sax, Schweiz, Vielseitigkeitsreiter, Amateur

Ein sehr empfehlenswertes Buch, das auch einem Laien durch die guten schematischen Bilder und Beschreibungen die Zusammenhänge der Muskeln und Bewegungsabläufe erklärt.
Ina E. Blatt, Freizeitreiterin

Was mir in diesem Buch sehr imponiert hat, ist die Besprechung der athletischen Durchbildung eines Pferdes in all seinen Aspekten. Die Beschreibung der notwendigen Veränderungen, sowohl muskulär als auch in der Entwicklung von Sehnen und Bändern, um das Pferd langfristig gesund zu erhalten. Die Einteilung der Reiterwelt in lockere Freizeitreiter einerseits und Profis, die immer nur Druck machen andererseits, ist wenig sinnvoll. Korrektes Reiten ist wichtig in jeder Disziplin in den jeweiligen Anforderungen und genau das wird in diesem Buch klar dargestellt. Das beste Buch seit Jahren. Vielen Dank dafür.
Jan Nivelle, nationaler und internationaler Dressur-Ausbilder bis Grand Prix

Das Buch ist, was den geschriebenen Inhalt und die Illustrationen betrifft, wirklich das Beste, was ich an neuer Literatur in Sachen funktionelle Anatomie je in die Finger bekommen habe!
Endlich einmal wird „Tragkraft", „Spannungsbogen", „Balance" im Sinne der funktionellen Anatomie verständlich erklärt und dargestellt und dabei eben auch die Rolle der Vorhand des Pferdes berücksichtigt. Herzlichen Dank dafür!
Heike Hackenjos, Ausbilderin nach klassischen Grundsätzen

Die Begeisterung von Stefan Stammer für Biomechanik und das Analysieren von Bewegungsabläufen ist für jeden zu spüren, der in dieser Richtung mit ihm zu tun hat. In diesem Buch steckt diese Begeisterung und detailliertes Wissen. Es kratzt sicher nicht nur an der Oberfläche, sondern verlangt von seinem Leser ein aktives Mitdenken. Dafür bekommt man sehr gute Kenntnisse in der Biomechanik des Pferdes vermittelt und kann sich so manches „reiterliches" Problem erklären. Die grafischen Darstellungen helfen beim Verständnis von komplizierten Sach-

verhalten und machen einfach nur Spaß. In der Physiotherapie im Humanbereich haben Stabilisation und Mobilisation schon lange den gleichen Stellenwert. Ich denke, mit dem Buch ist ein großer Schritt gelungen, diese Gleichberechtigung auch in den Pferdebereich zu übertragen.
Angelika Wohlfarth, Physiotherapeutin für Mensch und Pferd, seit 2008 stationäre Rehabilitation für Pferde

Ich habe das Buch mit sehr großer Begeisterung gelesen! Endlich mal Klartext. Klar bezüglich der Inhalte, die in Wort und Bild verständlich dargestellt werden. Ebenso klar bezüglich was Reiten ist/ sein kann/ sein soll, so tiergerecht wie nur möglich.
Barbara Füzesi, Feldenkrais Pädagogin SFV CH, Reiterin

Lieber Herr Stammer, Ihr Buch enthält überzeugende und Verständnis fördernde Erklärungen, Bilder und Skizzen, die mich in meinem Beruf als Reitausbilderin dabei unterstützen, die Komplexität von Anatomie, Biomechanik, physikalischen Gesetzmäßigkeiten, Lernpsychologie und Hilfengebung zu veranschaulichen. Es trägt dazu bei, meinen Schülern eine noch bessere Vorstellung dessen zu vermitteln, was genau in welchem Moment im Pferdekörper passiert. Vielen Dank dafür.
Petra Köpcke, Reitausbilderin aus Schleswig-Holstein

Ich habe ihr Buch gelesen. Es ist für mich das beste Buch, welches ich in der Pferdefachliteratur kenne. Es spiegelt, so trefflich dargestellt, genau meine Gedanken der Pferdeausbildung und meines Trainings wider. Ganz großes Kompliment. Ich hab es schon mehrfach weiterempfohlen und auch verschenkt.
Jasmine Sanche-Burger, Ausbilderin von Unee von Jessica von Bredo Werndl und Raffaello von Anna-Mengia Erne, aktuelle Schweizer Meisterin Dressur

Mit großer Begeisterung habe ich mir direkt nach Erscheinen Ihr Buch „Das Pferd in positiver Spannung" gekauft und studiere es seither regelmäßig. Ich bin Berufsschullehrerin an der Berufsschule für Pferdewirte in Köln und Mitglied in den verschiedenen Prüfungsausschüssen für die Pferdewirte. Ich habe Teile aus dem Buch bereits in den Unterricht eingebracht und freue mich sehr, darin Antworten auf viele Fragen und Überlegungen von mir zu finden. Ich denke, Sie sprechen mit diesem Buch ein bisher eher stiefmütterlich behandeltes Thema der reiterlichen Ausbildung von Pferden an, das jedoch sehr sehr, wichtig ist.
Außerdem denke ich auch, dass das Buch eine Lücke schließt und dieses Thema insgesamt noch mehr Berücksichtigung finden muss und hoffentlich auch finden wird! Ich bin absolut Ihrer Meinung, dass man gleichermaßen Ausbilder, Profis und den Nachwuchs ansprechen sollte.
Ulrike Sahm-Lütteken, ausgebildete Pferdewirtin, Agrarwissenschaftlerin und Berufsschullehrerin am Berufskolleg Humboldtstraße in Köln

Literatur

PAULI GRÖNBERG
ABC of the Horse – Atlas,
2014, Pg Team Oy, Tuusula, Finnland

NARELLE C. STUBBS,
HILARY M. CLAYTON
Activate Your Horse`s Core, 2008,
Sport Horse Publications, Madison, USA

GILLIAN HIGGINS
Anatomie verstehen – besser reiten,
2010, Franckh Kosmos Verlag, Stuttgart

CATHERINE MCGOWAN, LESLEY GOFF,
NARELLE STUBBS
Animal Physiotherapy, 2007, Blackwell Publishing, New Jersey, USA

SUSANNE VON DIETZE
Balance in der Bewegung,
2010, FNverlag, Warendorf

ECKART MEYNERS
Bewegungsgefühl und Reitersitz,
2012, Franckh Kosmos Verlag, Stuttgart

INGRID UND REINER KLIMKE
Cavaletti – Dressur und Springen,
2011, Franckh Kosmos Verlag, Stuttgart

ECKART MEYNERS
Das Bewegungsgefühl des Reiters,
2003, Franckh Kosmos Verlag, Stuttgart

UDO BÜRGER, OTTO ZIETZSCHMANN
Der Reiter formt das Pferd,
Reprint 2015, FNverlag, Warendorf

GERD HEUSCHMANN
Finger in der Wunde, 2011,
Franckh Kosmos Verlag, Stuttgart

GUSTAV STEINBRECHT
Gymnasium des Pferdes, 2004,
FNverlag, Warendorf

STEFAN STAMMER
Physiotherapie, 2004, Verlag Müller
Rüschlikon, Stuttgart

FRANK DIEMER UND VOLKER SUTOR
Praxis der medizinischen Trainingstherapie I (2006) und II (2010),
Thieme Verlag, Stuttgart

DEUTSCHE REITERLICHE
VEREINIGUNG E.V. (FN)
Richtlinien für Reiten und Fahren
Band 1 (2014), *Band 2* (2001) und
Band 3 (2013), FNverlag

SUSANNE VON DIETZE
Rücksicht auf den Reiterrücken,
2009, FNverlag, Warendorf

OBERST WALDEMAR SEUNIG
Von der Koppel bis zur Kapriole,
Reprint 2015, Georg Olms Verlag,
Hildesheim

H.Dv.12
1983, Verlag E.S. Mittler & Sohn
GmbH, Herford

Literaturempfehlungen aus dem FN*verlag*

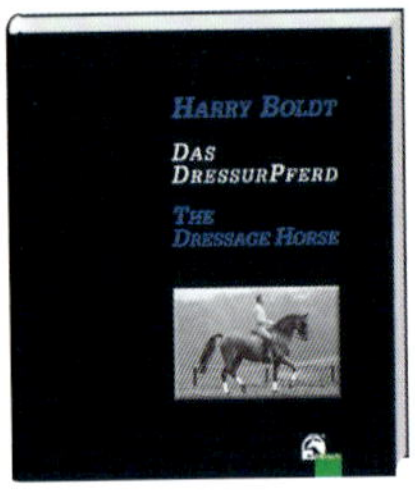

BOLDT, HARRY:
Das DressurPferd/
The Dressage Horse
3. Auflage 2015
(Deutsch/Englisch)

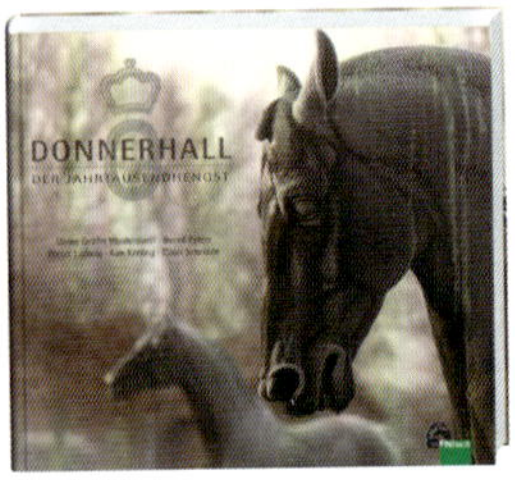

WALDERDORFF, ULRIKE GRÄFIN/EYLERS, BERND/ LUDWIG, DIETER/KRELING, KIM/SCHRIDDE, CLAUS
Donnerhall der Jahrtausendhengst und seine Geschichte.
1. Auflage 2019

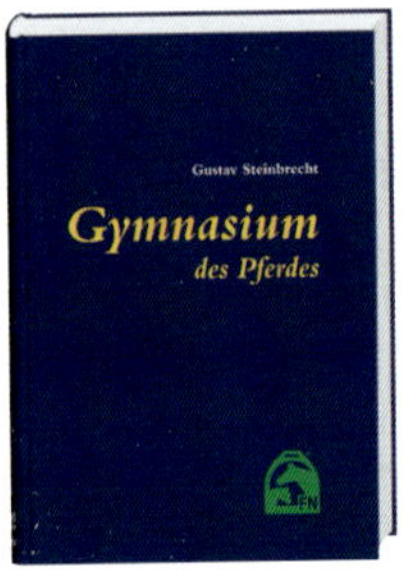

STEINBRECHT, GUSTAV:
Gymnasium des Pferdes.
Neuauflage 2004

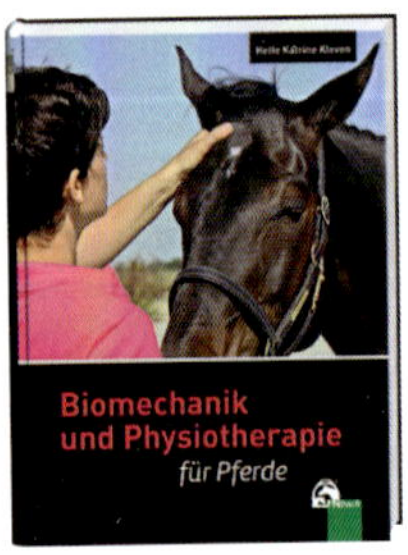

KLEVEN, HELLE KATRINE:
Biomechanik und Physiotherpie für Pferde.
6. Auflage 2024

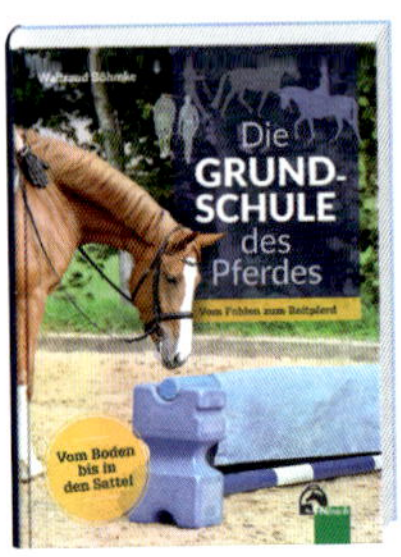

BÖHMKE, WALTRAUD:
Die Grundschule des Pferdes.
Vom Fohlen zum Reitpferd – Vom Boden bis in den Sattel.
1. Auflage 2018

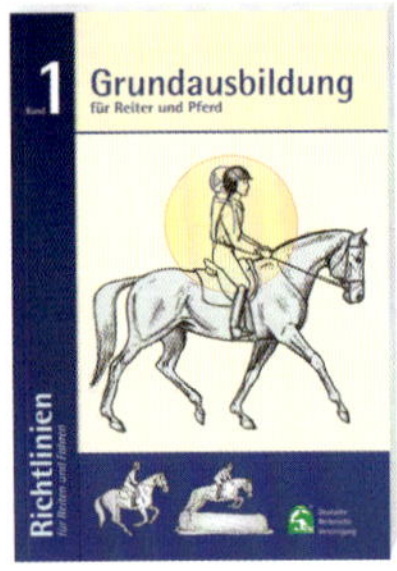

DEUTSCHE REITERLICHE VEREINIGUNG E.V. (HRSG.):
Richtlinien für Reiten und Fahren, Band 1: Grundausbildung für Reiter und Pferd.
34. Auflage 2023

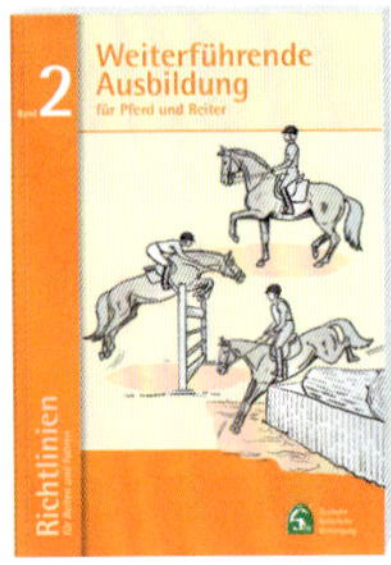

DEUTSCHE REITERLICHE VEREINIGUNG E.V. (HRSG.):
Richtlinien für Reiten und Fahren, Band 2: Weiterführende Ausbildung für Pferd und Reiter.
16. Auflage 2023

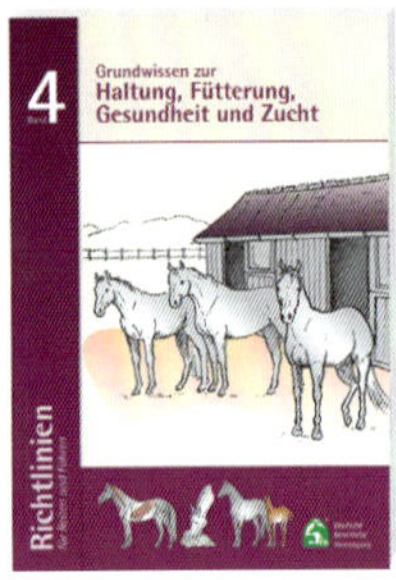

DEUTSCHE REITERLICHE VEREINIGUNG E.V. (HRSG.):
Richtlinien für Reiten und Fahren, Band 4: Grundwissen zur Haltung, Fütterung, Gesundheit und Zucht.
21. Auflage 2024

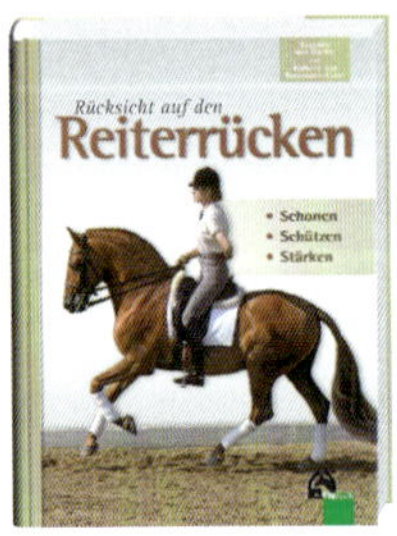

DIETZE, SUSANNE VON/ NEUMANN-COSEL, ISABELLE VON:
Rücksicht auf den Reiterrücken.
Schonen • Schützen • Stärken.
1. Auflage 2009

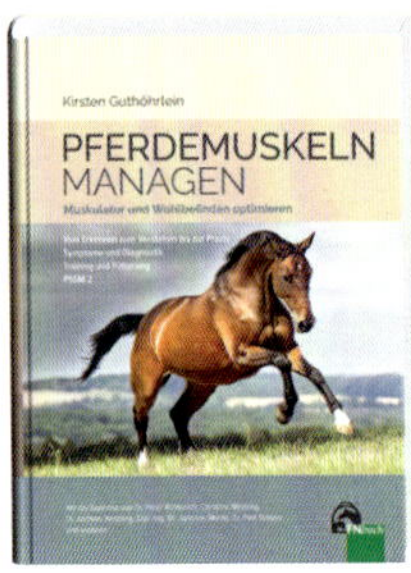

GUTHÖHRLEIN, KIRSTEN:
Pferdemuskeln managen.
Muskulatur und Wohlbefinden optimieren.
2. Auflage 2024

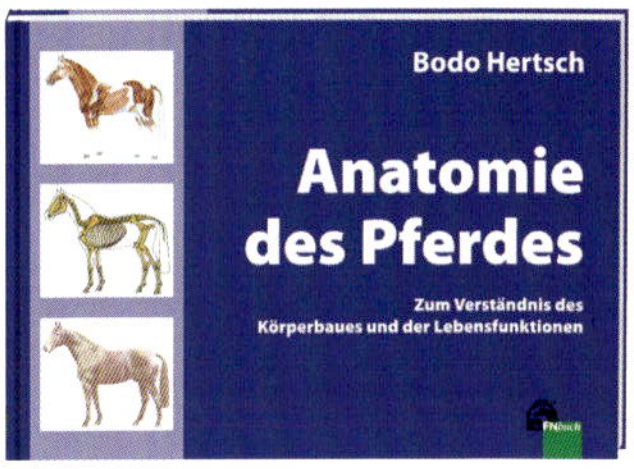

Hertsch, Prof. Dr. Bodo-W.:
Anatomie des Pferdes.
Zum Verständnis des Körperbaues und der Lebensfunktionen.
5. Auflage 2012 (Nachdruck 2022)

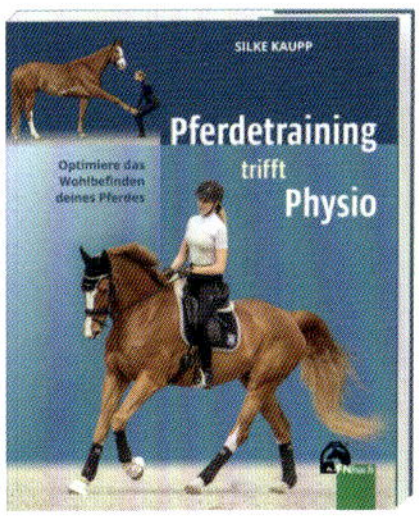

Kaupp, Silke:
Pferdetraining trifft Physio.
Optimiere das Wohlbefinden deines Pferdes.
2. Auflage 2023

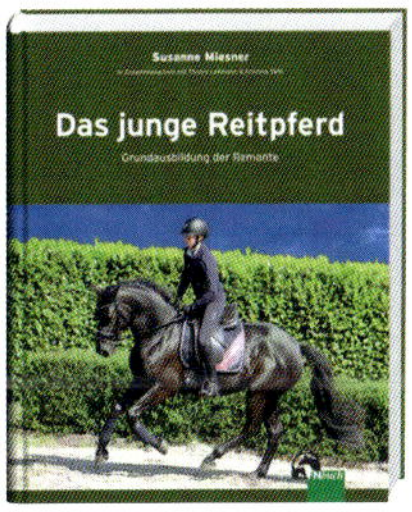

Miesner, Susanne:
Das junge Reitpferd.
Grundausbildung der Remonte.
1. Auflage 2020

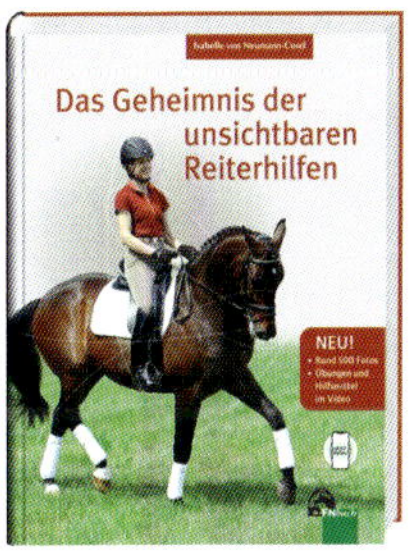

Neumann-Cosel, Isabell von:
Das Geheimnis der unsichtbaren Reiterhilfen.
2. Auflage 2020

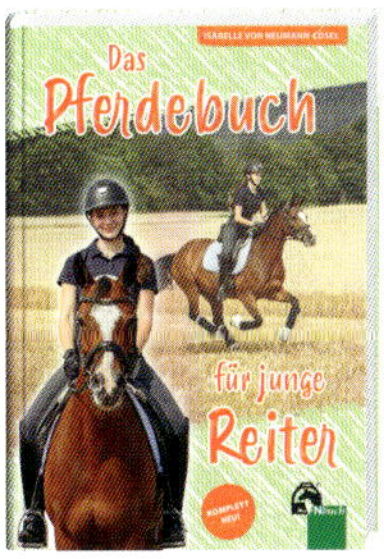

Neumann-Cosel, Isabelle von:
Das Pferdebuch für junge Reiter.
22. Auflage 2022

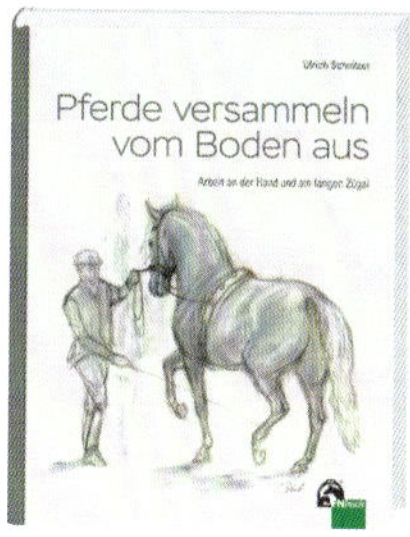

Schnitzer, Ulrich:
Pferde versammeln vom Boden aus.
Arbeit an der Hand und am langen Zügel.
1. Auflage 2015 (Druck 2016)

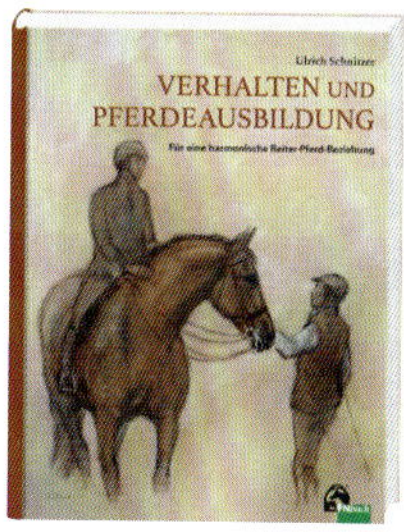

Schnitzer, Ulrich:
Verhalten und Pferdeausbildung.
Für eine harmonische Reiter-Pferd-Beziehung.
1. Auflage 2018

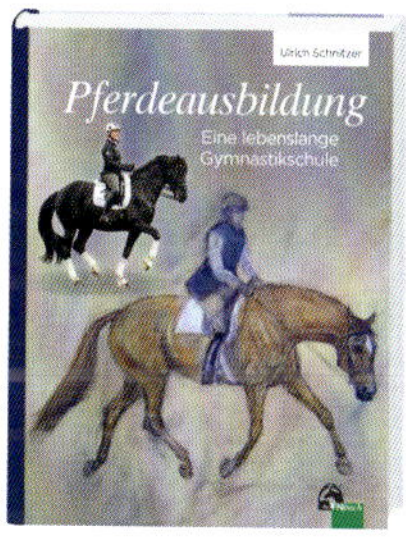

Schnitzer, Ulrich:
Pferdeausbildung.
Eine lebenslange Gynastikschule.
1. Auflage 2021

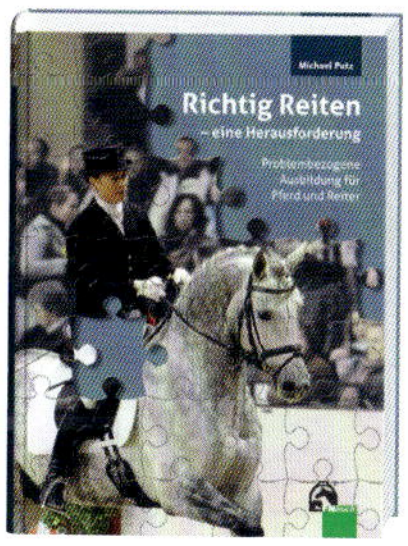

Putz, Michael:
Richtig Reiten – eine Herausforderung.
Problembezogene Ausbildung für Pferd und Reiter.
2. überarbeitete Auflage 2014

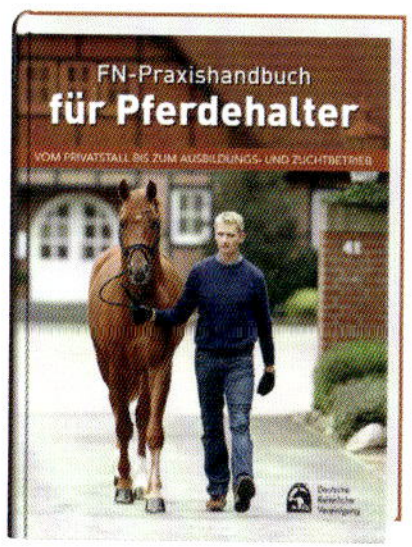

Deutsche Reiterliche Vereinigung e.V. (Hrsg.):
FN-Praxishandbuch für Pferdehalter.
Vom Privatstall bis zum Ausbildungs- und Zuchtberieb.
1. Auflage 2018

Foto- und Abbildungsnachweis

Illustrationen
Jeanne Kloepfer, Lindenfels

außer:
Cornelia Koller, Dierkshausen: Seite 48
Seite 103 u.: entnommen aus „Grundausbildung für Reiter und Pferd – Richtlinien für Reiten und Fahren, Band 1", S. 12, **FN***verlag* 2014

Fotos
Kiki Beelitz, Hanstedt: Seiten 130 o., 130 u., 132
Katharina Dickel, Vieux-Ferrette (Frankreich): Seiten 127 o., 127 m., 127 u.
Tobias Dinslage, Baiersbronn: Seiten 146, 152 o.li., 152 o.re., 152 u., 153 o., 153 u., 154, 161 u., 165
Andrea Ehret, Mannheim: Seiten U4 m., 16 o., 26, 27, 30 o., 36 o.li., 74 o.
Foto Tammo Ernst, Ganderkesee: Seite 16 u., 17, 37 m., 37 u.li., 37 u.re.
Werner Ernst, Ganderkesee: Seite 122 (2)
Bernhard Fauser, Heidelberg: Seite 79
Corinne Foxley (USA): Seiten U1, Umschlagrücken, 19 o., 21 u., 36 o.re., 37 o.li., 37 o.re., 41 o.li., 41 o.m., 41 o.re., 41 u., 44, 49 u.li., 49 u.re., 50 o.li., 50 o.re., 50 u.re., 51 u., 75 o.li., 75 o.re., 75 u.li., 75 u.re., 78 o.li., 83 li., 83 re., 90, 91, 100, 101, 110 o.li., 110 o.re.
Kurt Fuchs: Seite 184 o.
Stefanie Fuchs, St. Remy (Frankreich): Seiten 166, 167, 173 o., 173 u., 177 u., 182, 184 u., 185 o.li.
Hengststation Ludger Beerbaum Stables GmbH, Riesenbeck: Seite 123
imago/Pressefoto Baumann: Seite 19 u.
imago/SprintPress: Seite 23
imago/Werek: Seite 25 li.
imago/Colorsport: Seite 25 m.
imago/Camera 4: Seite 30 u.re.
imago/Sven Simon Barfuß: Seite 56 re.
imago/Science Photo Library: Seite 68 u.
imago/GEPA pictures: Seite 145 o.
imago/Thomas Zimmermann: Seite 145 u.
Jessica Kellner, Warendorf: Seite 133
D. Matthaes/RJ: Seite 89
Mary Mc Kenna, Silver Spring, Maryland (USA): Seiten 148, 149
Ricarda Mertens, Mannheim: Seiten 124 o., 136, 139 u., 143 u., 147 li., 147 re.
privat: Eckart Meyners, Lüneburg: Seite 5
Ralf Michael, Weinheim: Seiten 159 o.li., 183
privat: Familie Nepper: Seite 6
Felicitas von Neumann-Cosel, First Choice Farm (USA): Seiten 12, 78 u., 86, 135 li., 135 re., 155, 162 o.li., 162 o.re.
Julia Rau, Zornheim: Seiten 110 u., 134
Beat Sax: Seiten 124 2.v.o., 124 u.li.
Werner Scheidegger, Sankt Pelagiberg (Schweiz): Seiten 159 o.re., 159 u.
Caroline Schunk: Seite 124 u.re.
privat: Familie Stammer, Baiersbronn: Seite 8
Eveline Stammer, Baiersbronn: Seiten U4 o., 25 re., 36 u.li., 36 u.m., 36 u.re., 140 li., 140 re.
Stefan Stammer, Baiersbronn: Seiten 28 o.li., 28 o.re., 30 u.li., 78 o.re., 95 u., 98 o.li., 98 o.re., 98 u.li., 98 u.m., 98 u.re., 99 li., 99 m., 99 re., 109 li., 109 re., 114 li., 114 re., 116 u.li., 116 u.m., 116 u.re., 117 o.li., 117 o.m., 117 o.re., 117 u.li., 117 u.m., 117 u.re., 118 m.li., 118 m.m., 118 m.re., 118 u.li., 118 u.m., 118 u.re., 137 li., 137 m., 137 re., 138 li., 138 re., 139 o., 141 li., 141 re., 143 o., 144, 150, 156, 157, 162 u.li., 177 o.li., 177 o.re., 178, 180, 181 m., 181 o., 181 u.
Cord Wassmann, Badbergen-Langen: Seite 131
Aline Wicki, Kerzers (Schweiz): Seiten 169, 185 o.re., 185 u.
Seite 170: Fotoaufnahme bearbeitet von Michelle Oeschger, Haltingen
Seite 179: entnommen aus „Halla, meine Pferde und ich", S. 112, **FN***verlag* 2008 (Urheber unbekannt)